WALTER BÜHRER / RAPHAELA J. MEYER ZU HÖRSTE-BÜHRER

(Hrsg.)

RELATIONALE ERKENNTNISHORIZONTE IN EXEGESE UND SYSTEMATISCHER THEOLOGIE

MARBURGER THEOLOGISCHE STUDIEN

129

begründet von

Hans Graß und Werner Georg Kümmel

herausgegeben von

Friedhelm Hartenstein und Michael Moxter

WALTER BÜHRER / RAPHAELA J. MEYER ZU HÖRSTE-BÜHRER (Hrsg.)

RELATIONALE ERKENNTNISHORIZONTE IN EXEGESE UND SYSTEMATISCHER THEOLOGIE

EVANGELISCHE VERLAGSANSTALT
Leipzig 2018

Bibliografische Information Der Deutschen Bibliothek

Die Deutsche Bibliothek verzeichnet diese Publikation in der Deutschen Nationalbibliografie; detaillierte bibliografische Daten sind im Internet über http://dnb.ddb.de abrufbar.

ISBN: 978-3-374-052134

INHALTSVERZEICHNIS

VORWORT

Welche Bedeutung haben relationale Erkenntnishorizonte für die Exegetischen Disziplinen und für die Systematische Theologie? Eröffnet das relationale Verständnis biblischer Texte die Möglichkeit, deren Pluralität und Uneinheitlichkeit besser zu verstehen? Ergibt sich für die theologische Enzyklopädie in Form relationaler Erkenntnishorizonte ein Bindeglied, das eine produktive reziproke Rezeption von Systematischer Theologie und Exegese sowie der Exegetischen Disziplinen untereinander ermöglicht?

Unter diesen Leitfragen stand die Tagung „Relationale Erkenntnishorizonte als Bindeglied zwischen Exegese und Systematischer Theologie?", die vom 21.-22.04.2017 an der Evangelisch-Theologischen Fakultät der Ruhr-Universität Bochum durchgeführt wurde, und deren Beiträge hier veröffentlicht werden. Die Herausgeber sind der Überzeugung, die beiden letzten Fragen positiv beantworten zu können, und sind der Ansicht, dass sich dies gerade auch an Übereinstimmungen in den einzelnen Beiträgen hinsichtlich ihrer Bearbeitung der ersten Frage zeigt.

Wir danken den Referenten für die produktive interdisziplinäre Tagungsdiskussion und die Bereitstellung der Manuskripte. Wir danken den Herausgebern der Marburger Theologischen Studien, Friedhelm Hartenstein, München, und Michael Moxter, Hamburg, für die Aufnahme des Bandes in ihre Reihe. Wir danken Frederike van Oorschot, Hannover, für die konstruktiv-kritische Begleitung des Projektes. Wir danken Jan-Hendrik Spies, Bochum, für die Unterstützung bei der Durchführung der Tagung, Jann Hendrik Piepenstock, Bochum, für die Formatierung des Bandes sowie Elisabeth und Jana Meyer zu Hörste, Neustadt, für die Kinderbetreuung während der Tagung.

Die Tagung wurde finanziell unterstützt durch die Gesellschaft der Freunde der Ruhr-Universität Bochum e.V. Die Evangelische Kirche in Deutschland und die Evangelische Kirche von Kurhessen-Waldeck haben die Publikation des Bandes durch Druckkostenzuschüsse ermöglicht. Auch hierfür sei herzlich gedankt.

Bochum/Hannover/Mainz, im Oktober 2017

Raphaela J. Meyer zu Hörste-Bührer und Walter Bührer

Raphaela J. Meyer zu Hörste-Bührer und Walter Bührer

RELATIONALE ERKENNTNISHORIZONTE ALS BINDEGLIED ZWISCHEN EXEGESE UND SYSTEMATISCHER THEOLOGIE?

Einleitung

1. Einleitung ins Thema

Wer nach Erkenntnishorizonten fragt, nimmt damit zwangsläufig eine gewisse Unschärfe in Kauf, denn den Blick auf die Horizonte zu richten, bedeutet, den Blick in die Weite zu lenken und dabei möglicherweise auch an Begrenzungen der eigenen Perspektive zu stoßen. Gerade aber in dieser Weite scheint den Herausgebern die Möglichkeit zu liegen, interdisziplinäres Interesse, Verständnis und möglicherweise auch ein Bindeglied zwischen exegetischen und systematisch-theologischen Ansätzen zu entdecken: Der Begriff Erkenntnis*horizonte* lässt bewusst offen, in welcher Weise exegetische oder systematisch-theologische Untersuchungen Relationalität auffinden, beschreiben oder definieren. Die Frage nach den Erkenntnishorizonten der verschiedenen Disziplinen versteht sich so als Einladung, die Bedeutung von Relationalität im Allgemeinen aber auch von konkreten Relationen innerhalb der eigenen Disziplin ins interdisziplinäre Gespräch einzubringen und zugleich den Horizont der eigenen Forschung danach abzusuchen, ob sich Verbindungen zu Fragen oder Ergebnissen der jeweils anderen Disziplinen ergeben: beispielsweise der Blick auf die Relevanz von Metaphern, die Beziehungshaftigkeit von Erkenntnis, ein relationales Verständnis der Theologie des Alten Testamentes, eine relationale Ontologie. *Alle* diese Aspekte finden Interesse in Exegese und Systematischer Theologie, wie die hier abgedruckten Beiträge zeigen. Daher erscheint ein interdisziplinäres Gespräch gerade zu diesen Fragen inhaltlich vielversprechend und möglicherweise fruchtbar für die Frage nach dem Verhältnis von Systematischer Theologie und Exegese.

Die Brisanz der Probleme dieses Verhältnisses zeigt sich etwa darin, dass die Beantwortung der Frage „Wie kann sich evangelische Theologie heute auf die Bibel, insbesondere das Alte Testament beziehen?" grundsätzlich schwierig geworden ist. Das liegt nicht nur an der gesamtgesellschaftlich schwindenden

Bekanntheit der biblischen Texte, sondern auch an der zunehmenden Infragestellung der Zusammengehörigkeit der biblischen Texte zueinander durch die theologischen Disziplinen selbst: Die Herausbildung einer exegetischen, „biblischen", Theologie nebst der „dogmatischen" Theologie, die religionsgeschichtliche Unterscheidung der beiden Kanonteile Altes und Neues Testament und die daraus folgende Etablierung zweier exegetischer Disziplinen und schließlich der Aufweis historischer wie theologischer Vielfalt der und in den einzelnen Schriften beider Kanonteile führte zur deutlicheren Würdigung der einzelnen biblischen Texte, allerdings um den Preis, dass die inhaltliche Zusammengehörigkeit dieser nach Zeiten, Orten, Inhalten etc. differenzierten Texte zunehmend fraglich geworden ist.[1] Dies zeigen etwa rezente Anfragen an die theologische Zusammengehörigkeit der biblischen Texte des Alten und Neuen Testaments – und hier insbesondere an die kanonische Geltung des vorchristlichen Alten Testaments für die christliche Bibel. Erinnert sei an die öffentlichkeitswirksame Diskussion um den Stellenwert des Alten Testaments, die 2015 ausgehend von wissenschaftlichen Vorträgen von Notger Slenczka auch in verschiedenen Tages- und Wochenzeitungen geführt wurde.[2] In dieser Debatte wurde auch deutlich, *dass das Verhältnis der innertheologischen Disziplinen zueinander erneut klärungsbedürftig ist*, und dass diese Unklarheit nicht nur für die Theologie selbst, sondern auch für gesellschaftliche Diskussionen Konsequenzen hat. Diese Klärung stellt daher eines der wichtigsten Desiderate gegenwärtigen theologischen Arbeitens dar.

[1] Vgl. G. EBELING, Was heißt „Biblische Theologie"?, in: DERS., Wort und Glaube, Tübingen ³1967, 69-89; J.C. GERTZ, Grundfragen einer Theologie des Alten Testaments, in: DERS. (Hg.), Grundinformation Altes Testament. Eine Einführung in Literatur, Religion und Geschichte des Alten Testaments, Göttingen ⁵2016, 588-596; K. SCHMID, Gibt es Theologie im Alten Testament? Zum Theologiebegriff in der alttestamentlichen Wissenschaft, ThSt 7, Zürich 2013 und im vorliegenden Band S.187-190.

[2] Hier braucht nur auf seriöse Auseinandersetzungen mit der *Frage* verwiesen zu werden: F. HARTENSTEIN, Zur Bedeutung des Alten Testaments für die evangelische Kirche. Eine Auseinandersetzung mit den Thesen von Notger Slenczka, in: DERS., Die bleibende Bedeutung des Alten Testaments. Studien zur Relevanz des ersten Kanonteils für Theologie und Kirche, BThSt 165, Göttingen 2016, 55-78; A. SCHÜLE, Das Alte Testament und der verstehende Glaube. Holzwege und Wegmarken in der Debatte um den christlichen Kanon, KuD 62 (2016) 191-211; M. PIETSCH, Der fremde Gott. Das Alte Testament und das Wesen des Christentums, KuI 31 (2016) 3-22. Vgl. auch die einzelnen Beiträge in EvTh 77/2 (2017). Slenczkas die Debatte auslösender Beitrag (N. SLENCZKA, Die Kirche und das Alte Testament, in: E. GRÄB-SCHMIDT/R. PREUL [Hg.], Das Alte Testament in der Theologie, MThSt 119 = MJTh 25, Leipzig 2013, 83-119) ist nun zusammen mit weiteren Texten und Reaktionen seinerseits auf die Debatte publiziert in: DERS., Vom Alten Testament und vom Neuen. Beiträge zur Neuvermessung ihres Verhältnisses, Leipzig 2017.

Die Bochumer Tagung „Relationale Erkenntnishorizonte als Bindeglied zwischen Exegese und Systematischer Theologie?“, deren Vorträge hier veröffentlicht werden, hat sich zum Ziel gesetzt, einen Lösungsansatz zu dieser Problematik auszuloten, indem sie der Frage nachging, ob der *Fokus auf die Beziehungen von Gott und Menschen* eine Schnittmenge zwischen exegetischer und systematisch-theologischer Forschung darstellt, die eine tragfähige Verhältnisbestimmung der Disziplinen zueinander ermöglicht.

Hierzu muss an erster Stelle aus der jeweiligen Innenperspektive der Disziplinen das eigene Interesse und der Mehrwert relationaler Zugangsweisen herausgestellt werden. Im Zusammenhang damit ist jeweils nach der genauen Bestimmung dessen zu fragen, was mit den Begriffen „Relationalität“, „Beziehung(en)“, „relational“ usw. gemeint ist. Denn einerseits werden diese Begriffe nicht nur in der Theologie, sondern auch etwa in der Philosophie,[3] Pädagogik,[4] Religions- und Sozialwissenschaften[5] vielfältig und teilweise divergent verwendet.[6] Und andererseits ist eine inhaltliche Bestimmung der genannten Begriffe unabdingbar, wenn nicht die „atemberaubende innere Komplexität“[7] von Beziehungen zu wissenschaftlicher Sprachlosigkeit oder Orientierungslosigkeit führen soll.

2. Leitfragen und Forschungskontext

Die angesprochenen Fragen lassen sich in drei Leitfragen zusammenfassen, die der Tagung zugrunde lagen:

1) Welche Bedeutung haben relationale Erkenntnishorizonte für die Exegetischen Disziplinen und für die Systematische Theologie?

2) Liegt in einer expliziten Berücksichtigung der Vielfalt der menschlichen Relate in Relation zu Gott als dem einen und selben Relat eine Möglichkeit, die

[3] Vgl. etwa D. KRASCHL, Relationale Ontologie. Ein Diskussionsbeitrag zu offenen Fragen der Philosophie, Religion in der Moderne 24, Würzburg 2012.

[4] Vgl. etwa T. KÜNKLER, Lernen in Beziehung. Zum Verhältnis von Subjektivität und Relationalität in Lernprozessen, Bielefeld 2011.

[5] Vgl. etwa M. EMIRBAYER, Manifesto for a Relational Sociology, American Journal of Sociology 103 (1997) 281-317; A.-K. NAGEL, Vom Paradigma zum Pragma: Religion und Migration in relationaler Perspektive, SI 48 (2012) 221-246.

[6] Vgl. F.L. SHULTS, Reforming Theological Anthropology. After the Philosophical Turn to Relationality, Grand Rapids 2003.

[7] M. WELKER, Beziehung – menschlich und göttlich, in: M. BAUKS u.a. (Hg.), Was ist der Mensch, dass du seiner gedenkst? (Psalm 8,5). Aspekte einer theologischen Anthropologie. FS B. Janowski, Neukirchen-Vluyn 2008, 541-551, 542.

Pluralität und Uneinheitlichkeit der biblischen Texte zu verstehen und hermeneutisch als unterschiedliche Relationsgestaltungen wahr zu nehmen?

3) Ergibt sich für die theologische Enzyklopädie in der Form relationaler Erkenntnishorizonte ein Bindeglied, das eine produktive reziproke Rezeption von zumindest Systematischer Theologie und Exegese sowie der Exegetischen Disziplinen untereinander ermöglicht?

Im Hintergrund dieser Fragen stehen folgende, holzschnittartige, Überlegungen:[8]

ad 1) In der jüngeren Debatte liegen verschiedene Detailstudien vor, die relationale Zugänge exegetisch und systematisch-theologisch explizieren und durchführen.[9] Dabei finden sich in beiden Bereichen Studien zur Gotteslehre, Anthropologie, Hamartiologie, zum Glaubensbegriff und zur Ethik:[10]

a) Eine gesamtbiblische *Gotteslehre* haben der Neutestamentler Reinhard Feldmeier und der Alttestamentler Hermann Spieckermann mit ihrem gemeinsamen Buch „Der Gott der Lebendigen" vorgelegt.[11] Sie entwickeln darin ein Verständnis von Gottes Wesen und Wirken als in sich und gegenüber der (v.a. menschlichen) Schöpfung relational. Dieser bedeutende Entwurf ist indes rein exegetisch angelegt. Eine Auseinandersetzung mit relationalen Ansätzen insbesondere aus der Systematischen Theologie findet nicht statt.

Friedhelm Hartenstein sucht dieses Gespräch in seinen „Vorüberlegungen zu einer Theologie des Alten Testaments" deutlicher.[12] Das Proprium einer Theologie des Alten Testaments sieht er im relational-ontologischen Wesen

[8] Aufgenommen im Folgenden sind nur Arbeiten, die *explizit* von Relationalität (oder Ableitungen dieses Begriffes) sprechen.

[9] Für einen thematischen Überblick vgl. M. MÜHLING-SCHLAPKOHL, Art. Relationalität, RGG^4 7 (2004) 258-261.

[10] Dies sind nicht die einzigen Felder relationalen Denkens. Die im Folgenden genannten systematisch-theologischen Studien greifen z.T. deutlich mehr dogmatische Topoi auf. Darüber hinaus können hier exemplarisch als weitere Ansätze genannt werden: P. KNAUER, Verantwortung des Glaubens. Ein Gespräch mit Gerhard Ebeling aus katholischer Sicht, FTS 3, Frankfurt 1969; D. SATTLER, Beziehungsdenken in der Erlösungslehre. Bedeutung und Grenzen, Freiburg/Basel/Wien 1997; J.D. ZIZIOULAS, Being as communion. Studies in Personhood and the Church, London 2004 (die Verwendung relationaler Motive in der orthodoxen Theologie stellt eine Thematik für sich dar).

[11] Vgl. R. FELDMEIER/H. SPIECKERMANN, Der Gott der Lebendigen. Eine biblische Gotteslehre, Topoi Biblischer Theologie 1, Tübingen 2011.

[12] Vgl. F. HARTENSTEIN, JHWHs Wesen im Wandel. Vorüberlegungen zu einer Theologie des Alten Testaments, in: DERS., Die bleibende Bedeutung des Alten Testaments. Studien zur Relevanz des ersten Kanonteils für Theologie und Kirche, BThSt 165, Göttingen 2016, 199-228. Vgl. auch seinen Beitrag im vorliegenden Band.

Gottes, das über die Zeiten je unterschiedlich (deutlich) wahrgenommen wurde.

In der Systematischen Theologie liegt etwa ein Ansatz zu einer relational gedachten Trinitätstheologie mit dem Buch „Gott in Beziehung“ von Christoph Schwöbel vor.[13] Schwöbel zeigt, dass und wie die relational verstandene Trinitätslehre zum Ausdruck bringen kann, dass Gott auch ohne die Schöpfung kein Beziehungspartner fehlt, und dass die Liebe zur Schöpfung zugleich Ausdruck seines eigenen Wesens ist, da die trinitarischen Personen in sich bereits schon in Liebe verbunden sind. Dass eine gewisse Entzogenheit in Gott notwendig ist, damit echte Relationen zwischen den trinitarischen Personen bestehen können, vertreten etwa Markus Mühling und Martin Wendte.[14]

b) Eine Verbindung des relationalen Verständnisses der Trinitätstheologie mit einer relationalen *Anthropologie* stellen Ingolf U. Dalferth und Eberhard Jüngel her.[15] Dabei unterscheiden sie zwischen dem Personsein des Menschen, das durch die Anrede Gottes unverfügbar gegeben ist, und dem Menschsein des Menschen, das in den Relationen zu Gott, zur Welt und zu sich selbst je aktuell realisiert werden muss. Das „Sein in Beziehungen“ wird dabei mit der biblischen Rede von der Gottebenbildlichkeit des Menschen ins Verhältnis gesetzt. Einen ähnlichen, aber im Detail davon zu unterscheidenden, anthropologischen Ansatz legten bereits Wilfried Härle und Eilert Herms vor, die dabei zwischen der unverfügbar vorgegebenen Bezogenheit des Menschen auf Gott, sich selbst und die Umwelt und seinen gestaltbaren Beziehungen zu diesen unterscheiden.[16]

Aus alttestamentlicher Perspektive interpretiert Annette Schellenberg die Vorstellung der Gottebenbildlichkeit in ihrer Studie zur Sonderstellung des Menschen relational im Blick auf Gott, die Mitmenschen und die Tiere und kommt damit zu entscheidenden Präzisierungen der Vorstellung der *imago*

[13] Vgl. C. SCHWÖBEL, Gott in Beziehung. Studien zur Dogmatik, Tübingen 2002.

[14] Vgl. M. MÜHLING/M. WENDTE, Entzogenheit in Gott. Zur Verborgenheit der Trinität, in: DIES. (Hg.), Entzogenheit in Gott. Beiträge zur Rede von der Verborgenheit der Trinität, Ars Disputandi Supplement Series 2, Utrecht 2005, 1-30; vgl. auch M. MÜHLING, Liebesgeschichte Gott. Systematische Theologie im Konzept, FSÖTh 141, Göttingen 2013, 81-122.

[15] Vgl. I.U. DALFERTH/E. JÜNGEL, Person und Gottebenbildlichkeit, in: F. BÖCKLE u.a. (Hg.), Christlicher Glaube in moderner Gesellschaft, Enzyklopädische Bibliothek in 30 Teilbänden 24, Freiburg ²1986, 57-99.

[16] Vgl. W. HÄRLE/E. HERMS, Rechtfertigung. Das Wirklichkeitsverständnis des christlichen Glaubens. Ein Arbeitsbuch, Göttingen 1980. Vgl. auch SCHWÖBEL, Gott, 193-226.

dei.[17] In Aufnahme und Weiterführung hiervon bestimmt Jan Dietrich die Relationalität als wesentliches Kennzeichen des alttestamentlichen Menschen insgesamt.[18]

c) Die genannten anthropologischen Entwürfe von Härle und Herms sowie Dalferth und Jüngel entwickeln auch eine relationale Entfaltung der *Hamartiologie*. Sünde ist demnach nicht substanzontologisch als eine Eigenschaft des Menschen oder als Verstoß gegen eine moralische Norm zu verstehen, sondern als Beziehungsbruch.[19] In der Hamartiologie hat sich der relationale Zugang seither stark verbreitet. Eine exegetische Untersuchung, die *ausdrücklich* einen relationalen Zugang zur Hamartiologie ausführt, liegt bislang nicht vor. Inhaltlich findet sich der Gedanke jedoch in den Ausführungen von Emmanuel L. Rehfeld beispielsweise zur paulinischen Haltung gegenüber dem Essen von Götzenopferfleisch: Substanzontologisch ist dies „unbedenklich", „relationsontologisch" könnte aber durch das Essen von Götzenopferfleisch ein „bedenklicher Verstoß gegen das Liebesgebot" vorliegen, wenn damit die Beziehungen in der Gemeinde gefährdet werden.[20]

d) Inhaltlich findet sich eine Bestimmung des Glaubens als Relation zu Gott, die dem Menschen entspricht, etwa in der Arbeit „Glaube als Beziehung" des Neutestamentlers Hans-Joachim Eckstein[21] sowie verschiedentlich in der Systematischen Theologie.[22]

[17] Vgl. A. SCHELLENBERG, Der Mensch, das Bild Gottes? Zum Gedanken einer Sonderstellung des Menschen im Alten Testament und in weiteren altorientalischen Quellen, AThANT 101, Zürich 2011; vgl. auch W. BÜHRER, Am Anfang... Untersuchungen zur Textgenese und zur relativ-chronologischen Einordnung von Gen 1-3, FRLANT 256, Göttingen 2014, 341-343.

[18] J. DIETRICH, Sozialanthropologie des Alten Testaments. Grundfragen zur Relationalität und Sozialität des Menschen im alten Israel, ZAW 127 (2015) 224-243. Vgl. auch seinen Beitrag im vorliegenden Band.

[19] Eine ausführlichere Darstellung und kritische Würdigung der relationalen Ansätze von Härle und Herms, Dalferth und Jüngel sowie von Schwöbel findet sich bei R.J. MEYER ZU HÖRSTE-BÜHRER, Gott und Menschen in Beziehungen. Impulse Karl Barths für relationale Ansätze zum Verständnis christlichen Glaubens, Forschungen zur reformierten Theologie 6, Neukirchen-Vluyn 2016, 19-59.

[20] E.L. REHFELD, Relationale Ontologie bei Paulus. Die ontische Wirksamkeit der Christusbezogenheit im Denken des Heidenapostels, WUNT II/326, Tübingen 2012, 417. Vgl. auch seinen Beitrag im vorliegenden Band.

[21] Vgl. H.-J. ECKSTEIN, Glaube als Beziehung. Von der menschlichen Wirklichkeit Gottes, Grundlagen des Glaubens 2, Holzgerlingen [2]2006.

[22] Vgl. etwa HÄRLE/HERMS, Rechtfertigung; G. EBELING, Dogmatik des christlichen Glaubens. Bd. III. Der Glaube an Gott den Vollender der Welt, Tübingen [4]2012, 311; KNAUER, Verantwortung, 31-38.60-68. Ein relationaler Glaubensbegriff lässt sich naturgemäß auch in zahlreichen Theologien nachzeichnen, die selber nicht explizit von relationaler Theologie sprechen.

e) Nicht nur in der Dogmatik, sondern auch in der *Ethik* findet der Relationsbegriff Aufnahme. So expliziert Markus Mühling in seiner begrifflichen Grundlegung der Ethik einen relationalen Handlungsbegriff.[23] Im Neuen Testament findet dieser Zugang ein Pendant in den Arbeiten von Volker Rabens, der eine relationale Pneumatologie und Ethik bei Paulus beschreibt.[24] Auch in der Materialethik gibt es Ansätze, die explizit auf relationale Konzepte zurückgreifen.[25]

ad 2) Die Herausgeber vermuten in einem relationalen Modell, das zwischen Gott als dem einen und gleichen Relat und den vielen diversen menschlichen Relaten unterscheidet, das Potential, die Vielfalt und die sachliche Verbundenheit der biblischen Texte angemessen zu beschreiben. Tentativ wurde dies von Raphaela J. Meyer zu Hörste-Bührer im Ausblick ihrer Dissertation formuliert.[26] Die Stärke eines relationalen Modells, Pluralität und Diversität zusammen denken zu können ohne damit eine reine Beliebigkeit zu propagieren, zeigt sich bereits darin, dass in der Ökumene strukturell entsprechende Deutungsmodelle durchaus prominent begegnen. So schreibt etwa Michael Weinrich: „Der gleiche eine Gott ist notwendiger und auch hinreichender Grund für die Zusammengehörigkeit des einen Volkes Gottes, obwohl schon bei der Erkenntnis und dann erst recht bei der theologischen Beschreibung dieses Gottes fundamentale Differenzen auftreten, die sich auf der Ebene der Theologie nicht restlos miteinander vermitteln lassen."[27]

ad 3) Können diese Überlegungen nun auch weiterführen im Blick auf das angesprochene Desiderat der gegenwärtigen theologischen Enzyklopädie, der Entfremdung von Exegese und Systematischer Theologie entgegen zu wirken?

[23] Vgl. M. MÜHLING, Systematische Theologie: Ethik. Eine christliche Theorie vorzuziehenden Handelns, Göttingen 2012. Vgl. auch seinen Beitrag im vorliegenden Band.

[24] Vgl. V. RABENS, The Holy Spirit and Ethics in Paul: Transformation and Empowering for Religious-Ethical Life, WUNT II/283, Tübingen [2]2013.

[25] Vgl. etwa D.A. BECKER, Sein in der Begegnung. Menschen mit (Alzheimer-)Demenz als Herausforderung theologischer Anthropologie und Ethik, EThD 19, hg.v. G. PLASGER, Münster 2010 sowie die materialethischen Aufsätze in W. HÄRLE (Hg.), Ethik im Kontinuum. Beiträge zur relationalen Erkenntnistheorie und Ontologie, MThSt 97, Leipzig 2008.

[26] Vgl. MEYER ZU HÖRSTE-BÜHRER, Gott, 387-397.

[27] M. WEINRICH, Ökumene am Ende? Plädoyer für einen neuen Realismus, Neukirchen-Vluyn 1995, 170. Vgl. als ein Beispiel Ökumenischer Verständigung KNAUER, Verantwortung, 60-68, der die „für katholisches Denken ungewohnt[e] und deshalb schwer zugänglich[e]" Rede von Gesetz und Evangelium gerade im Sinne einer „Theologie der Relation" katholisch aufzunehmen vermag (beide Zitate aaO., 60).

Genauer betrachtet besteht das Desiderat ja nicht in dem Mangel an theoretischen Verhältnisbestimmungen der Aufgabenbereiche der Fächer.[28] Vielmehr wurde die Notwendigkeit einer genaueren und für die Gegenwart angemessen(er)en Deutung und Ausgestaltung des in der Formalenzyklopädie festgehaltenen Zusammenhangs der Fächer daran deutlich, dass das konkrete theologische Arbeiten in den einzelnen Fächern sich in einer Art und Weise ausdifferenziert hat, die zum einen die Forschung anderer Fächer kaum wahrzunehmen scheint und zum anderen auch tragende methodische Grundvoraussetzungen fundamental in Frage stellt.

Obige knappe Darstellung der Einzelstudien zeigt, wie in der Exegese sowie in der Dogmatik und der Ethik verschiedene Ansätze relationale Erkenntnishorizonte ausloten. Allerdings stehen diese vielfach ohne Verbindung oder nur in lockerer Anknüpfung nebeneinander. Erschwert wird die gegenseitige Aufnahme nicht nur durch die zunehmende Spezialisierung selbst in den einzelnen Subdisziplinen, sondern auch durch die Definitionsbedürftigkeit der Begriffe „Relationalität" und „Beziehung" (und ihrer jeweiligen Ableitungen) sowie durch die Fülle der Anwendungsbereiche, in denen sich relationale Erkenntnishorizonte als ertragreich erwiesen haben. In dieser Vielfalt besteht aber nicht nur die Problematik, sondern gerade die Chance relationalen Denkens. Wo inhaltlich „in Beziehungen gedacht" wird, ergibt sich *eo ipso* auch ein Impuls zum „Arbeiten in Beziehungen" mit anderen Fragestellungen und Ansätzen, wie viele der oben genannten Arbeiten und auch die im Folgenden abgedruckten Beiträge zeigen.[29] Eine Vernetzung der Fächerdiskussionen mit relationalem Schwerpunkt zeigt damit Potentiale gegenseitiger produktiver Rezeption.

[28] Hierzu kann etwa auf F.D.E. Schleiermacher verwiesen werden, der diesbezüglich die „Wende zum System im strengen Sinne [bringt], das heißt zur umfassenden Entfaltung der Theologie aus einem einzigen Begriff" (G. HUMMEL, Art. Enzyklopädie, theologische, TRE 9 (1982) 716-742, 732), indem er die Einheit der theologischen Fächer in ihrem gemeinsamen Bezug auf die Kirchenleitung entfaltet. Vgl. F. SCHLEIERMACHER, Kurze Darstellung des theologischen Studiums zum Behuf einleitender Vorlesungen (1811/1830), hg.v. D. SCHMID, Berlin/New York 2002.

[29] Vgl. besonders die Beiträge in W. HÄRLE (Hg.), Im Kontinuum. Annäherungen an eine relationale Erkenntnistheorie und Ontologie, MThSt 54, Marburg 1999; DERS. (Hg.), Ethik im Kontinuum. Vgl. hierzu auch den Beitrag von Wilfried Härle im vorliegenden Band.

3. Einleitung in die Beiträge des vorliegenden Bandes

Der Band wird mit dem Beitrag „Wie kam die Relationale Erkenntnistheorie und Ontologie in die Welt? Erinnerungen eines Zeitzeugen" von Wilfried Härle eröffnet, der einen Rückblick auf die Überwindung des Gegensatzes von *personalem* und *ontologischem* Denken besonders in der Systematischen Theologie gibt und Anliegen und Erträge der Projekte zur relationalen Erkenntnistheorie und Ontologie (REO) schildert:[30] Relate und Relationen werden als *gleichursprünglich* und Teil der Wirklichkeit verstanden. Mit Verweis auf Charles Sanders Peirce kann dabei durchaus zwischen Zeichen und Bezeichnetem unterschieden werden, die Wirklichkeit ist dabei aber nicht im konstruktivistischen Sinne aufzugeben, sondern kann – inklusive der Relationen und Relate – sinnvoll beschrieben werden. Daher betont Härle die Zusammengehörigkeit von relationaler Erkenntnistheorie und relationaler Ontologie.

Um dem Anspruch relationaler Erkenntnistheorie wirklich gerecht zu werden, so entfaltet Ernst-Peter Maurer in seinem Beitrag „Die Metapher als eigentliche Rede. Zur Verwicklung von Sprache und Wirklichkeit", müssen Sprache und Wirklichkeit auf lebendige Weise miteinander verwickelt sein. Die Struktur der Erkenntnis ist dabei besonders deutlich in dialogischen Relationen ersichtlich: „Die andere Person tritt mir durchaus äußerlich entgegen, doch werden die gegenständlichen Aspekte gleichsam aufgesogen durch die Relation."[31] Um dem gerecht zu werden, ist „sprachliche *Sensibilität*"[32] von Nöten. Maurer lenkt hier die Aufmerksamkeit vor allem auf Metaphern: Selbstäußerungen tendieren zur metaphorischen Rede, und Verständigung mit Metaphern gelingt, obwohl die Erfahrungen von Personen gerade nicht dieselben, sondern die je eigenen sind. Diese sind daher als solche zu betrachten und nicht in einen dahinter liegenden Sinn aufzulösen. Einen biblischen Anknüpfungspunkt findet Maurer dahingehend, als auch die alttestamentlichen Körper(teil)begriffe synekdochisch für das Ganze des Leibes stehen.

Markus Mühling richtet in seinem Beitrag „Relationalität, Narrativität und Werte. Grundzüge einer wahrhaft relationalen theologischen Ethik – 7 Thesen" den Blick darauf, wie Relationalität im Kontext der Theologie zu verstehen ist, und nimmt dazu Tim Ingolds Begriff des *wayfaring* auf: „Ein der christlichen

[30] Vgl. HÄRLE (Hg.), Im Kontinuum; DERS. (Hg.), Ethik im Kontinuum.
[31] S.u. S.36.
[32] S.u. S.40.

Weglinienperspektive angemessenes Verständnis wird einer intern relationierten Relationalität, die nicht statisch, sondern konstitutiv prozesshaft verstanden werden muss, verpflichtet sein."[33] Die Relationen, von denen in der Theologie die Rede ist, sind nicht auf ein bestimmtes Ziel reduzierbar, sondern Wege, die gegangen werden. Um dies darzustellen, eignet sich am besten eine „narrative Ontologie" im Sinne Alasdair MacIntyres: „stories are lived before they can be told".[34] So kann Mühling folgern, dass der christliche Glaube selbst eine Weise der Weglinienperspektive ist.[35] Dies hat auch für die Ethik gravierende Folgen, denn „jedes Wahrnehmen [ist] zugleich ein Wertnehmen ... und umgekehrt."[36]

Wenn diese bis hierher systematisch-theologischen Erwägungen anschließend von exegetischen Beiträgen eine Antwort erhalten, so geschieht dies, wie Emmanuel L. Rehfeld pointiert zum Ausdruck bringt, nicht in dem Interesse „ein vorgefertigtes Konzept [...] *anzuwenden*"[37] – zumal bereits die systematisch-theologischen Beiträge ja nicht *ein* geschlossenes Konzept beschreiben, sondern unterschiedliche Aspekte relationalen Denkens beleuchten. Vielmehr zeigen die exegetischen Beiträge auf, inwiefern das relationale Denken bereits in biblischen Texten und Begriffen zum Ausdruck kommt, und inwiefern relationale Denkhorizonte auch in der exegetischen Forschung Zugänge erschließen.

Emmanuel L. Rehfeld widmet sich der relationalen Ontologie bei Paulus in seinem Beitrag „Seinskonstitutive Christusbezogenheit. Relational-ontologische Denkstrukturen und ‚In-Christus-Sein' bei Paulus". Dabei unterscheidet Rehfeld zwischen *Ansätzen* relational-ontologischen Denkens in der Beschreibung zwischenmenschlicher Beziehungen (dargestellt anhand ethischer Probleme im ersten Korintherbrief) und der paulinischen Rede des „Seins in Christus", die „die *schlechthin seinskonstitutive Ursprungsrelation* der Christusgläubigen markiert."[38] Nach Rehfeld versteht Paulus die Christusbezogenheit der Gläubigen als asymmetrisch-reziproke „In-Existenz", nämlich als „Sein in Christus" und als „Sein Christi in uns", was am besten mit Adolf Deissmanns Begriff der „Christ-Innigkeit" wiedergegeben werde. Diese „Christ-Innigkeit" wird von Paulus als ontisch wirksam gedacht.

[33] S.u. S.55.
[34] S.u. S.58.
[35] S.u. S.59f.
[36] S.u. S.60.
[37] S.u. S.71.
[38] S.u. S.78.

Volker Rabens untersucht in seinem Beitrag „Sein und Werden in Beziehungen. Grundzüge relationaler Theologie bei Paulus und Johannes", wie in diesen Textcorpora Relationen beschrieben werden, die Sein und (Verändert-) Werden des Menschen bestimmen. Rabens arbeitet heraus, „dass Relationalität in der paulinischen und johanneischen Literatur jeweils eigene Metaphorik und Ausdrucksformen gefunden hat, aber dass selbst auf der sprachlichen Ebene eine große Konvergenz festzustellen ist (z.B. in der Familien-Metaphorik)."[39] In seinem Aufsatz geht er im Anschluss an den Beitrag von Wilfried Härle auch ausführlich auf mögliche Missverständnisse gegenüber relationalen Ansätzen ein und profiliert diese so in Auseinandersetzung mit ihrer Kritik.

Jan Dietrich sieht in seinem Beitrag „Responsive Anthropologie. Zum Bild des Menschen im Alten Testament am Beispiel der Tugend-Epistemologie" in der Aufmerksamkeit, die das Alte Testament den Relationen von Gott, Welt und Menschen zukommen lässt, eine mögliche Antwort auf die Frage nach der Einheit des Alten Testaments. Dietrich fokussiert sodann „auf die relationalen Erkenntnisweisen" im Alten Testament und versucht, „zu zeigen, dass sich die Bedeutung der Relationalität im Alten Testament auch am Denken und Erkennen deutlich machen lässt."[40] Dietrich zeigt, dass und wie die alttestamentlichen Texte den Menschen und sein Erkennen als relational und responsiv beschreiben, und führt weiter aus, dass diese Responsivität als Tugend dargestellt wird: Das Hören und respondierende Verhalten stellen eine epistemische Tugend, die Verweigerung, zu hören und darauf angemessen zu antworten, dagegen eine epistemische Untugend dar, wie sich besonders an götzenpolemischen Texten zeigen lässt. „Wahr und falsch, klug und töricht sind epistemische Größen in relationaler Perspektive. So entwirft die Hebräische Bibel in weiten Teilen ihrer Schriften eine responsive Anthropologie nicht nur religiösen, rechtlichen und moralischen, sondern auch epistemischen Gehalts."[41]

Friedhelm Hartenstein zeichnet in seinem Beitrag „Relationalität als Schlüssel zum Verständnis JHWHs. Zur Beziehungslogik alttestamentlicher Gotteskonzepte" die relationale Ontologie der alttestamentlichen Gottesvorstellungen nach. Aufgrund der „Unverfügbarkeit und Alterität" von Personalität versteht Hartenstein im Anschluss an Ricœur „konkrete Identität als narrativ in der Zeit vermittelt und immer nur näherungsweise beschreibbar".[42] Dies führt

[39] S.u. S.142f.
[40] S.u. S.146.
[41] S.u. S.158f.
[42] S.u. S.164.

ihn zur Frage der Hermeneutik der Symbole und zur Forderung der Zusammenarbeit der theologischen Disziplinen besonders hinsichtlich „einer produktiven Neuinterpretation personaler Gottesaussagen".[43] Hierzu nimmt er das Gespräch mit der Systematischen Theologie auf, indem er auf Christoph Schwöbels „Erwartungen an eine Theologie des Alten Testaments aus der Sicht der Systematischen Theologie"[44] reagiert und sein eigenes Konzept einer Theologie des Alten Testaments als „*Entfaltung der Beziehungslogik alttestamentlicher Gotteskonzepte*"[45] darstellt. Diese ist durch eine Doppelbewegung geprägt: Einerseits durch die zunehmende Erkenntnis der Personalität und Relationalität Gottes und andererseits, und gleichzeitig damit einhergehend, durch die „Einsicht in die immer tiefer *als unauslotbar* erkannte Identität des barmherzigen Weltenkönigs JHWH", „die JHWH als Person *sui generis* erscheinen lässt".[46]

In ihrem gemeinsamen Beitrag „Relationale Erkenntnishorizonte als hermeneutischer Schlüssel zu Pluralität und Einheit des Alten Testaments" gehen die beiden Herausgeber von der Beobachtung der nach Zeiten, Orten, Intentionen etc. vielfältigen und vielgestaltigen Texten des Alten (wie des Neuen) Testaments aus, die die Rede von der Einheit der Schrift problematisch erscheinen lässt. Diese Problematik wird zunächst hinsichtlich ihrer gesamttheologischen Auswirkungen profiliert. In einem zweiten Schritt wird die These vertreten und ausführlich an alttestamentlichen Texten nachgezeichnet, dass ein relationales Modell Pluralität und Einheit des Alten Testaments gleichermaßen zusammendenken kann: „Die Entstehung der Texte kommt zum einen als menschliches Geschehen in den Blick, dem *Pluralität* in mindestens zweierlei Hinsicht inhärent ist: a) die Pluralität der Vielzahl von Menschen, die an der Textproduktion und der (teilweise produktiven) Textüberlieferung beteiligt waren; diese Pluralität wird durch die Unvollkommenheit menschlichen Verständnisses jeweils noch vergrößert; b) die Pluralität der Situationen in der Geschichte, in denen die Texte entstanden sind. Diese Pluralität ist in den Texten deutlich sichtbar und nicht auf eine Einheit zu reduzieren. Das heißt aber nicht, dass die *Einheit* in den folgenden Punkten nicht gegeben sein könnte: a) in der

[43] S.u. S.166.

[44] Vgl. C. SCHWÖBEL, Erwartungen an eine Theologie des Alten Testaments aus der Sicht der Systematischen Theologie, in: B. JANOWSKI (Hg.), Theologie und Exegese des Alten Testaments/der Hebräischen Bibel. Zwischenbilanz und Zukunftsperspektiven, SBS 200, Stuttgart 2005, 159-185.

[45] S.u. S.172.

[46] S.u. S.177 (Herv. verändert).

Einheit des Gottes, zu dem die Schreiber, Redaktoren, Tradenten und Rezipienten in Relation standen; b) in der Einheit der Geschichte Gottes und der Menschen."[47] Damit stellen die Texte in ihrer irreduziblen Pluralität *als Rede* von diesem Gott und dieser Geschichte eine Einheit dar.

Sind die oben genannten Leitfragen damit umfänglich beantwortet? Es hat sich jedenfalls gezeigt, dass sich die Erkenntnishorizonte exegetischer und systematisch-theologischer Fragestellungen in einem relationalen Fluchtpunkt treffen und dort gemeinsam Lösungsansätze für intra- und interdisziplinäre Fragen erörtern können. Das interdisziplinäre Gespräch – so die Hoffnung der Herausgeber – ist damit mit diesem Band bei weitem noch nicht abgeschlossen. Wenn die hier versammelten Beiträge aber zu weiteren Schritten auf dem Weg interdisziplinärer Verständigung führen, ist das Ziel des Bandes bereits erreicht.

[47] S.u. S.218.

Wilfried Härle

WIE KAM DIE RELATIONALE ERKENNTNISTHEORIE UND ONTOLOGIE IN DIE WELT?

Erinnerungen eines Zeitzeugen

Vorbemerkung zum Titel

Das Symposium, zu dem dieser Text den Eröffnungsbeitrag lieferte, sprach in seinem Titel nur von „relationalen Erkenntnishorizonten". Das erschien und erscheint mir theologiegeschichtlich und inhaltlich als eine Verkürzung. Deshalb spreche ich durchgehend von relationaler Erkenntnistheorie *und Ontologie*, wobei das Adjektiv „relationale" sich natürlich auf beides bezieht, auf die Erkenntnistheorie und auf die Ontologie. Schon die folgenden Erinnerungen an die Vorgeschichte werden zeigen, dass relationale Erkenntnistheorie und Ontologie von Anfang an eng miteinander verbunden waren.

Aber gewichtiger als dieser historische Grund ist für mich der inhaltliche. Dass Erkenntnistheorie relational verfasst ist, da sie stets von der Beziehung zwischen einem erkennenden Subjekt und einem zu erkennenden Objekt handelt, ist nachgerade selbstverständlich und gilt unabhängig von allen Näherbestimmungen der Beziehung zwischen Subjekt und Objekt. Dass eine solche unhintergehbar relationale Verfassung aber nicht nur für die *Erkenntnis*beziehung bzw. den *Erkenntnis*prozess vorauszusetzen ist, sondern auch für die Verfassung der *Wirklichkeit* überhaupt, also des Seienden *als* Seienden, das ist nicht in gleicher Weise selbstverständlich. Warum sollten nicht das Erste und Grundlegende *Substanzen* sein, aus denen sich dann erst Beziehungen entwickeln oder aufbauen?

Wem diese thesenartige Begründung meiner Titelerweiterung nicht einleuchtet, wird möglicherweise diese Erweiterung für umständlich oder überflüssig halten, aber das erscheint mir als weniger problematisch als eine mögliche Verkürzung, bei der ein wichtiger Aspekt der Thematik nicht zur Geltung käme.

1. Zur Vorgeschichte

1.1 Personalismus versus Ontologie[1]

Wenn ich als Zeitzeuge, der von 1961 bis 1965 in Heidelberg und Erlangen Theologie studierte, zu diesem Thema befragt werde, stoße ich in meiner Erinnerung auf einen Antagonismus zwischen *Personalismus* einerseits und *Ontologie* bzw. *Metaphysik* andererseits. Ersterer galt als ein Markenzeichen der Evangelischen Theologie, Letztere hatten eine unverkennbare Affinität zu Römisch-Katholischer Theologie und Philosophie, wobei zwischen dieser Theologie und Philosophie schon insofern eine starke Verbindung bestand, als das Studium der katholischen Theologie mit einem großen - an das antike und mittelalterliche Trivium und Quadrivium erinnernden - philosophischen Grundstudium von mehrjähriger Dauer begann.

Es war nicht eindeutig oder gar leicht zu bestimmen, was bei diesem Antagonismus unter „Personalismus“ zu verstehen war. Die dialogische Philosophie, die sich vor allem mit den Namen von Martin Buber und Ferdinand Ebner verband, war jedenfalls nur *eine Spielart* dieses Personalismus. Auch die ursprüngliche Bedeutung von „Personalismus“ in Schleiermachers „Reden“ und in Feuerbachs „Wesen des Christentums“, wo „Personalismus“ als Gegenbegriff zu „Pantheismus“ fungiert[2] und damit in Richtung „Theismus“ tendiert, erfasst nur einen Teilaspekt dessen, was in der Mitte des 20. Jahrhunderts mit diesem Begriff gemeint war. Charakteristisch waren - bezogen auf den Menschen - vielmehr Momente wie „Unverfügbarkeit“,[3] „Unfassbarkeit“, „Ereignis(haftigkeit)“ und „Geschehen“. Hieran schlossen sich als wichtiges theologisches Pendant zur Unverfügbarkeit für den Menschen häufig die Kategorien „Wort“, „Sprache“, „Worthaftigkeit“ und „Sprachgeschehen“ an.

[1] Wie stark dieser - auch auf Luther zurückprojizierte - Gegensatz zwischen (evangelischer) Theologie und Philosophie empfunden wurde, geht aus einem Buchtitel hervor, der als These verstanden werden musste: W. LINK, Luthers Ringen um die Freiheit der Theologie von der Philosophie, München 1940. Vgl. dagegen W. HÄRLE, Reformatorische Rationalität. Luthers Verständnis der Vernunft, in: M. MÜHLING (Hg.), Rationalität im Gespräch. Philosophische und theologische Perspektiven, MThSt 126, Leipzig 2016, 261-274.

[2] Siehe dazu M. LEINER, Art. „Personalismus“, RGG^4 6 (2003) 1130-1133.

[3] Unter diesem Leitbegriff kann man auch Rudolf Bultmanns Theologie als personalistisch bezeichnen, obwohl sich seine Theologie nicht mit einem generellen Vorbehalt gegen *Philosophie* verband. Vgl. dazu W. HÄRLE, Rudolf Bultmanns Theologie der Unverfügbarkeit, in: C. LANDMESSER/A. KLEIN (Hg.), Rudolf Bultmann (1884-1976) - Theologe der Gegenwart, Neukirchen-Vluyn 2010, 69-86.

Wenn es eine theologische Lehre gab, die man als *Gegenposition* zu dem so verstandenen Personalismus bezeichnen kann, so war es die in der Dogmatischen Konstitution „Dei Filius" des I. Vatikanischen Konzil als Kanon, also als Aussage mit unfehlbarem Geltungsanspruch, ausgesprochene Lehre: „Wer sagt, der eine und wahre Gott, unser Schöpfer und Herr, könne nicht durch das, was gemacht ist, mit dem natürlichen Licht der menschlichen Vernunft sicher erkannt werden: der sei mit dem Anathema belegt."[4]

In diesem Kanon kommt Zweierlei zum Ausdruck, was man als Gegenposition zu dem hier skizzierten Personalismus bezeichnen kann: einerseits das unerschütterliche Vertrauen in die Fähigkeiten der *natürlichen Vernunft des Menschen hinsichtlich der Gotteserkenntnis*, andererseits die Überzeugung von einer seinshaften, also *ontologischen Verbundenheit und Gemeinsamkeit* zwischen dem Schöpfer und der Schöpfung, aufgrund deren Gott mit dem natürlichen Licht der menschlichen Vernunft sicher erkannt werden kann. Diese Überzeugung von den theologischen Fähigkeiten der natürlichen Vernunft des Menschen musste (von Seiten der evangelischen Theologie) zugleich als *Absage* an das Angewiesensein des Menschen auf die worthafte Gottesoffenbarung als Bedingung und Mittel wahrer Gotteserkenntnis verstanden werden. So kristallisierte sich der Gegensatz zwischen „natürlicher Theologie" und „Offenbarungstheologie" als Kern dieses Antagonismus heraus.

1.2 Analogia entis

In scharfen Worten hatte Karl Barth im Jahr 1932 diesen Gegensatz im Vorwort zu Band I/1 seiner Kirchlichen Dogmatik formuliert: „Ich halte die *analogia entis* für *die* Erfindung des Antichrist und denke, dass man *ihretwegen nicht* katholisch werden kann. Wobei ich mir zugleich erlaube, alle anderen Gründe, die man haben kann, nicht katholisch zu werden, für kurzsichtig und unernsthaft zu halten."[5]

[4] DENZINGER/HÜNERMANN (Hg.), Enchiridion symbolorum definitionum et declarationum de rebus fidei et morum, Freiburg i. Br. u.a. [37]1991, Nr. 3026 (lat.: „Si quis dixerit, Deum unum et verum, creatorem et Dominum nostrum, per ea, quae facta sunt, naturali rationis humanae lumine certo cognosci non posse, anathema sit.").

[5] K. BARTH, Die Kirchliche Dogmatik, Erster Band: Die Lehre vom Wort Gottes, Erster Halbband, Zürich 1932, VIIIf (=KD). Noch 1929 hatte er freilich in seiner Schrift: K. BARTH, Der heilige Geist und das christliche Leben (1929), in: Vorträge und kleinere Arbeiten 1925-30, GA III.24, Zürich 1994, 458-520, davon gesprochen, dass es eine „wahre analogia entis" gebe, „kraft welcher er, der ungeschaffene Geist, dem geschaffenen Geist offenbar sein kann". Zugleich hatte Barth aber betont, dass diese Wirklichkeit „nicht dem Geschöpf als solchem, sondern nur

Entgegen einer verbreiteten Vermutung ist der Begriff und die Lehre von der analogia entis nicht schon ein fester Bestandteil der mittelalterlichen scholastischen Theologie,[6] sondern wurde erst – auf scholastischen Elementen aufbauend – im ersten Drittel des 20. Jahrhunderts von dem Theologen Erich Przywara, SJ formuliert.[7] Insofern nimmt Barth hier eine damals ganz aktuelle römisch-katholische Theoriebildung auf, die Przywara für ontologisch und theologisch schlechterdings grundlegend hält. Sie besagt, dass positive Aussagen über Gott überhaupt nur möglich sind, weil es eine Analogie zwischen dem Sein des Schöpfers und dem Sein der Geschöpfe gibt, von der freilich gilt, dass in dieser Analogie die *Unähnlichkeit* immer *größer* ist als die *Ähnlichkeit*.

An dieser Stelle wird erkennbar, inwiefern Przywara an die mittelalterliche römisch-katholische Theologie anknüpft, wie sie im IV. Laterankonzil 1215 formuliert wurde. Dort heißt es in Kap. 2, das von der Irrlehre Joachims von Fiore handelt: „Denn zwischen dem Schöpfer und dem Geschöpf kann man keine so große Ähnlichkeit feststellen, daß zwischen ihnen keine noch größere Unähnlichkeit festzustellen wäre."[8] Auf den ersten Blick mag das wie eine Vorwegnahme der Lehre von der analogia entis wirken, aber der entscheidende Unterschied zwischen beiden Lehraussagen besteht darin, dass das IV. Laterankonzil keine *positive* sondern nur eine *begrenzende* und insofern *negative* Aussage macht, während Przywaras Lehre von der analogia entis – aufbauend auf dem Vaticanum I – eine solche positive Aussage über die Möglichkeit der Gotteserkenntnis macht, deren Leugnung durch das Konzil unter „Anathema" gestellt ist.

Barths scharfe Kritik im Vorwort zu KD I/1 richtet sich dabei gegen *beides*: gegen die Behauptung einer *Seins*verbundenheit zwischen Schöpfer und Geschöpf *und* gegen die Behauptung einer dadurch möglichen sicheren Gottes*erkenntnis* mittels der natürlichen menschlichen Vernunft. Beides ist auch vorausgesetzt in einem kurzen Diktum Barths aus dem Jahr 1940: „Theologie und also nicht Ontologie".[9] Diese programmatische Formel richtet sich dort aller-

dem Schöpfer *in seinem Verhalten* eignen" könne. Man kann diese Interpretation der wahren analogia entis auch als ihre vorauslaufende Umdeutung im Sinne der analogia fidei und analogia relationis verstehen.

[6] Barth selbst nennt sie in BARTH, KD I/1, 252 „die thomistische *analogia entis*".

[7] Siehe E. PRZYWARA, Metaphysik. Urstruktur und All-Rhythmus, München 1932, in: DERS., Schriften, Bd. III, Einsiedeln 1962.

[8] DENZINGER/HÜNERMANN, Enchiridion, Nr. 806 (lat.: „quia inter creatorem et creaturam non potest tanta similitudo notari, quin inter eos maior sit dissimilitudo notanda.").

[9] BARTH, KD II/1, Zollikon 1940, 657.

dings nicht unmittelbar gegen die analogia entis oder gegen die sichere Möglichkeit der natürlichen Gotteserkenntnis, sondern – darauf aufbauend – schon gegen die „*Frage* nach einer Gott gegenüber Bedingungen schaffenden kreatürlichen Freiheit", um wie viel mehr gegen deren positive Behauptung.

1.3 Analogia relationis

Und dann erschienen einige Jahre nach diesen Aussagen der erste und zweite Teilband der *Schöpfungslehre* in Karl Barths Kirchlicher Dogmatik,[10] die den ehemaligen Weggefährten und späteren Widerpart Barths, Emil Brunner, veranlassten, einen Aufsatz zu publizieren, der den Titel trug: „Der neue Barth. Bemerkungen zu Karl Barths Lehre vom Menschen".[11] Mit der Kennzeichnung „Der neue Barth" verband Brunner die These, dass sich Barths Theologie, insbesondere sein Verständnis der Schöpfung und der Beziehung zwischen Schöpfer und Geschöpf in KD III/1 und 2 so verändert habe, dass der ehemalige – damals zur Trennung führende – Streit zwischen Barth und Brunner[12] damit hinfällig geworden sei. Anders formuliert: Hätte Barth schon 1934 die theologischen, erkenntnistheoretischen und ontologischen Positionen vertreten, die er nun in seiner Schöpfungslehre vertritt, so hätte der damalige Streit gar nicht stattfinden müssen. Was ist dieses Neue, das Brunner an Barth wahrnimmt?

Im Rahmen der Bestimmung dessen, was aus seiner Sicht unter der „Gottebenbildlichkeit" des Menschen zu verstehen ist, schreibt Barth: „In dieser schlechthin geschenkten und gesetzten Beziehung [sc. zwischen Mann und Frau] offenbart sich die Freiheit und also die Gottebenbildlichkeit des Menschen: *Wie* Gott für den Menschen ist, *so* der Mensch für den Menschen: *indem* nämlich Gott für ihn ist, so daß die *analogia relationis* als Sinn der Gottebenbildlichkeit mit irgend einer *analogia entis* nicht verwechselt werden kann."[13]

[10] Vgl. BARTH, KD III/1-4, Zollikon/Zürich 1945-1951.

[11] So in: E. BRUNNER, Der neue Barth: Bemerkungen zu Karl Barths Lehre vom Menschen, ZThK 48 (1951) 89-100.

[12] Dieser Streit hatte seinen Höhepunkt erreicht in den beiden Aufsätzen Barths und Brunners: E. BRUNNER, Natur und Gnade. Zum Gespräch mit Karl Barth, in: W. FÜRST (Hg.), „Dialektische Theologie" in Scheidung und Bewährung 1933-1936, München 1969, 169-207; K. BARTH, Nein! Antwort an Emil Brunner, aaO., 208-258).

[13] BARTH, KD III/1, 219.

Mit dem Prinzip „Analogie“ hatte Barth schon vom ersten Band seiner Kirchlichen Dogmatik an gearbeitet.[14] Aber bei der Verwendung des Analogiebegriffs hatte er jeweils die Abgrenzung von der analogia entis vollzogen und stattdessen vorzugsweise von einer analogia fidei[15] gesprochen. Nun fügt er dem den Terminus „*analogia relationis*“ hinzu und wendet ihn auf die Verhältnisbestimmung zwischen Schöpfer und Geschöpf sowie zwischen Mann und Frau an.[16]

Hatte sich damit nicht der Unterschied zwischen Barths Analogieverständnis und der Lehre von der analogia entis erledigt? Barth selbst bestreitet das, wie wir eben sahen, und er begründet den grundsätzlichen Unterschied zwischen Beidem damit, dass es sich bei der analogia relationis nicht um eine dem Geschöpf *gegebene* Ähnlichkeit zum Schöpfer handle, sondern um das ganz von Gott ausgehende *Geben* dieser Ähnlichkeit. Demnach liegt für Barth der entscheidende Unterschied der analogia relationis zur analogia entis in ihrem *Ereignis- bzw. Geschehenscharakter*, der nicht zu einer Gegebenheit „gerinnt“. Die analogia relationis im Sinne Karl Barths ist also durch und durch *dynamisch*, und diese Dynamik nimmt ihren Ausgangspunkt jeweils neu im *Wirken Gottes* und nicht in der Beschaffenheit oder den Fähigkeiten des Menschen.

Im Blick darauf stellt sich die Frage: Handelt es sich dabei nach wie vor um eine Absage im Sinne des Diktums „Theologie und also nicht Ontologie“[17] oder ist dies faktisch die Einführung einer neuen Ontologie in die Theologie?

1.4 Die ontologische Bestimmung des Menschen

Dass es sich bei Barth tatsächlich um die Einführung einer neuen, relationalen und dynamischen Ontologie handelt, wird spätestens in der Mitte des zweiten Teilbandes seiner Schöpfungslehre unübersehbar, wo er selbst den Begriff der „ontologischen Bestimmung“ nicht nur beiläufig, sondern programmatisch aufnimmt:

[14] Das hat H.U. von Balthasar in: DERS., Karl Barth. Darstellung und Deutung seiner Theologie, Köln ²1962, bes. 93-123 zu Recht als Spezifikum der „späten“ Denkform Karl Barths herausgestellt.

[15] So z.B. in BARTH, KD I/1 257f.

[16] Siehe dazu W. HÄRLE, Sein und Gnade. Die Ontologie in Karl Barths Kirchlicher Dogmatik, Berlin/New York 1975, bes. 172-226.

[17] BARTH, KD II/1, 657.

„Die ontologische Bestimmung des Menschen ist darin begründet, daß in der Mitte aller übrigen Menschen Einer der Mensch Jesus ist.“[18] Dieser Leitsatz des Abschnittes von Barths Anthropologie, der die Überschrift „Der wirkliche Mensch“ trägt, darf als thesenhafte Zusammenfassung von Barths theologischer Anthropologie gelesen und verstanden werden.[19] Barth nimmt mit der Rede von der ontologischen Bestimmung des Menschen eine Formel auf, die J.J. Spalding im Jahr 1748 geprägt hat[20] und die noch zu seinen Lebzeiten - z.B. von J.G. Fichte im Jahr 1800 - aufgegriffen und als anthropologische Programmformel verwendet wurde. Zu dieser Formel gehört aber ursprünglich nicht das Adjektiv „ontologisch“, das erst Barth in seiner Kirchlichen Dogmatik hinzugefügt und damit der Rede von der Bestimmung des Menschen eine spezifische Bedeutung gegeben hat. Barth selbst spricht im Blick darauf von dem „ontologische[n] Unterton“,[21] den man nicht überhören dürfe, wenn man den theologischen Sinn dieser Formulierung richtig verstehen wolle. Wogegen sich dieser ontologische Unterton richtet, bringt er wie folgt zum Ausdruck: „An seine Vernunft oder Verantwortlichkeit oder Menschenwürde, an seine Humanität an sich und als solche wird da nicht appelliert. Eine andere entscheidende Voraussetzung wird da nicht gemacht als die, daß ein Jeder, der Mensch ist, als solcher auch in dem Namen Jesu anzusprechen sei und also als Mensch mit diesem einen Menschen in einem undiskutierbaren, als Anknüpfungspunkt völlig zureichenden Zusammenhang stehe.“[22] Und Barth scheut sich nicht, diesen ontologischen (und nicht ethischen) Charakter der mit dem Menschen Jesus gegebenen Bestimmung so stark zu betonen, dass er daraus zunächst die positive Konsequenz zieht: „Menschsein heißt infolgedessen grundlegend und umfassend: mit Gott zusammen sein“, um sodann daraus die negative Konsequenz zu ziehen: „Gottlosigkeit ist infolgedessen keine Möglichkeit, sondern die ontologische Unmöglichkeit des Menschseins.“[23]

Damit hat Barth der Ontologie, und zwar seiner spezifisch theologischen, relationalen Ontologie ein Gewicht verliehen, auf Grund dessen Emil Brunner 1951 mit gutem Grund von einem „neuen Barth“ sprechen konnte.

[18] BARTH, KD III/2 (1948), 158.

[19] Vgl. dazu VON BALTHASAR, Karl Barth, 136-148 und HÄRLE, Sein und Gnade, 99-171.

[20] J.J. SPALDING, Die Bestimmung des Menschen, hg.v. A. BEUTEL u.a., Tübingen 2006. Ursprünglich veröffentlicht unter dem Titel: „Betrachtung über die Bestimmung des Menschen“ (Greifswald 1748). Die letzte, elfte Auflage zu Lebzeiten Spaldings erschien 1794 in wesentlich erweitertem Umfang.

[21] BARTH, KD III/2, 160.

[22] BARTH, KD III/2, 160.

[23] BARTH, KD III/2, 161f.

1.5 Ontologie der Person

Und dann erschien im Jahr 1967 in Göttingen eine der m.E. wichtigsten Studien über die Theologie Martin Luthers: Wilfried Joests großes Werk „Ontologie der Person bei Martin Luther". Joest beginnt sein Buch mit einer „*Vorbemerkung zum Gebrauch der Begriffe ,Ontologie', ,ontologisch' in einer Untersuchung über Luther*" mit den Worten: „Es erscheint von vornherein als verfehlt, ausgerechnet bei Luther nach Ontologie zu fragen. Ist es doch eine weit verbreitete Ansicht, daß Luther eine solche nicht hat, ja daß er zu allem ontologischen Denken in entschiedenem Gegensatz steht. Darum sei zunächst Rechenschaft gegeben, in welchem Sinn wir diese Arbeit als Studie zu Luthers Ontologie bezeichnen."[24] Und er tut dies schon in der Vorbemerkung skizzenhaft, indem er einem allgemeinen Verständnis von Ontologie, dem er lieber den Namen „Substanzmetaphysik" geben würde, eine „dynamische, aktualistische oder relationale Auffassung der Wirklichkeit" gegenüberstellt, für die er ebenfalls den Begriff „Ontologie" reklamiert.[25] Und er wendet dies auch gleich auf den Antagonismus an, mit dem wir oben unseren Rückblick auf die Vorgeschichte begonnen hatten: Personalismus gegen Ontologie, indem er zeigt, wie schief dieser Gegensatz ist; denn:

> „Ein ,personalistisches' Verständnis des Menschseins ist ontologische Aussage über den Menschen in dem Maße, in dem es etwas Grundsätzliches über den Daseinsmodus des Menschen geltend machen will."[26]

Damit gelingt es Joest, mit wenigen Zügen eine falsche, überdies unfruchtbare Alternative zu überwinden und in eine konstruktive, fruchtbare Fragestellung zu transformieren: *Welche* Merkmale und Elemente gehören zu einer Ontologie der Person, wie sie z.B. in Luthers Schrifttum, Denken und Wirken vorauszusetzen bzw. anzutreffen ist?

Es sind drei grundlegende Charakteristika, die er dabei entdeckt und herausarbeitet:

a) Der *exzentrische* Charakter des Person-Seins bei Luther im Gegensatz zu einem „substanzialen Personbegriff".[27] Mit diesem glücklich gewählten Begriffspaar verweist Joest auf ein Element von Luthers Ontologie der Person,

[24] W. JOEST, Ontologie der Person bei Luther, Göttingen 1967, 13.
[25] JOEST, Ontologie, 14.
[26] JOEST, Ontologie, 14.
[27] JOEST, Ontologie, 233.

das dessen Eigenständigkeit gegenüber geläufigen ontologischen Denkmustern unübersehbar deutlich macht. Was „Person" ist und bedeutet, wird nicht durch das bestimmt, was eine Person an Eigenschaften, Fähigkeiten oder Grenzen *in sich* hat, sondern durch das, wodurch sie - *ab extra* - bestimmt wird.

b) Der *responsorische* Charakter des Person-Seins[28] korrespondiert dem exzentrischen Charakter und bewahrt ihn zugleich vor einem mechanistischen oder deterministischen Missverständnis. Das responsorische Element hat also nicht den Charakter eines Echos, sondern den einer *Antwort*, die freilich von der exzentrischen Bestimmung nicht unabhängig ist, sondern sich von ihr *bestimmen lässt*. Und gerade das ist charakteristisch für eine solche Ontologie *der Person*.

c) Der *eschatologische* Charakter des Person-Seins bei Luther[29] bringt den dynamischen Aspekt zur Geltung, der sich auf das Personsein in seiner Gänze bezieht, das als Christsein im Werden in diesem Leben beginnt und in der ewigen Gottesgemeinschaft zu seinem Bestimmungsziel kommt. Dabei liegt alles daran, dieses Werden nicht als einen Prozess der *Selbst*vervollkommnung zu verstehen, sondern als ein Wirken *Gottes* am Menschen, das aus menschlicher Sicht ein immer neues Anfangen im Glauben ist. So bestätigt sich in diesem eschatologischen Aspekt auch noch einmal der exzentrische und der responsorische Charakter des Personseins.

Damit war der Ontologiebegriff (als relationaler, dynamischer Begriff) von Joest ins Zentrum der Lutherinterpretation aufgenommen worden, und das war eine der wesentlichen Voraussetzungen für die Überwindung des Gegensatzes von Personsein bzw. Personalismus und Ontologie, durch die das Projekt „Relationale Erkenntnistheorie und Ontologie" wesentliche Denkanstöße erhielt.[30]

[28] Von ihm handelt JOEST, Ontologie, 274-319.

[29] Das ist das Thema bei JOEST, Ontologie, 320-355.

[30] Das zeigte sich auch in Doktorarbeiten, die in dieser Zeit von Mitgliedern des im nächsten Abschnitt vorzustellenden Forschungsprojekts verfasst wurden, so z.B. H. GOERTZ, Allgemeines Priestertum und ordiniertes Amt bei Luther, Marburg 1997; sowie R. GEBHARDT, Heil als Kommunikationsgeschehen. Analysen zu dem in Luthers Rechtfertigungsgeschehen implizierten Wirklichkeitsverständnis, Marburg 2002.

2. *Die Initialzündung für das Projekt*[31]

Am Anfang des Forschungsprojekts, mit dem der Name „Relationale Erkenntnistheorie und Ontologie" verbunden ist, stand eine Wahrnehmung, die zu einer Vermutung Anlass gab: Bei der Beschäftigung mit Dissertationen und Habilitationsschriften, die unter meiner Betreuung oder in meiner Umgebung entstanden, sowie bei den sich darum herum lagernden Gesprächen drängte sich mir allmählich der Eindruck auf, dass es in diesen Arbeiten so etwas wie eine gemeinsame *Suchrichtung* gebe. Ich glaubte beobachten zu können, dass Verfasserinnen und Verfasser ganz unterschiedlicher Qualifikationsarbeiten mit divergierenden Themen ebenso wie ich selbst auf ein gemeinsames, aber nur vage bestimmbares Ziel hin unterwegs waren. Es lag nach meinem Empfinden „etwas in der Luft". Dabei war das thematische Spektrum, auf das sich diese Arbeiten (und meine Beobachtungen) bezogen, breit. Es reichte von „Offenbarung" und „Hermeneutik" über „Schöpfung", „Gebet", „Soteriologie", „Kirche", „Amt" und „Eschatologie", „Technik" und „Kultur" bis hin zu den Themen „Kind", „Lebensübergänge" sowie „Bibliodrama und Exegese".

Was für ein gemeinsames Ziel war das? Mir schien, dass es sich um eine grundsätzlich veränderte *Art zu denken* handelte, für die es zwar schon zahlreiche Anstöße und Vorarbeiten gab, die aber ebenso schwer in einer Theorie zu fassen wie in der Forschungspraxis anzuwenden ist, weil sie in elementarer Weise unseren Denkgewohnheiten *widerspricht*. Ich konnte das damals nur tastend umschreiben. In meinem Einladungsbrief vom 21. September 1994 zu einem ersten Treffen formulierte ich das Ziel so:

> „Man könnte das Gemeinte mit Ausdrücken wie ‚erschließendes Erkennen', ‚relationales Erkennen' oder auch ‚relationale Ontologie' bezeichnen oder besser: andeuten. Anstöße, die in diese Richtung weisen, nehme ich vor allem bei (Arbeiten über) Luther, Schleiermacher, Peirce, Whitehead und Tillich wahr – aber vielleicht bereitet es sich auch schon in einzelnen biblischen Schriften vor und meldet sich in Neuansätzen feministischer bzw. weiblicher Theologie an. – Der Reiz und die Schwierigkeit des geplanten Unternehmens liegt für mich nicht zuletzt darin,

[31] Der Text dieses Abschnitts ist im Wesentlichen unverändert dem Vorwort des Bandes W. HÄRLE (Hg.), Im Kontinuum. Annäherungen an eine relationale Erkenntnistheorie und Ontologie, MThSt 54, Marburg 1999, VII-IX entnommen. Der zweite Dokumentationsband für das Projekt erschien neun Jahre später: W. HÄRLE (Hg.), Ethik im Kontinuum. Beiträge zur relationalen Erkenntnistheorie und Ontologie, MThSt 97, Leipzig 2008. Der Begriff „Kontinuum", der im Obertitel beider Bände auftaucht, spielte als heuristischer Begriff für die relationale Erkenntnistheorie und Ontologie durchgängig eine große Rolle. In beiden Bänden hat Thorsten Latzel zu diesem Begriff erhellende Beiträge verfasst: T. LATZEL, „Kontinuität" bzw. „Kontinuum" als Eröffnung von Möglichkeit: Versuch einer Annäherung an einen Kernbegriff relationaler Erkenntnistheorie und Ontologie mit Hilfe von C. S. Peirce, in: HÄRLE (Hg.), Im Kontinuum, 241-257; DERS., Differenz und Kontinuum, in: HÄRLE (Hg.), Ethik im Kontinuum, 15-28.

nach etwas zu suchen, von dem ich noch nicht genau sagen kann, was es eigentlich ist, das ich aber manchmal spüre oder aufblitzen sehe und für außerordentlich bedeutsam halte."

Ich war gespannt auf die Resonanz, die diese Einladung zum gemeinsamen „Stochern im Nebel" finden würde; und ich war noch mehr gespannt, was bei dem ganzen Unternehmen herauskommen würde.

Das Echo bei den Eingeladenen war außerordentlich positiv. Deshalb wurde bei der ersten Besprechung am 17. Oktober 1994 gleich beschlossen, noch im Dezember desselben Jahres eine erste und im Februar 1995 eine zweite Tagung zu veranstalten. Daraus entstand ein zunächst 4 ½ Jahre dauerndes Forschungsprojekt mit dem Titel „Relationale (dynamische) Erkenntnistheorie und Ontologie"(REO[32]).

Insgesamt nahmen ca. 30 Personen (1/3 Frauen und 2/3 Männer) an den 15 Tagungen dieses Forschungsprojektes teil. Etwa 10 Personen bildeten den Stamm, der von Anfang bis zum Ende mitarbeitete. Einige zogen sich (aus unterschiedlichen Gründen) im Lauf der Zeit zurück, andere stießen neu hinzu. Die durchschnittliche Teilnehmerzahl lag zwischen 15 und 20 Personen.[33]

Die Tagungen wurden in etwa vierteljährlichem Abstand als jeweils zweitägige Blockveranstaltungen (von Freitag bis Sonntag) in Akademien, Klöstern und Tagungshäusern durchgeführt. Über Thematik und Inhalt der einzelnen Tagungen gibt der Werkstattbericht am Ende des ersten Bandes[34] Auskunft.

Die Arbeitsformen der Tagungen veränderten sich kontinuierlich. Anfangs handelte es sich um so etwas wie Blockseminare, auf denen Referate vorgetragen und im Plenum oder in Gruppen diskutiert wurden. Das einzige nicht-seminarartige Element waren die – sorgfältig vorbereiteten – Andachten bzw. Gottesdienste. Schon bald kam jedoch als fester neuer Bestandteil am Abend des jeweils zweiten Tages ein Bibliodrama hinzu, das dann gelegentlich auch durch andere Formen des Rollenspiels oder der „Körperarbeit" (bis hin zu veritabler sportlicher Betätigung) ergänzt oder ersetzt wurde. Bei zwei Tagungen übten wir uns in liturgischem Tanz, der dann auch in einem Gottesdienst praktiziert wurde. Ferner wurde als neues Element Bibelarbeit aufgenommen und – unter fachlicher Anleitung – teilweise in kreativen Formen gestaltet. Man kann sagen, dass die Arbeitsformen der Tagungen immer vielfäl-

[32] Dass diese Abkürzung die Bildung einer hübschen Pointe ermöglicht, wurde erst auf der letzten Tagung des Projekts bewusstgemacht, als von einer Gruppe von Teilnehmern eine Bilddokumentation über die Tagung vorgelegt wurde, die den Titel trug: „In dubio pro REO".

[33] Die im Anhang von HÄRLE (Hg.), Kontinuum, 355, beigefügte Teilnehmerliste nennt (nur) diejenigen Personen, die insgesamt wenigstens an drei Tagungen teilgenommen haben.

[34] Siehe HÄRLE (Hg.), Kontinuum, 345-353.

tiger wurden, wobei vor allem körperzentrierte Interaktionsformen eine wichtige Rolle spielten, und zwar deswegen, weil sich diese als sachgemäße Konsequenzen aus den Einsichten des Forschungsprojekts selbst ergaben.

Was waren und sind das für Einsichten? Im Rückblick würde ich aus dem Forschungsvorhaben folgende *sechs Tendenzen oder Grundrichtungen* herauslesen:

– Weg von einer Ontologie, die von Substanzen ausgeht und sich erst sekundär den Relationen zuwendet, hin zu einer Ontologie, die zwar nicht die Substanzvorstellung preisgibt, aber sich doch von Relationen auf Substanzen (oder Relate) zubewegt.

– Weg von einem subjektzentrierten Ansatz, der zunächst reflexions- oder transzendentalphilosophisch die Bedingungen von Kommunikation zu erheben versucht und dabei leicht aus dem Blick verliert, in welchem Maße er selbst von solchen kommunikativen Voraussetzungen abhängt, hin zu einem kommunikationszentrierten Ansatz, der diese Voraussetzungen von Anfang an mit in den Blick nimmt.

– Weg von einem ontologischen Denken, das sich primär am Statischen orientiert und sich von da aus auf die Dynamik (als Geschehen an und mit statischen Größen) zubewegt, hin zu einem ontologischen Denken, das davon ausgeht, dass es gar nichts Statisches, Unbewegtes gibt, sondern daß das scheinbar Statische in Wirklichkeit nur so etwas wie eine „Momentaufnahme" aus einem Prozess oder ein „angehaltenes Bild" aus einem „Film" ist.

– Weg von einem Operieren mit einem zweistelligen Zeichenbegriff (oder auch mit einem Zeichenbegriff, der in zweistellige Relationen zerlegbar ist) hin zu einem irreduzibel dreistelligen Zeichenbegriff, in dem neben und mit dem Zeichen und dem Bezeichneten (Objekt) konstitutiv die Deutung des Zeichens *als* Zeichen für das Objekt (also der Interpretant) mitgedacht ist.

– Weg von einer Orientierung an kontradiktorisch oder konträr gedachten Dualen,[35] die scharfe, eindeutige Abgrenzungen erlauben, hin zu einem Denken in „relativen Gegensätzen" (so Schleiermacher), bei denen im jeweils *einen* Pol oder Element immer wenigstens ein Minimum des *anderen* mitgedacht werden muß.[36] Diese Bewegung von den strikten Dualen hin zu

[35] Gegen dieses Denken in strikten Dualen hat sich bereits 1992 J. Christine Janowski in ihrer Tübinger Habilitationsschrift gewandt: J.C. JANOWSKI, Allerlösung. Annäherungen an eine entdualisierte Eschatologie, NBST 23,1/2, Neukirchen-Vluyn 2000.

[36] Das hat Luther sogar – zu recht – auf *Gott und den Teufel* angewandt, wenn er sagt: „Ich mus dem Teuffel ein Stuendlein die Gottheit goennen, und unsern Gott die Teuffelheit zuschreiben lassen." (LUTHER, WA 31/1, 250, 35f.).

den relativen Gegensätzen hat zur Folge, dass unscharfe, vage Begriffs- und Verhältnisbestimmungen, Aussagen und Schlussfolgerungen nicht nur als „Erdenrest zu tragen peinlich" vorläufig noch erduldet werden, sondern als der Realität angemessene Denk- und Sprachformen ausdrücklich zugelassen werden.

– Weg von einer wissenschaftlichen Betrachtungsweise, die sich (auch geistes- und kulturwissenschaftlich) vorwiegend mit isolierten Präparaten in ihrer Abstraktheit beschäftigt, hin zu einer wissenschaftlichen Arbeitsweise, die sich zum Ziel setzt, ihre Gegenstände möglichst im lebendigen Austausch mit deren Kontext wahrzunehmen.[37]

Fasst man diese sechs Elemente zusammen und nimmt sie – ihrer Intention entsprechend – als Einheit, dann wird deutlich, dass und inwiefern tatsächlich der Eindruck entstehen konnte, hier melde sich so etwas wie „eine grundsätzlich veränderte Art zu denken" (s.o.) an. Dabei zeigte sich von Anfang an, wie schwierig es ist, Denkformen und -muster, die man früh gelernt, sich angeeignet und über lange Zeit hin erprobt hat, zu verändern. Die Gefahr, immer wieder in die alten, vertrauten Muster hineinzugeraten, ist außerordentlich groß.

3. Elemente, Konturen und Konsequenzen des „neuen" Ansatzes

3.1 Philosophische und theologische Hintergrundstheorien

Die – genuin dreistellige – Semiotik von Charles Sanders Peirce (1839-1914) wurde für viele Teilnehmer des Forschungsprojekts so etwas wie *die* gemeinsame philosophische Hintergrundstheorie.[38] Theologisch waren vor allem Luther, Schleiermacher und Tillich die entscheidenden Bezugspersonen – wobei

[37] Trotz der kontinuierlichen Einbeziehung der obengenannten körperzentrierten Arbeitsformen in das Forschungsprojekt ist *dieses* Element in unserer eigenen Arbeit m.E. nicht ganz befriedigend gelungen.

[38] Eine der wichtigen Quellen von Peirce war dabei seine Arbeit: C.S. PEIRCE, Phänomen und Logik der Zeichen, hg. und übersetzt von H. PAPE, Frankfurt 1983. Als Verstehenshilfe erwies sich die – unabhängig von unserem Forschungsprojekt entstandene – Dissertation von Martin Vetter: M. VETTER, Zeichen deuten auf Gott, Marburg 1999. Neben der Semiotik und Metaphysik von Peirce spielten aber auch die Prozesstheorie von Alfred North Whitehead und die Systemtheorie von Niklas Luhmann eine gewisse Rolle für unser Projekt.

diese in mehreren Fällen in den entstehenden Qualifikationsarbeiten semiotisch dreistellig rekonstruiert wurden.[39]

An Peirce war es vor allem die semiotische Relationalität im Sinne irreduzibler Dreistelligkeit durch Bewusstmachung des Interpretanten als unverzichtbarer Ergänzung des Duals von Zeichen(träger) und Objekt, ohne den gar kein Zeichenprozess stattfinden kann. Denn erst, wenn etwas von jemandem *als Zeichen* für etwas *wahrgenommen oder erkannt* wird, findet ein Bezeichnungsprozess statt. Diese semiotische Einsicht ist (zwar nicht identisch mit, aber) unmittelbar anschlussfähig für Luthers soteriologische Erkenntnis der Unverzichtbarkeit des „pro me" für das angemessene Verstehen des Evangeliums.

Als weitere theologisch produktive Elemente in der Semiotik von Peirce zeigten sich deren *ontologischer Realismus*, wie er im Begriff des dynamischen Objekts steckt, der damit gegebene *Wahrheitsrealismus* (sei es im Sinne der Adäquanz, der Korrespondenz oder der Konvergenz) sowie die unauflösliche Verbindung zwischen relationaler *Ontologie und Erkenntnistheorie* und die damit verbundene Absage sowohl an den *radikalen Konstruktivismus* als auch an eine Theorie, in der sämtlich Relate in Relationen *aufgelöst* werden.

3.2 Das Verhältnis von Erkenntnistheorie und Ontologie

Diese Erkenntnistheorie war anschlussfähig an die platonisch-augustinische Illuminationstheorie mit ihrem Hauptsatz: „Erkennen heißt Erleuchtet-werden", also mit einer primär passiven bzw. *rezeptiven* Auffassung vom Erkenntnisvorgang. Daneben wurde aber auch der *produktive* Aspekt von Erkenntnis (z.B. in Form der von Robert K. Merton entdeckten Self-fulfilling Prophecy) rekonstruierbar und wichtig. Und diese beiden Aspekte des Erkenntnisvorgangs erschlossen zugleich den Zugang zur modernen *Modallogik* mit ihrem weitgefassten Möglichkeitsbegriff.[40]

[39] So die – quantitativ und qualitativ – große Dissertation von Johannes Dittmer (J. DITTMER, Schleiermachers Wissenschaftslehre als Entwurf einer prozessualen Metaphysik in semiotischer Perspektive. Triadizität im Werden, Berlin/New York 2001) sowie Frank Mieges – leider unveröffentlicht gebliebene – semiotische Analyse und Rekonstruktion von Tillichs theologischer Prinzipienlehre unter dem Titel: „Mythische Rede von Gott. Die Grammatik von Paul Tillichs Systematischer Theologie in semiotischer Perspektive". Beide Arbeiten zeichnen sich dadurch aus, dass sie bei den von ihnen untersuchten Autoren Spuren einer triadischen Semiotik wahrnehmen, die sie konsequent zu entfalten und dann auch auf ihre Autoren konstruktiv-kritisch anwenden.

[40] An dieser Stelle berührten sich unsere Diskussionen und Publikationen mit denen von Eberhard Jüngel und Ingolf U. Dalferth.

Die weitreichendste Konsequenz des relationalen Ansatzes erschloss sich mir jedoch in schöpfungstheologisch-anthropologischer Hinsicht. In scharfer Abgrenzung von Menschenbildern in der Tradition von John Locke, die das Personsein des Menschen vollständig abhängig machen von den *Bewusstseinsleistungen des Individuums* und damit zu einem isolationistischen Menschenbild kommen,[41] zeigte der relationale Ansatz in Ontologie und Erkenntnistheorie, dass nur die Wahrnehmung des Menschen als *Beziehungswesen* seiner Wirklichkeit gerecht wird. Anthropologisch formuliert, heißt das: Der Mensch wird nur Mensch als *Kind seiner Eltern*, und er bleibt dies ein Leben lang, einschließlich des ganzen räumlichen und zeitlichen Beziehungsgefüges, in das dieses Werden eingebettet ist. Theologisch formuliert – und die anthropologische Aussage umgreifend –, heißt das: Der Mensch wird nur Mensch als *Geschöpf Gottes*, und er bleibt dies in Zeit und Ewigkeit, einschließlich des ganzen Beziehungsgefüges, in das er „samt allen Kreaturen“ eingebettet ist.

Die Pointe dieser anthropologisch-schöpfungstheologischen Aussagen besteht darin, dass der Mensch nicht zuerst existiert und dann in Beziehung zu Gott und seinen Eltern tritt, sondern dass er nur *durch* diese Relationen und *in* ihnen existiert. So ist die Geschöpflichkeit der *universale, unwiderlegliche* und *erfahrbare* Erweis dafür, dass die daseinsbestimmenden Relationen nicht erst *aus* den Relaten entstehen, sondern mit ihnen *gleichursprünglich* sind.

Erkenntnistheoretisch hat dies die Konsequenz, dass die Erkenntniszugänge, in denen der Versuch gemacht wird, die Relationsstrukturen aus den elementaren Relaten zu rekonstruieren, aus denen sie angeblich aufgebaut sind, defizitäre Abstraktionen darstellen im Vergleich mit den Zugängen, in denen von vornherein der Versuch unternommen wird, das konkrete, komplexe Beziehungsgeschehen in den Blick zu fassen, in dem alles existiert.

Für mich persönlich ergab sich daraus die zusätzliche Konsequenz, dass sich mir so – endlich – auch ein Zugang zur Trinitätslehre erschloss, der sich als verstehbar und vermittelbar erwies.[42] Dabei entdeckte ich, dass sich die tria-

[41] Das bekannteste und erschreckendste Beispiel dafür bildete der Präferenzutilitarismus von Peter Singer (P. SINGER, Praktische Ethik [1979], Stuttgart ²1994). Die Auseinandersetzung mit dessen desaströsem Menschenbild habe ich am gründlichsten geführt in meinem Aufsatz: W. HÄRLE, Überlegungen zum Menschenbild in Auseinandersetzung mit Peter Singer, in: DERS., Menschsein in Beziehungen. Studien zur Rechtfertigungslehre und Anthropologie, Tübingen 2005, 305-333.

[42] Diesen Durchbruch habe ich dokumentiert in dem Aufsatz: W. HÄRLE, Warum ausgerechnet drei? Grundsätzliche Überlegungen zur Trinitätslehre (2007), in: DERS., Spurensuche nach Gott. Studien zur Fundamentaltheologie und Gotteslehre, Berlin/New York 2008, 435-458. Wie

dische Peircesche Semiotik als eine „Wittgenstein'sche Leiter" erwies, die weggeworfen werden konnte, nachdem sie mir den Zugang zu dem Sinn und der Bedeutung des großartigen Satz Tillichs erschlossen hatte: „Trinitarischer Monotheismus ist konkreter Monotheismus".[43] In dieser Gestalt der Trinitätslehre ist sowohl die östlich-orthodoxe Gefahr des Tritheismus als auch die westlich-liberale Form des Unitarismus gebannt, und zugleich ist damit die Verbindung zwischen Ontologie und Erkenntnistheorie denkbar gut theologisch begründet und verankert.

3.3 Drei Anwendungsfelder

Schon in der ersten Projektphase wurden die Arbeitsergebnisse auf *kirchliche Handlungsfelder* angewandt. Exemplarisch wurden zunächst Papiere (der beiden Hessischen Kirchen) analysiert, die der Planung künftiger kirchlicher Arbeit dienen sollten. Diese analytische Arbeit wurde dann aber mehr und mehr abgelöst durch die Entwicklung eines Projekts, unter dem (nicht ganz glücklichen) Namen „Change Agents", durch das Theologie und Wirtschaft miteinander in Verbindung gebracht werden sollten. Der Anstoß dazu ging vor allem von Pastor Matthias Mißfeldt, Dortmund, aus. Kontext dieser Idee und ihrer Realisierung war die damalige Tatsache, dass es große Zahlen an Theologiestudierenden gab, für die in der 1990er Jahren nicht mehr ausreichend viele kirchliche Anstellungsmöglichkeiten zur Verfügung standen. Zu dieser Situation passte die in unserem Forschungsprojekt sich herauskristallisierende Einsicht, dass ein (gutes) Theologiestudium eine Vielzahl von Fähigkeiten und Fertigkeiten vermittelt, die auch in der Wirtschaft – vor allem zur Gestaltung von Übergängen und zur produktiven Verarbeitung neuer Herausforderungen – von Nutzen sein können. Das war ein ursprünglich nicht in den Blick gekommenes Anwendungsbeispiel von praktizierter Relationalität.

So entwickelten wir in diesen Jahren ein Curriculum für Personen, die ein abgeschlossenes theologisches Hochschulstudium hatten und daran interessiert waren, mit Hilfe einer (theoretischen und praktischen) Zusatzausbildung von einjähriger Dauer sich auf eine Tätigkeit als Theologen im Management eines Wirtschaftsunternehmens vorzubereiten. Das hat auch gut geklappt: ein

ich diese Überlegungen nach dem Wegwerfen der semiotischen Wittgenstein'schen Leiter weiterentwickelt habe, ist z.B. dem Kapitel: Den dreieinigen Gott denken und bekennen, in: W. HÄRLE, Warum Gott? Für Menschen, die mehr wissen wollen, Leipzig ²2014, 181-210, 199-204 zu entnehmen.

[43] P. TILLICH, Systematische Theologie, Bd. I, Berlin/New York ⁸1984, 265.

erster Jahrgang wurde von uns in Heidelberg ausgebildet und machte Praktika in diversen Unternehmen. Alle Absolventen, die das wollten, bekamen anschließend auch eine Stelle, und die Rückmeldungen, die uns erreichten, waren durchweg ermutigend.

Danach wäre es an der Zeit gewesen, dieses Projekt – in Zusammenarbeit mit der EKD – zu verstetigen und zu institutionalisieren. In der Führungsetage der EKD und in einigen großen Unternehmen der Wirtschaft bestand daran auch Interesse und Offenheit für eine solche Kooperation, die der intensivierten Kooperation zwischen Kirche bzw. Theologie und Wirtschaft dienen könnte und sollte.[44] Dass dieser Teil unseres Projekts trotz mehrjähriger Vorarbeit und gelungenem Probelauf nicht weitergeführt werden konnte, lag vor allem daran, dass an der „Milleniumswende" die Zahl der Theologiestudierenden und -absolventen drastisch einbrach. In dieser Situation gerieten die Kirchenleitungen unter einen großen Erwartungsdruck seitens der Gemeinden, dass zunächst der Bedarf an Gemeindepfarrern befriedigt werden solle. Für das Berufsbild „Change Agent" kamen aber nicht die Absolventen eines Theologiestudiums in Frage, die für das Pfarramt nicht (gut) geeignet waren, und andere standen von da an nicht mehr in ausreichender Zahl zur Verfügung.

Auch ein *zweiter Anstoß* zur Anwendung der in der ersten Projektphase gewonnenen grundsätzlichen und theoretischen Einsichten kam aus dem Kreis der Mitwirkenden: Ralph Charbonnier machte den Vorschlag, nach Abschluss der ersten, eher fundamentaltheologisch und dogmatisch orientierten Phase eine weitere, diesmal *ethisch* ausgerichtete Projektphase anzuschließen. Dieser Vorschlag stieß auf einhellig positive Resonanz,[45] weil der Großteil der Teilnehmer Lust an der Fortsetzung dieser Art von wissenschaftlicher Arbeit und Kommunikation hatte, und weil das konkret ins Auge gefasste Gebiet der *Medizinethik* zahlreiche interessante Anwendungsfelder für eine relationale Erkenntnistheorie und Ontologie bot. Dabei ging es um die großen, alten Themen

[44] Parallel dazu (und teilweise schon vorher) hatte es zahlreiche Kooperationsversuche zwischen Kirche und Wirtschaft gegeben, deren Programm hieß: „Wirtschaft in die Kirche". Diesem Programm einer zunehmenden Ökonomisierung der Kirche standen wir freilich sehr skeptisch gegenüber. Unsere Programmformel hieß: „Kirche in die Wirtschaft" und sie stieß in der Wirtschaft auf überraschend großes Interesse.

[45] Der Vorschlag wurde von 2003-2006 realisiert. Für diese Arbeitsphase war es ein großer Gewinn, dass eine Reihe bedeutender Wissenschaftler aus anderen Disziplinen und Universitäten (die Juristin Prof. Dr. Brigitte Tag aus Zürich, der Philosoph und Psychiater Prof. Dr. Dr. Thomas Fuchs aus Heidelberg, der Psychotherapeut, Prof. Dr. H.A. Kick aus Mannheim sowie der Mediziner Dr. Christian Rolf aus Heidelberg) zu unserem Projekt gestoßen waren und daran – teilweise über längere Phasen – lustvoll mitarbeiteten. Darüber hinaus arbeiteten in Person von Michael Löhden und Andreas Pfahl von Anfang bis zum Ende zwei Physiker mit und trugen engagiert zu der für das Projekt günstigen Interdisziplinarität bei.

von „Leib und Seele“, „Gesundheit und Krankheit“, „Leben, Sterben und Tod“, aber auch um die neu hinzugekommenen, damals teilweise erst aktuell gewordenen Themen von „Stammzellen- und verbrauchender Embryonenforschung“, „Pränatal- und Präimplantationsdiagnostik“, aber auch um die ethischen Fragen am Lebensende, die sich um das Thema „Sterbehilfe“ lagerten.

Bei dem *dritten und letzten Element*, das ich abschließend erwähnen möchte, zögere ich, den Begriff „Anwendungsfeld“ zu verwenden, weil es sich meiner Wahrnehmung und Erinnerung nach eher um eine eigenständige – äußerst wichtige – *Dimension* des Projekts handelte als um die Anwendung von etwas anderswo und anderswie Erarbeiteten: Ich meine die bereits erwähnten täglichen Andachten und sonntäglichen (Abendmahls-)Gottesdienste, die bei all diesen Forschungstagungen stattfanden und von den Teilnehmenden, vor allem von Pfarrerin Sigrid Glockzin-Bever,[46] vorbereitet und geleitet wurden. Diese Andachten und Gottesdienste waren weder isolierte liturgische Rahmenveranstaltungen noch gleichartige Beiträge zum jeweiligen Tagungsprogramm, sondern stellten den (gelungenen) Versuch dar, im Medium der geistlichen Kommunikation den existentiellen religiösen Bezug der uns theoretisch beschäftigenden Fragen nicht herzustellen, wohl aber zum Ausdruck zu bringen. Dass man darauf auch hätte verzichten können, ist niemals erwogen oder von irgendjemandem zur Diskussion gestellt worden.

3.4 Fortsetzung und Weiterentwicklung der relationalen Erkenntnistheorie und Ontologie bis heute?

Mit meiner Emeritierung (zwischen 2006 und 2008) habe ich mich ganz vom universitären Betrieb zurückgezogen und mich seitdem publizistischen und seelsorglichen Aufgaben gewidmet. Deshalb käme ich in Verlegenheit, wenn ich sagen sollte, ob und in welcher Form die damaligen Versuche und Anstöße inzwischen in der akademischen Forschung und Lehre eine Fortsetzung gefunden haben. Aber das ist ja auch nicht mehr meine Aufgabe, sondern die des sich anschließenden Symposiums.

[46] Sie war (ohne dass das je so ausgesprochen wurde) so etwas wie die Spiritualin unseres Forschungsprojektes und hat uns alle von ihrer einzigartigen Verbindung von *theologischer Tiefe und Weite* profitieren lassen. Sie verstarb 2011 im Alter von nur 63 Jahren und bleibt in meiner dankbaren Erinnerung über ihren Tod hinaus untrennbar mit diesem Projekt verbunden.

Ernstpeter Maurer

DIE METAPHER ALS EIGENTLICHE REDE

Zur Verwicklung von Sprache und Wirklichkeit

0. Einleitung

Der Beitrag sucht zu klären, wie eine relationale Erkenntnistheorie zu denken ist. In der klassischen Ausprägung der Transzendentalphilosophie durch Immanuel Kant treten bereits Momente hervor, die eine naive Sicht von Erkenntnis in Bewegung setzen, wonach Subjekt und Objekt der Erkenntnis „in Wirklichkeit" unabhängig voneinander wären. Wahrheit wird in dieser viel zu schlichten Sicht als Korrespondenz begriffen: Ein Satz ist wahr, wenn er „mit der Wirklichkeit übereinstimmt". Im Verlauf meiner Überlegungen soll hervortreten, wie vielschichtig solche „Übereinstimmung" sein kann. Der zunächst so einfache Begriff „Korrespondenz" erweist sich dann als Metapher. Der Titel unterstreicht diese Akzentverschiebung: Wenn bereits die Bestimmung von „Wahrheit" metaphorisch sein muß, kann metaphorische Rede nicht *grundsätzlich* als „uneigentlich" abgegrenzt werden von Sätzen, die eindeutig mit der Wirklichkeit übereinstimmen.[1] Die sinnvolle Funktion solcher Sätze soll natürlich nicht bestritten werden, es kommt aber auf die Unterscheidung zwischen „eindeutig" auf der einen, „klar", „präzise" und „gehaltvoll" auf der anderen Seite an. Metaphern können vermöge ihrer semantischen Raffinesse präzise sein. Darin leuchtet eine Relation zwischen Sprache und Wirklichkeit auf, die nicht einfach eine „vorhandene" Realität abbildet, in der vielmehr Sprache und Wirklichkeit auf lebendige Weise ineinander verwickelt sind. Erst dann kann im strengen Sinne von einer *relationalen* Erkenntnistheorie die Rede sein. Der Begriff soll angewendet werden auf solche Relationen, in

[1] Der mittlerweile klassische Aufsatz dazu stammt von E. JÜNGEL, Metaphorische Wahrheit. Erwägungen zur theologischen Relevanz der Metapher als Beitrag zur Hermeneutik einer narrativen Theologie, in: DERS., Entsprechungen: Gott – Wahrheit – Mensch, München 1980, 103-157.

denen die Relate der Relation nachgeordnet sind und sich erst in der Relation ausbilden.

1. Erkenntnistheorie

Bereits in der „Kritik der reinen Vernunft“ erweist sich die einfache, gleichsam subtraktive Unterscheidung des erkennenden Subjekts von einem zu erkennenden Objekt als vorläufig.[2] Das transzendentale Subjekt kann nicht zur Anschauung kommen, sondern emergiert als transzendentale Einheit der Apperzeption. Das von der Erkenntnis unabhängige Objekt bleibt als „Ding an sich“ ein Grenzwert. Die Erkenntnis von Objekten „für mich“ ist zugleich die Voraussetzung für die Apperzeption, denn es ist der Zusammenhang meiner Vorstellungen, in denen das „ich denke“ erfahrbar, wenn auch nicht erkennbar wird. Zugespitzt: Ohne Objekte der Erkenntnis gibt es kein Subjekt.[3] Umgekehrt gibt es kein Objekt ohne Erkenntnis, denn auch eine objektive Erkenntnis ist als solche noch auf Subjekte bezogen.[4] Die Vorstellung von einem „Ding an sich“, wie es wäre, wenn wir es nicht erkennen, ist mindestens problematisch, wenn nicht inkonsistent. Natürlich existieren Gegenstände unabhängig von unserer Erkenntnis, was sich sogleich bemerkbar macht, wenn wir uns *irren*. Daher kann Wirklichkeit zum *Korrektiv* für unsere Erkenntnis werden. Demnach tritt die objektive Seite besonders deutlich hervor im *Übergang* von einer irrtümlichen zu einer revidierten Erkenntnis. Das gilt in ähnlicher Weise für das transzendentale Subjekt: Meine personale Wirklichkeit ist unabhängig von jeder besonderen Erkenntnis, denn sie wird in der Apperzeption erfahrbar als Synthese meiner Vorstellungen – insbesondere der begrifflich strukturierten Vorstellungen. Auch hier könnte das Subjekt besonders dann hervortreten, wenn die Synthese an ihre Grenzen stößt und zu kreativen Alternativen in der Begriffsbildung führt. Ich *erfahre mich dann als aktiv* in der Gestaltung meiner Erkenntnis. Es gilt allerdings, den Unterschied zu beachten: Ich erkenne mich auch hier nicht als unabhängige Wirklichkeit, sondern erfahre mich im Prozeß meiner Erkenntnis *anderer* Objekte.

Sowohl das transzendentale Subjekt als auch das „Ding an sich“ bleiben in dieser Konstruktion zunächst abstrakte Grenzwerte. Der Schritt zu einer relationalen Erkenntnistheorie und auch zu einer entsprechenden Ontologie wird

[2] I. KANT, Kritik der reinen Vernunft (1781/87), hg.v. R. SCHMIDT, Hamburg ^{2}1956 (=KrV).

[3] „Das: *Ich denke*, muß alle meine Vorstellungen begleiten können“, KANT, KrV B 131-133.

[4] „*Objekt* aber ist das, in dessen Begriff das Mannigfaltige einer gegebenen Anschauung *vereinigt* ist.“ KANT, KrV B 137.

getan, wenn wir aus dem abstrakten Charakter der Grenzwerte die Konsequenz ziehen, daß es sich hier keineswegs um „*die eigentliche* Wirklichkeit", sondern *nur* um Konstruktionen handelt, die aus der Bewegung der Erkenntnis emergieren und vor allem in den Übergängen hervortreten. Das wird bestätigt durch die Argumentation in der „transzendentalen Ästhetik" bei *Kant*: Die Unterscheidung der Erkenntnis vom Objekt ist die Kehrseite der von der Erkenntnis produzierten räumlichen und zeitlichen Struktur des Gegenstands.[5] Hier liegt eine *Rückkopplung* vor. Dabei ist die durch das Subjekt geleistete begriffliche Ordnung der Erkenntnis keineswegs „einfach subjektiv", denn sie sichert die „objektive" Differenz zwischen Erkenntnis und Gegenstand, also auch die „Objektivität" der Erkenntnis. Sehr zugespitzt: Es gibt kein Objekt ohne Erkenntnis, es gibt auch kein Subjekt abgesehen von der Beziehung auf Anderes. Doch bleiben beide unterschieden, denn die Relation ist *asymmetrisch*.

Die physikalisch bestimmte Wirklichkeit ist Voraussetzung für die Theoriebildung, sofern sie sich der Theoriebildung fügen oder sperren kann. Als solche macht sie sich aber nur bemerkbar, wenn sie sich *nicht* fügt, also *nicht* korrespondiert. Von dieser Wirklichkeit *weiß* ich gar nichts. Sie ist extrem abstrakt und nur noch relativ zu meiner Erkenntnis bestimmt – eben als Störfaktor.[6] Die Korrespondenz zwischen physikalischen Theorien und physikalisch bestimmbarer Wirklichkeit spielt sich innerhalb der Erkenntnis ab, sofern immer feinere Messungen und immer differenziertere mathematische Zusammenhänge zu immer genaueren Prognosen führen. Insofern – *innerhalb* der Verwicklung – bilden die physikalischen Modelle Wirklichkeit ab. Allerdings ist *diese* Wirklichkeit nicht zugänglich abgesehen von den Modellen – wir dürfen nicht an eine Darstellung „der Realität" im verkleinerten Maßstab denken. (Quarks sind keine Tennisbällchen.) Weiter kann man sagen, daß Erkenntnis und Wirklichkeit *nicht einfach ineinanderfallen*. Es ist in der naturwissenschaftlichen Erkenntnis aber keine subtraktive Unterscheidung zwischen der Tätigkeit des Subjekts und dem Objekt möglich. Beide werden in einer einzigen Bewegung ausdifferenziert. Je mehr die physikalisch bestimmte Wirklichkeit uns entgegentritt – durch unsere Erkenntnis! –, um so deutlicher kann unsere subjektive Wirklichkeit sich davon abheben. Auch hier könnte sich der Kurzschluß

[5] Vgl. KANT, KrV B 38.

[6] F.D.E. Schleiermacher sieht in seiner „Dialektik" die Materie ebenfalls als Grenzwert der Erkenntnis und charakterisiert sie als unbestimmte Mannigfaltigkeit oder Chaos, vgl. F.D.E. SCHLEIERMACHER, Dialektik (1814), hg.v. A. ARNDT, Hamburg 1988, 46.

einschleichen, daß ich doch immer schon da bin, unabhängig von meiner Erkenntnistätigkeit. Ich kann auf meine leibliche Gegenwart verweisen. Es ist klar, daß auch die Vernunfttätigkeit neuronal, also naturwissenschaftlich untersucht werden kann. Dann ist es aber nicht die *untersuchende* Vernunft, die hier erforscht wird. Die leiblichen Vorgänge gehören zur physikalischen Wirklichkeit, von der sich die Erkenntnis selber abhebt. Sie kann davon nicht „subtraktiv" unterschieden werden, ist aber auch nicht damit gleichzusetzen.

Diese Struktur könnte ein Modell für die relationale Logik bereitstellen: Die Relata sind zu unterscheiden, aber nicht zu trennen, *weil sie jeweils die ganze Relation umgreifen, aber jedes auf eine andere Weise bzw. in entgegengesetzter Richtung.* Das gilt überraschenderweise bereits für die theoretische Erkenntnis im Sinne der „reinen Vernunft": Die korrespondierende Wirklichkeit *umgreift* das erkennende Subjekt, sofern es organisch realisiert ist. Das erkennende Subjekt *umgreift* die Wirklichkeit, die nur korrespondiert, sofern sie sich den Strukturen der Erkenntnis fügt. Es scheint, als „gebe" es ein subjektives X „hinter" der Sprache und dem Denken, analog zur erkenntnisunabhängigen Wirklichkeit als dem objektiven X. In Wahrheit emergiert das „ich denke" immer nur innerhalb der Erkenntnistätigkeit bzw. der Sprache. Die erste Person Singular kann nicht zum *Gegenstand* werden. Sie tritt in bestimmt konturierten Bewegungen hervor, ähnlich wie sich die unerkannte Wirklichkeit „hinter" den physikalischen Modellen aufdringlich macht, sofern sie (noch) nicht begriffen wird.

2. Dialogische Relationen

Besonders deutlich wird die Struktur in dialogischen Relationen, die wieder vielfach verflochten sind in „objektbezogenes" Sprechen und Handeln. Das personale Gegenüber ist zu unterscheiden von einem Objekt, und das auch wieder nicht „subtraktiv": Die andere Person tritt mir durchaus äußerlich entgegen, doch werden die gegenständlichen Aspekte gleichsam aufgesogen durch die Relation. So sind die Gesichtszüge als Mimik bereits bewegt und bezogen auf die sprachlichen Äußerungen, ebenso die Gestik und der Tonfall. Was sich als Leiblichkeit vielleicht physikalisch beschreiben läßt, ist demnach nur durch Nuancierung lebendig. Eine wirklich gelungene Photographie wird deshalb auch den rechten Augenblick zu treffen haben, wo die Fixierung zugleich auf die Bewegungen verweist. Umgekehrt ist die andere Person abgesehen von der lebendigen Begegnung eine Abstraktion. Hier stellt sich wieder eine Täuschung ein: Natürlich ist die andere Person auch schon *vor der Begegnung mit mir* unterscheidbar, aber *nicht außerhalb jeder* Begegnung. Die Kontinuität der Person könnte in ihrer Leiblichkeit gesucht werden, die aber etwas anderes ist als die physikalische Realität des Leibes und um so mehr personal gesehen wird als die Leiblichkeit sich von bloß körperlichen Vollzügen unterscheidet.

Die Leiblichkeit ist mit der Sprache untrennbar verwoben. Sprechen ist ohne leibliche Prozesse (trivialerweise) nicht möglich. Umgekehrt wird ein menschlicher *Leib* – im Unterschied zu einem Körper – erst ausgestaltet durch die Sprache. Die Einheit von Sprache und Leib ist in der Begegnung von Angesicht zu Angesicht ganz *elementar* zu erfahren. Hier sind zwei Relationen ineinander verklammert: Die Begegnung von Personen überkreuzt sich mit der differenzierten Einheit von Leib und Seele, genauer: der Bewegung zwischen den (für sich genommen abstrakten) Polen von physischer Realität und lebendiger Sprache. In der Bewegung unterscheiden sich der Leib vom Körper und die vernünftige Seele vom formalen Denken. Der Unterschied emergiert in den Beziehungen. Während wir bei der objektiv-theoretischen Erkenntnis auf einer unabhängigen Wirklichkeit bestehen können, ist im personalen Bereich die Erkenntnis nicht einfach von der Wirklichkeit zu unterscheiden. Das Gegenüber ist mir kein Objekt, sondern ein anderes Subjekt. Dieser Punkt wird leicht überspielt, ist aber fundamental. Ich erkenne ein Gegenüber, das mir *antwortet* und von dem ich erkannt werde. Diese verwickelte *Erkenntnis* hat mit meiner personalen *Wirklichkeit* zu tun. Sie folgt ihr nicht einfach nach. Ich erkenne mich selbst als Person, sofern eine andere Person *mich anspricht*. Und ich *werde zur Person*, indem ich eine andere Person *anrede*. Darin erfahre ich mich nicht primär als physikalisches Objekt, sondern als leiblich-seelische Wirklichkeit *sui generis*. In dieser Verwicklung treten die physischen Aspekte ebenso hervor wie die sprachlichen – ungetrennt und unvermischt.[7] Denn die Sprache teile ich mit der anderen Person, insofern sind wir durch unsere Vernunft verbunden. Die physische Wirklichkeit unterscheidet mich, aber sie konstituiert von

[7] Die Anspielung auf die Zwei-Naturen-Lehre ist natürlich nicht zufällig! Die keineswegs „paradoxe" Theo-Logik der Formel von Chalcedon umschreibt die Verwicklung der göttlichen und menschlichen Natur in Jesus Christus, einer Person und Hypostase. Das Wesen Gottes und das Wesen des menschlichen Geschöpfs treten dabei gerade in der Verwicklung auseinander und können nur von diesem Konflikt her angemessen erkannt werden. Diese Bewegung muß immer wieder erzählt werden und verdichtet sich in der Formel. Die Analogie bezieht sich vorläufig nur auf die Struktur einer Unterscheidung, die in der Verwicklung hervortritt, also nicht durch einen „Schnitt" darzustellen ist.

Angesicht zu Angesicht auch die Beziehung. Dabei ist das Angesicht nicht einfach die physikalische Oberfläche, sondern wird durch Mimik und Gestik in der Bewegung charakteristisch. Auch die leibliche Dimension wird so in das Beziehungsgeschehen hineingezogen.

3. Relationen und „unmittelbares Selbstbewußtsein"

In gewisser Weise werde ich *für mich* im Gegenüber von der anderen Person her intensiver identifizierbar als durch den Selbstbezug. Nur innerhalb der sprachlichen Beziehung kann ich antworten, widersprechen, einstimmen *etc.* Darin erfahre ich mich primär als eigentümliche Person, bevor ich über mich selbst nachdenke. Hier setze ich mit Schleiermacher das *unmittelbare Selbstbewußtsein* an, das demnach der transzendentalen Apperzeption die Farbe gibt, aber nicht in erster Linie als Gefühl „in mir". Die Ebene der Gefühle – wieder im Sinne des unmittelbaren Selbstbewußtseins – ist dann eher ein Geschehen „zwischen" mir und der anderen Person, aber nicht als neutrale Mitte: Ein Gefühl ist ja mit mir identisch, aber zugleich von der anderen Person her und auf sie hin. Das gilt auch in der Gegenrichtung.[8] Gefühle vereinen zudem die affektiv-leibliche Dimension der Person mit der Vernunft, sobald sie sprachlich geäußert werden, und dann verändern sie sich sogleich. Sind sie möglicherweise gerade diese Bewegung? Es könnte ja sein, daß ein Gefühl erst nachträglich als „etwas in mir" substantiviert wird. Ich kann aber meine Gefühle nicht „von außen" beschreiben, sie entziehen sich der Introspektion. Ich werde ihrer gewahr im *Wechsel der Bestimmtheiten,* darin erlebe ich mich selbst. Dieser Wechsel wird besonders intensiv in der personalen Begegnung und mithin in der sprachlichen Bewegung. Natürlich treten sprachliche Äußerung und Gefühl immer wieder auseinander, ebenso trete ich meinem personalen Gegenüber immer wieder entgegen, aber es ist auch hier erst nachträglich und durch Abstraktion eine Ebene der „sprachlosen" Gefühle zu konstatieren. Die erlebe ich ohne Zweifel, etwa wenn ich nach dem rechten Wort für einen seltsamen Zustand suche. Aber wie erkenne ich das treffende Wort, wenn ich es gefunden habe? Ändert sich dann mein Zustand nicht sofort? Insofern können wir Ge-

[8] Es darf nicht übersehen werden, daß das Gefühl als unmittelbares Selbstbewußtsein in der Einleitung zur „Glaubenslehre" niemals eine undifferenzierte Einheit der Person zuläßt. Selbst noch das Einheitserleben der schlechthinnigen Abhängigkeit ist bezogen auf das Gegenüber zur Welt und wird sogleich wieder sprachlich artikuliert, vgl. F.D.E. SCHLEIERMACHER, Der christliche Glaube (1830), hg.v. M. REDEKER, Hamburg [7]1960, 35.

fühle und Sprache nicht einfach identifizieren, aber auch nicht nach dem Modell „Wort und Gegenstand“ konstruieren. Wenn sich meine Gefühle durch den sprachlichen „Ausdruck“ verändern, erst recht durch die Antwort meines Gegenübers - für die andere Person gilt das alles entsprechend –, so sind beide Ebenen ineinander verwickelt. Sie können auseinandertreten und ineinanderfallen.

Hier liegt ein wesentlicher Unterschied zwischen der theoretischen Erkenntnis der physikalischen Natur und der Erkenntnis meiner selbst und der anderen Person: Die Sprache folgt der Wirklichkeit, sofern es um sprachlose Objekte geht. Wie komplex bereits diese Relation ist, habe ich im Anschluß an Kant oben skizziert. Die Situation ändert sich radikal, sobald ich mich auf Subjekte richte, die mir antworten. Die gemeinsame Sprache *schafft* hier die Wirklichkeit, die Erkenntnis meiner selbst ereignet sich „auf dem Umweg“ über die andere Person und kann meine Wirklichkeit verändern.[9] Der Versuch, meine „wahre“ Realität noch „hinter“ den Relationen zu sehen, fällt entweder auf die physische Ebene zurück oder auf ein extrem abstraktes „Ich“, das als transzendentale Apperzeption niemals konturiert oder profiliert werden kann. Auf der physischen Ebene gelange ich vielleicht zu einer ganz unbestimmten Bewegung des sprachlosen Erlebens, die ironischerweise dem „Ding an sich“ ähnlicher ist als meiner eigenen Wirklichkeit.

4. Personale Sprache

Welche Sprache ist der personalen Begegnung angemessen? Da ich im strengen Sinne nicht „über“ die andere Person reden will - dann mache ich sie zum Objekt –, werden Begriffe anders funktionieren als in der naturwissenschaftlichen Theoriebildung. Die personale Sprache richtet sich auf die Beziehung, in der die jeweils eigentümlichen Personen erst hervortreten. Die Verwicklung von Sprache und Wirklichkeit ist hier also eine andere. Sofern ich *als Person* in der Beziehung „geschaffen“ werde, ist meine Wirklichkeit metaphorisch. Ich lebe als Übertragung meines Lebens auf die andere Person hin und von ihr her. Das gilt auf jeden Fall für meine Selbsterkenntnis, eben daher aber auch *für mich selbst*, sofern ich mich von meiner Selbsterkenntnis nicht einfach unterscheiden kann. Diese Erkenntnis ist lebendig und nicht begrifflich zu fixieren.

[9] Wie komplex diese Verflechtung ist, zeigen schon die ersten Seiten des Kapitels „Selbstbewußtsein“ in: G.W.F. HEGEL, Phänomenologie des Geistes, hg.v. J. HOFFMEISTER, Hamburg [6]1952, 133-140.

Das wird in der Sprache elementar deutlich: Die Wörter, mit denen ich mich charakterisiere, verlieren ihre Eindeutigkeit. Ich kann mich - oder auch die andere Person - aber *immer feiner* charakterisieren, indem ich die Sprache nuanciere, etwa durch differenziertere Wortwahl, aber auch durch raffiniertere Textgestalten. Die Alternative zur Eindeutigkeit ist demnach nicht die Vagheit, sondern die sprachliche *Sensibilität*.

Die Sprache wird dabei in vielfältiger Weise verwendet und in die Beziehung eingeflochten. Das treffende Wort erweist sich dann in der Antwort meines Gegenübers. Ob es mir gelingt, mich selbst zur Sprache zu bringen, zeigt sich im Verhalten der anderen Person. Meine Äußerungen sind keine Beschreibungen eines „Sachverhaltes", sondern Selbstäußerungen, etwa „Ich freue mich". In den seltensten Fällen horche ich in mich hinein, um das festzustellen oder die Freude in mir zu diagnostizieren. Ich kann aber meinen Zustand noch differenzierter artikulieren. Mein Gegenüber kann sich dann mit mir freuen oder sich abwenden (wenn es bloße Schadenfreude ist) oder mich durchschauen, wenn ich meine Freude nur spiele. Denn der Satz ist eingebunden in ein ganzes Büschel von non-verbalen Verhaltensmustern, die sich in der sprachlichen Formulierung *konzentrieren*. Es kommt demnach nicht auf eine objektive Beschreibung an. Die könnte ein Internist durch eine Endorphin-Analyse liefern, aber darum geht es nicht, denn ich will ja mein Gegenüber mit meiner Freude anstecken. Natürlich reden wir nicht ununterbrochen über uns selbst, wenn wir einander als Personen begegnen. In, mit und unter der Sprache *über* Objekte kann die personale Dimension aufleuchten und in den Vordergrund treten, auch wenn wir *von* einer dritten Person reden (diese Erweiterung der dialogischen Sprache wird noch zu betrachten sein).

Es zeichnen sich Grundzüge der personalen Sprache ab: (a) In sprachlichen Wendungen kann sich die personale Relation *verdichten*. (b) Die angemessene Sprache muß nicht eindeutig sein, wird aber in der Begegnung *präzise*. (c) Die Sprache ist *wirksam*, sie schafft und modifiziert die Beziehung. Diese Grundzüge werden in der metaphorischen Sprache paradigmatisch, aber nicht exklusiv realisiert. Wir müssen also vorsichtig sein mit unserem Wortgebrauch: Ich habe oben von der meta-phorischen Wirklichkeit der Person gesprochen, die nicht einfach parallelisiert werden darf zur Metapher im engeren Sinne. Ich kann durch nicht-metaphorische Rede eine Person treffend charakterisieren, aber auch einen nicht-personalen Sachverhalt metaphorisch kennzeichnen, etwa eine „blitzschnelle" Bewegung. Allerdings kann die auf den ersten Blick nicht-metaphorische Beschreibung einer Landschaft eine Stimmung wirksam zur Sprache bringen. Das ist dann eine höchst komplexe Metapher.

5. Personale Grundwörter

Elementare Beispiele aus der alttestamentlichen Anthropologie zeigen auf, wie die metaphorische Bewegung zwischen Leiblichkeit und Person sprachlich gestaltet wird und zugleich die oben genannten Aspekte (a) bis (c) exemplifiziert. Hier zeichnet sich regelmäßig eine *Synekdoche* ab, die mit besonderen leiblichen Phänomenen die Person als Ganze sprachlich trifft. Es geht dabei immer um eine Bewegung von außen nach innen oder umgekehrt, also auch um die Relation zu anderen Personen und letztlich zur Umwelt (bei *näphäsch* deutlicher als bei *leb* und *ru^{a}ch*). Die Synekdoche ist ein charakteristisches Beispiel für die Metapher und realisiert in besonderer Weise den Aspekt der sprachlichen Verdichtung (a). Die Lexeme gehen jeweils von bestimmten somatischen Phänomenen aus und übertragen diese Phänomene im Kontext auf „innere" Wirklichkeit. Das ist paradigmatisch, weil vom „Äußeren" aus das „Innere" zur Sprache gebracht wird, und zwar in einer Vielfalt von semantischen Nuancen (b). Zugleich kommt jeweils die menschliche Person als Ganze in den Blick, und zwar aus unterschiedlichen Perspektiven, die nicht auf einen einzigen Nenner zu bringen sind und daher das Geheimnis der Person umschreiben und in faszinierender Weise zum Leuchten bringen können (c).[10]

Das Wort *näphäsch* mag zunächst auf den Schlund verweisen, aber immer schon in der Bewegung auf anderes hin, dessen ich bedarf. Daher kann das Wort mit „Leben" übersetzt werden, sogar das Personalpronomen der ersten Person Singular ersetzen. Es wäre verfehlt, als „Grundbedeutung" das deutsche Wort „Kehle" anzugeben. Treffender wäre „Appetit". Viel angemessener ist es zu sagen: *Die Bedeutung ist identisch mit der Reihe der metaphorischen Variationen.* Zugleich wird die Person in eine ursprüngliche Relation gebracht, nämlich zur Umwelt, nach der ich verlange und von der ich mich zugleich unterscheide. – Das Wort *leb* verweist auf das Herz, aber immer als Erfahrung einer lebendigen Mitte – wenn ich mich „zusammennehme" (was auch im Deutschen eine Metapher ist). Das ist eine andere Weise der Unterscheidung von anderem, und zwar eingebettet in die Relation zu diesem anderen, durchaus auch der anderen Person und sogar zu mir selbst, denn ich kann mich auch von mir unterscheiden. Beide Grundwörter zeichnen demnach eine Polarität von Unterscheidung und Vereinigung auf, und zwar in unterschiedlichen Richtungen zwischen „innen" und „außen". *Erst durch die Bewegung treten aber*

[10] Vgl. dazu die Einträge in den Wörterbüchern zum Alten Testament, etwa F. STOLZ, Art. *leb*, THAT 1 (^{6}2004) 861-867; C. WESTERMANN, Art. *näfäsch*, THAT 2 (^{6}2004) 71-96; R. ALBERTZ/C. WESTERMANN, Art. *ruach*, THAT 2 (^{6}2004) 726-753.

„innen" und „außen" in nuancierter Weise auseinander. Wir sollten nicht vergessen, daß auch diese Unterscheidung die räumlichen Präpositionen bereits metaphorisch zur Anwendung bringt und damit die Relation von Körper und Seele in Bewegung versetzt bzw. eine unendliche Vielfalt von Nuancen freisetzt. – Das Wort *ru^{a}ch* verweist auf die bewegte Luft und daher auch auf den Atem, der mich in Beziehung bringt zu meiner Umwelt, in der Sprache dann auch auf die andere Person. Dabei ist die semantische Spannweite des Wortes bemerkenswert: Ich werde von einem Geist bewegt, kann aber auch in einem solchen Geist zu Höchstleistungen der Vernunft gebracht werden. Passivität und Aktivität stehen nicht im Widerspruch. Die Person erlebt ihre Identität als *unverfügbar*, aber durchaus als unterscheidbare Person.

Es werden mit wenigen „Strichen" *Prozesse* angedeutet, die in ihrer komplexen und dynamischen Vielfalt die menschliche Person umreißen, ohne sie auf eine bestimmte Grundstruktur festzulegen. Die *Differenz zwischen „innen" und „außen"* zeichnet sich immer wieder anders ab und ergibt sich jeweils neu aus der Bewegung. Diese Bewegung kommt nicht zur Ruhe. Die Grundwörter skizzieren eine charakteristische Physiognomie, in der sich jede Person jeweils auf ihre Weise erkennen kann. Sie oszillieren zwischen den Polen von „Konzentration" (*leb*) und „Bewegtwerden" (*ru^{a}ch*) hin und her und nuancieren das unmittelbare Selbstbewußtsein (*näphäsch*). Die Benennung der beiden „Pole" ist sehr blaß und führt nicht auf eine begriffliche Bestimmung, sondern skizziert einen Spielraum, wo sich die Nuancen voneinander abheben und differenzieren. Übrigens legen sich auch die „Pole" sogleich in Bewegung auseinander, sofern „Konzentration" ebenso wie „Bewegtwerden" keine statischen Zustände bezeichnet. In alledem beschreibe ich mich selber niemals „von außen", sondern ich *wende mich nach außen*, sowohl sprachlich als auch leiblich in einem umfassenderen Sinne.

Mit dieser Skizze wird der metaphorische Charakter der personalen Sprache in einem weiteren Horizont deutlich: Es geht nicht nur um Metaphern im strengen Sinne, sondern um *die Übertragung scheinbar „objektiver" Sprache in personale Kontexte.* Allerdings werden die Grundzüge an Metaphern im engeren Sinne besonders bedeutsam. Hier wird das Wort mehrdeutig, gerade deshalb fügt es sich in die personale Beziehung ein oder kann sie bereichern. Das Modell der „Korrespondenz" zeichnet sich in einer ganz anderen Weise ab: Es geht eher um Wort und Antwort – *response* – als um die Übereinstimmung von Sprache und sprachloser Wirklichkeit. Man könnte sogar zugespitzt sagen, daß üblicherweise das Wort „Korrespondenz" metaphorisch verwendet wird, und zwar ironischerweise in der klassischen Wahrheitstheorie und in der Theorie der Naturwissenschaften. Wenn wir unsere „inneren" Erfahrungen sprachlich formulieren wollen, können wir gar nicht anders als metaphorisch reden: *Die Unterscheidung zwischen „innen" und „außen" ist auf jeden Fall eine Metapher.* Daher sind alle Wendungen metaphorisch, mit denen ich mein „Gestimmtsein" äußere. Der Satz „ich freue mich" beschreibt keine Tätigkeit, obwohl ein reflexives Verb gebraucht wird wie etwa „ich wasche mich". Die Wendung gehört zur Freude dazu und trägt sie „nach außen". Daher kann zwar der Satz falsch und die Freude geheuchelt sein, aber ich vergleiche in der Regel nicht den Satz mit meinem inneren Zustand. Übrigens ist Freude kein *Zustand* und „sich freuen" keine *Tätigkeit,* schon gar keine reflexive. Auch das Wort „Stimmung" ist eine Metapher – diesmal aus der Instrumentalmusik. Alles in allem ist bereits der Versuch, die Phänomene zu präzisieren, auf Metaphern angewiesen.

Wenn ich verweise auf die Einbettung solcher Sprache in personale Beziehungen, so ist damit auch im Blick, daß in der Regel die Verwendung der Metapher problemlos gelingt – und zwar obwohl die Personen keineswegs dieselben Erfahrungen mit dem Wort verbinden. Es ist wohlgemerkt keine triviale Frage, wie die „Selbigkeit" einer Erfahrung aufzuweisen wäre. Genau genommen ist die Frage inkonsistent: Niemand kann meine Erfahrungen machen, auch ich selbst „mache" sie nicht. Eine Erfahrung ist nicht „etwas" in mir, sondern *ich bin* so oder so bewegt. Die Bezeichnung von Gefühlen mit Substantiven oder Adjektiven ist demnach eine Vergröberung.

Auch die Rede von einer dritten Person wird um so mehr in die metaphorische Bewegung einbezogen, je weniger diese Person aus der Distanz betrachtet wird. Insofern sind metaphorische Formulierungen in vielfältigen Kontexten zu betrachten. Wir müssen daher *einerseits* vorsichtig sein mit der Parallelisierung der metaphorischen Personalität – in der Beziehung von Ich und Du – und der Verwendung von Metaphern im engeren und weiteren Sinne. *Selbst*äußerungen tendieren zur metaphorischen Rede, aber nicht alle Dialoge zielen primär auf eine solche Äußerung. Ich kann auch einfach jemanden nach dem Weg fragen. Vor allem schränkt eine Parallelisierung die Möglichkeit ein, andere Personen zu charakterisieren. Wird der Charakter einer anderen Person *getroffen*, so kommen Metaphern wieder ins Spiel, etwa als Verdichtung von narrativen Gebilden oder auch im Zusammenhang einer *prima vista* nicht-metaphorischen Beschreibung, die aber auf typische Züge einer Person zielt. Man bedenke, daß auch das Wort „Charakter" als „Prägung" eine Metapher ist. Einen Charakter kann ich mit wenigen Strichen treffend zeichnen! Die metaphorische Rede umgreift also nicht nur dialogische Relationen, sondern öffnet den personalen Raum in Richtung einer lebendigen Vernetzung von mehr als zwei Personen in der Sprache. Dafür sind die später noch zu analysierenden neutestamentlichen Metaphern ein Beispiel. Die paulinische Predigt ist voller Metaphern, die vermöge ihrer präzisen Mehrdeutigkeit die Hörer bewegen. Das ist für die Pneumatologie wichtig, denn hier erweitert sich die dialogische Relation zu einem „Kraftfeld" im Sinne *Michael Welker*s, und zwar in einer verwickelten, aber niemals generalisierenden Bewegung.[11] Es geht immer um die Freisetzung der unverfügbaren Person von einer anderen her, was primär in binären Relationen zu denken ist, aber weiter ausgreift. Insgesamt ist es dann die lebendige Sprache, die den Raum öffnet für personale Netze, in der *Allgemeinheit nicht durch Abstraktion* geschaffen wird. Das stimmt auch überein mit der Beobachtung, daß die meta-sprachliche Präzisierung metaphorischer Sprache ihrerseits wieder zu Metaphern tendiert.

Andererseits gilt es die Entgrenzung des Begriffs „Metapher" genauer zu verfolgen. Das Verhältnis zwischen narrativer Rede und metaphorischer Verdichtung kann hier aufschlußreich werden: Auch in der *story* tritt der Charakter von Personen hervor, ohne in beschreibender Sprache „auf den Punkt" gebracht zu werden. Die Konsistenz einer Geschichte unterscheidet sich von logischer Zwangsläufigkeit, weil die Unverfügbarkeit der Personen nicht verwechselt werden darf mit eindeutiger Identität, vielmehr die Kontinuität einer Person über Spannungen hinweg in die Geschichte verwickelt. Die narrative Struktur erfüllt also auf ihre Weise die Bedingungen personaler Sprache, die wir oben skizziert haben:

(a) Die Relationen werden *profiliert* durch die Konflikte und Spannungen, die in der Erzählung hervortreten.

(b) Die *story* erfordert keine scharfen Begriffe, wohl aber ergibt sich aus dem narrativen Gefälle die Wortbedeutung, etwa durch Kontrast und Differenz. Daher kann die Sprache so einfach sein wie in den alttestamentlichen Erzählungen.

(c) Die Geschichten bleiben wirksam – auch andere Personen finden sich darin wieder. Das Syndrom von *Offenheit und Präzision* zeichnet sich in der „Superstruktur" einer *story* ebenso ab wie in der metaphorischen Rede.

Die „personale Metapher" oder auch die „metaphorische Identität" läuft also *nicht einfach parallel* zur Bildung einer Metapher im engeren Sinne. Elementar ist die Verwendung von sprachlichen Gebilden, die sich zunächst auf äußere Wirklichkeit beziehen, für die treffende Nuancierung des „Inneren". Das ist

[11] Vgl. M. WELKER, Gottes Geist. Theologie des Heiligen Geistes, Neukirchen-Vluyn 1993.

nur möglich, weil die leibliche Wirklichkeit der Personen bereits als dynamische Relation von „innen" und „außen" zu begreifen ist. Daher kann die metaphorische Formulierung von der anderen Person verstanden werden, und zwar möglicherweise (oder mit Sicherheit?) anders als „gemeint". Dennoch kann die Kommunikation gelingen. Die personale Relation erweist sich als *transzendentale Bedingung der Möglichkeit von metaphorischer Rede*. Das hängt damit zusammen, daß die metaphorische Rede das Gespräch offenhält, also gerade durch Präzision die Spielräume schafft. Die Relation zwischen äußerer Objektivität des Leibes und der inneren Lebendigkeit ist ihrerseits die Bedingung für die personale Begegnung, die immer leiblich vermittelt ist als Gegenüber von Angesicht zu Angesicht, von Wort zu Wort *etc*. Ich bin als Person wirklich in der Balance von Leib und Seele, das gilt auch für mein personales Gegenüber. Nur ist damit kein gemeinsamer Nenner bezeichnet, sondern eine *analogia relationis*. Durch die Sprache wird diese geheimnisvolle Balance in Bewegung gehalten. Das gilt sogar für das Reden von einer anderen (dritten) Person. Im Idealfall kommt es zu einer personalen Sprache, die das Geheimnis der Person offenhält.

6. Nuancen und Differenzen – Phänomenologie der Skizze

Das Syndrom von Offenheit und Präzision können wir an gelungenen Skizzen einer Physiognomie deutlich machen. Hier kommt es einerseits auf die treffenden Nuancen an, andererseits bleibt eine Skizze stets offen und verweist auf die möglichen Differenzen in der Mimik. Ähnlich verhält es sich mit der personalen Sprache. Während die Begriffsbildung auf semantische Konstanz zielt, zeichnet sich metaphorische Rede durch Offenheit aus (s.o. b), die mit ihrer Präzision und Klarheit konvergiert, weil sie eine Relation sprachlich verdichtet (s.o. a). Es geht um Nuancen, die bei der Begriffsbildung gerade „abstrahiert" werden. Die Nuancen sind aber ihrerseits nicht einfach fixierbar. Sie treten nur im Zusammenhang und nur in der Bewegung hervor. Das läßt sich vergleichen mit den charakteristischen Gesichtszügen einer Person, die mit wenigen Strichen gezeichnet werden. Jeder Strich ist für sich genommen bedeutungslos, doch gerade so setzen die wenigen Züge die Mimik in Gang, die Bewegung im Gesicht. Die semantische Offenheit der metaphorischen Rede hängt in vergleichbarer Weise zusammen mit der Bewegung von Angesicht zu Angesicht. Daher ist sie *wegen ihrer Mehrdeutigkeit präzise*. Es ist übrigens keine triviale Aufgabe, in einer Skizze die charakteristischen Züge zu *treffen*. Wesentlich für die Nuancierung ist die Differenz, denn eine minimale Änderung kann aus einer Skizze eine Karikatur machen. Hier kann die Tragweite der relationalen Logik und Ontologie deutlich werden: Ein Strich wird erst durch die Konstellation zur Skizze. Ansonsten ist er bedeutungslos. Ich gelange bei der Zerlegung der Skizze in Striche nicht zur Begriffsbildung, auch nicht zu einer Abstraktion, sondern zu einer bedeutungslosen Ansammlung von Strichen. Eine gelungene Skizze hält im Augenblick einen mimischen und gestischen Raum möglicher Bewegungen fest. Es ist nicht selbstverständlich, diese *Balance zu treffen*. Insofern läßt sich eine Struktur als Spielraum für Bewegung präzisieren. Es kommt auf die Übergänge an, in denen sich die Wendepunkte der Bewegung herausbilden und mit den Strichen konturiert werden. Werden solche Punkte abstrahiert, verlieren sie ihren Gehalt. Die Relata sind also nicht nur gleichursprünglich mit den Relationen, sondern werden durch die Relation erst wirklich.

Entsprechend ist der physiologisch beschreibbare menschliche Körper keine Person abgesehen von der bewegten Beziehung. Die Beziehung setzt den Körper voraus und läßt ihn zum Leib werden. Insofern ist auch die bloß physische Beschaffenheit der Person nicht ihre wahrhafte Wirklichkeit – es sei denn, es gelingt eine künstlerische Darstellung, in der die Möglichkeiten „eingefangen" werden. Es gibt hier keine „nur subjektive" Wirklichkeit, sondern stets eine Wendung nach „außen" und „innen", welche Differenz sich in der Bewegung konstituiert und das Subjekt für ein anderes Subjekt öffnet. Das subjektive Moment wird aufgesogen von der intersubjektiven Bewegung, die wesentlich durch Sprache konstituiert ist. Sprache allerdings ist immer auch eine objektive Struktur, die zwar verändert werden kann durch die Eigenart der Sprecher – also durch den „Stil" –, aber zunächst gegeben ist. Es kommt daher auf Abweichungen an, die sprachliche Strukturen lebendig halten und dann wieder zu Regelmäßigkeiten führen. So emergiert ein Wechsel zwischen der *Wendung* nach außen und auf die andere Person hin und von der anderen Person her und der jeweils *eigenen Identität*, die einerseits als unverfügbares Geheimnis freigesetzt wird, andererseits Konturen gewinnt. Sprache ist ein Äußeres im Vergleich zur „inneren" Wirklichkeit, aber bezogen auf die körperliche „Objektivität" bereits wieder davon unterschieden als Inneres. So wird die Unterscheidung zwischen „innen" und „außen" beweglich und umspielt die personale Relation. Dabei werden – ähnlich wie in einer Skizze! – feinste Abweichungen relevant. Personale Sprache kann nicht mehr zerlegt werden in Begriffe mit einer präzisen und konstanten Bedeutung, sondern bildet ein Geflecht (*textus*) aus bewegten sprachlichen Gestalten. Das müssen dann keine

Metaphern im strengen Sinne mehr sein, sie werden aber in höchst kontextabhängiger Weise verstanden (also doch metaphorisch, denn es gibt keine „eigentliche Bedeutung").

Damit wird der Blick auf die metaphorische Sprache noch einmal erweitert. Es geht nicht nur um einen verkürzten Vergleich im engeren Sinne. Vielmehr werden Wörter – die auf den ersten Blick durchaus als Begriffe gelten können – auf Personen *über-tragen* und ändern dabei ihre Bedeutung durch die Verflechtung in Geschichten. In einer Geschichte kann ein für sich bedeutungsloses Detail dramatische Konsequenzen haben. Auf der Ebene der Sprache zeichnet sich das in den *stilistischen* Eigenarten ab. So sind Wörter – auch Begriffe – in Geschichten verflochten und umgekehrt geeignet, die Geschichte zu konzentrieren. So ergibt sich die Bedeutung einer Geschichte nicht als „Addition" der Grundbedeutungen der Wörter. Es kommt auf die Reihenfolge der Wörter an, auch wenn eine Person mit Begriffen charakterisiert wird. Das wäre bei der begrifflichen Beschreibung „unerwünscht". *Die metaphorische Sprache umgreift insgesamt einen viel weiteren Bereich als nur die übertragene Bedeutung eines einzelnen Wortes.*

7. Ontologien

Wenn Ontologie die Frage beantworten soll, was denn *wirklich* ist – dann treten folgende Optionen auseinander: Wir können die relationale Struktur der menschlichen Person als Wirklichkeit *sui generis* betrachten. Natürlich zeichnet sich in der naturwissenschaftlichen Erkenntnis eine andere Wirklichkeit ab, nämlich die sprachlose Realität, die unserer Erkenntnis fraglos vorausliegt, wenn sie auch in dieser Bestimmung unbestimmt bleiben muß. Beide Dimensionen stehen nicht einfach nebeneinander, lassen sich aber nicht auf eine einzige Ontologie reduzieren. Es bleibt kein „gemeinsamer Nenner" außer der gänzlich gestaltlosen chaotischen „Materie". Das ist nur verwirrend, wenn wir von einer Ontologie erwarten, die Wirklichkeit „an sich" zu bestimmen. Hingegen kommt es für jede Theoriebildung darauf an, das Gegenüber durchsichtig zu machen. In der Physik wird das durch die Messung erreicht, die alle Begriffe als Größen bestimmt und daher mathematische Zusammenhänge und erstaunliche Regelmäßigkeiten formulieren kann – und zwar in Gestalt von Erklärungen und Prognosen auf der t-Achse. In der personalen Erkenntnis richten wir uns auf sprachliche Gebilde, in denen sich die Eigenart einer Begegnung verdichtet, aber darin nicht festgelegt, sondern *auf Zukunft hin erschlossen* wird. Diese sprachlichen Gebilde können Begriffe enthalten, aber es geht nicht um die Präzision im Sinne der Messung, sondern einer anderen Art der *Durchsichtigkeit*. Es werden Spielräume eröffnet. Die Nuancierung der Sprache führt daher nicht zu einer Abstraktion, auch nicht zu einer prognostisch bedeutsamen Regelmäßigkeit, wohl aber zu einer Balance von personaler Unverfügbarkeit *und* Identität (die Luther sogar als *necessitas immutabilitatis* bezeichnen konnte[12]), die stets nur im Rückblick als kohärent aufleuchten kann.

Legen wir nun als Kriterium für die Leistungsfähigkeit einer Ontologie fest, daß sie den Bereich der Erkenntnis *durchsichtig* machen soll, dann ist es wenig plausibel, sich für die eine oder die andere zu entscheiden. Die personale Wirklichkeit wird nicht klarer durch eine Reduktion auf die physiologische oder gar psychologische Analyse des menschlichen Verhaltens, auch wenn der begrenzte Beitrag einer solchen Analyse nicht zu leugnen ist. Die umgekehrte Richtung ist mindestens ebenso interessant: Wenn alle naturwissenschaftliche Theoriebildung auf unsere Messungen zurückgeht, ist das eine Natur *nach Menschenmaß*. Wenn wir nach Menschenmaß die Natur rekonstruieren, wie sie unabhängig von uns existiert, so vergessen wir unseren konstitutiven Beitrag und erliegen der Verwechslung der physikalischen Natur mit *der* Wirklichkeit. Zumindest die Rolle der Mathematik sollte in diesem Kontext bedacht werden – sie ist kein Ergebnis, sondern Voraussetzung naturwissenschaftlicher Erkenntnis. (Es hilft nichts, sie aus der evolutionären Anpassung zu erklären, denn auch die Evolutionstheorie bedarf der Physik – abgesehen von der sehr schwachen Erklärungskraft der biologistischen Behauptung). Es ergibt sich nun ein interessantes Bild: Wir haben mit zwei (mehr oder weniger radikal relationalen) Ontologien zu tun, von denen keine auf die andere zu reduzieren ist, die aber auf interessante Weise ineinandergreifen und komplementär zueinanderstehen. Sie sind im strengen Sinne inkommensurabel. Übrigens wäre es eine sprachphilosophische Naivität, die naturwissenschaftliche Begriffsbildung als die „eigentliche" Sprache der metaphorischen Rede vorzuordnen, weil die lebendige, von Metaphern durchzogene Sprache der begrifflichen Präzisierung durch Meßverfahren immer schon vorausliegt, die ihrerseits – besonders deutlich am Beispiel der *Zeit* – wesentliche Aspekte abblendet.

[12] Vgl. dazu die ebenso tiefsinnigen wie schlichten Überlegungen in *De servo arbitrio*: M. LUTHER, Werke. Kritische Gesamtausgabe. Band 18, Weimar 1908, 635 (=WA).

8. Neutestamentliche Beispiele

Es ist sicherlich kein Zufall, wenn im Neuen Testament das Wort σῶμα in vielfältiger Weise metaphorisch verwendet und durch relationale Bewegungen ausdifferenziert wird. Der Leib unterscheidet sich vom Körper durch das Leben, das in der Tradition in der Regel der Seele zugeschrieben wird. Wollen wir keinen Dualismus vertreten, gehen wir davon aus, daß die Seele hervortritt in der lebendigen Bewegung des Leibes, die aber stets einen Raum einnimmt. Dieser Raum kann zwar zunächst mit dem Körper gleichgesetzt werden, unterscheidet sich davon aber als vom Leib erschlossener Raum. *Mein Leib reicht weiter als mein Körper.* Dann wird auch die metaphorische Wendung „Leib Christi" verständlich. Die Person des auferweckten Gekreuzigten hat eine räumliche Ausdehnung, in die andere Personen hineingezogen werden. Bereits die anthropologische Differenz ist interessant: Wenn mein Leib weiterreicht als mein Körper, kann gerade hier die Dimension der Seele hervortreten – ohne subtraktive Unterscheidung. Es ist dann umgekehrt wichtig, daß die Wirklichkeit des ewigen Lebens mit der Leiblichkeit zu tun hat; auferweckt wird ein σῶμα πνευματικόν (1Kor 15,44). Es gibt kein „Inneres" ohne äußere Relationen – zum ewigen Leben Gottes und zu den anderen menschlichen Personen. Das kann vertieft werden:

(a) Der Geistleib ist identisch mit mir und doch ganz anders, nicht vergänglich, weil für Jesus Christus durchsichtig. Solche Transparenz hat zu tun mit der Relationalität der Person, was schon in der dichten Metaphorik von 2Kor 3,18 hervortritt, wo Paulus auf den Glanz verweist, wie er auf den Gesichtern gespiegelt wird. So konvergiert das Innere mit den Relationen. Eben die wechselseitige Hingabe bringt das Geheimnis der Person zum Leuchten. In diesem Gedanken könnte die Linie sichtbar werden, die von 1Kor 11,24 über 1Kor 12,27 zu 1Kor 15,44 verläuft und die Bedeutung von σῶμα Χριστοῦ profiliert.

(b) Der Raum ist in diesen Kontexten nicht mehr euklidisch oder nicht-euklidisch, auch nicht nur eine Form der Anschauung im Sinne Kants. Der Raum wird bestimmt von der lebendigen Person her. (Analoges gilt auch für die Zeit.) Während mein Körper im Raum lokalisiert werden kann, kann ich als Leib durch die Bewegung von innen nach außen und umgekehrt Konturen erhalten. Daher wird die Präposition ἐν dynamisiert. Meine Raumerfahrung ist nicht statisch. Es kommt darauf an, zwischen dem Leib als der konturierten Gestalt der Person und dem lokalisierbaren Körper zu unterscheiden. Das ist Luthers ontologisches Argument gegen Zwingli. Der Himmel als „Rechte

Gottes" ist nicht lokalisierbar, unterscheidet sich aber als Bewegung des Wortes auf uns hin (vgl. schon Jes 55,8-11). Von hier aus lassen sich die vielfältigen räumlichen Metaphern bei Johannes und Paulus beleuchten, in denen die Präposition „in" auf den ersten Blick inkonsistent verwendet wird: „Christus in mir" (Gal 2,20) oder „ich in Christus" (2Kor 5,17) bis hin zum „Leib Christi" (1Kor 12). Im Rahmen einer Teilmengenrelation kann ich nur entweder in einer umgreifenden Wirklichkeit existieren oder meinerseits andere Entitäten umgreifen. Die personale Relation erlaubt bzw. erfordert beides, weil die Relate sich unterscheiden, indem jedes auf seine Weise die ganze Relation umgreift. Die paulinische Ekklesiologie läuft darauf hinaus, den Leib Christi als Menge zu denken, deren jedes Element die ganze Menge enthält – auch das ist im Rahmen der klassischen Logik nicht möglich bzw. problematisch. In 1Kor 12 wird Christus mit dem Leib und seinen Gliedern verglichen (οὕτως: V.12). „Ihr seid der Leib Christi und Glieder als Teile" (ἐκ μέρους: V.27). Daher leiden alle Glieder mit, wenn ein Glied leidet. Das Bild des Organismus überschreitet die Teilmengenrelation. Es ist zugleich charakteristisch für lebendige Prozesse. Die Analogie zur Skizze und den Strichen (s.o.) liegt darin, daß hier ein Ganzes mehr ist als die Summe seiner Teile. Auch in einer gelungenen Skizze findet ein Strich seine Bedeutung nur in Relation zu allen anderen, das Ganze ist sogleich betroffen, wenn ein Strich minimal abweicht.

9. Luthers Einsichten in die metaphorische Rede

Ein interessantes Schlaglicht auf die mehrfach betonte Dialektik zwischen Offenheit und Präzision metaphorischer Rede zusammen mit dem „einfachen" Gebrauch in der personalen Sprache bietet Luthers Analyse der Einsetzungsworte in der Streitschrift von 1528 gegen Zwingli. Luther hebt die Figur der Synekdoche[13] hervor, die in bestimmten Kontexten problemlos *funktioniert*, nämlich im indexalischen Gebrauch: Ich kann auf einen Beutel *zeigen* und sagen „Das sind hundert Gulden". Luther dürfte sich dessen bewußt sein, daß die Analogie zu „Das ist mein Leib" nicht ganz durchzuhalten ist, weil hier auf einen *Vorgang* gezeigt wird, der die schlichte Bedeutung von „Leib" natürlich in Bewegung versetzt. Luther lehnt jedenfalls nicht die metaphorische Auffassung von „Leib" ab, sondern von „ist" – gegen das *significat* bei Zwingli. Aus dem *est* ergibt sich allerdings eine metaphorische Auffassung von „Leib", die

[13] Vgl. LUTHER, WA 26, 444.

nicht mehr nur rhetorisch ist, sondern das *Wesen* zur Sprache bringt.[14] Überdies wird hier *eine reale Metapher nachgezeichnet*, nämlich die Selbsthingabe Jesu Christi. Der Verweis auf die Synekdoche unterstreicht, wie in einer Begegnung eine bestimmte sprachliche Wendung die Geschichte dieser Begegnung *zusammenfassen* kann und dabei auch ihre schlichte Bedeutung erhält. Die Austeilung von Brot und Wein im Zusammenhang des ganzen Abendmahls, das seinerseits die Passion verdichtet, wird dann zu einem Zug in der *Geschichte*, der alle Aspekte *bündelt*.

An anderer Stelle – im „Anti-Latomus" – wird die reale Metapher auf den „Tausch" bezogen, in Anlehnung an Röm 8,3f. Hier geht es um eine tatsächliche Übertragung.[15] Jede Metapher spielt mit einer semantischen *similitudo* und einer ebensolchen *differentia*. So kommt es zur Übertragung im Wortgebrauch. Nun ist aber im Falle von Röm 8,3f. oder auch 2Kor 5,21 die Übertragung identisch mit der *differentia*: Jesus Christus ist in allem zur Sünde gemacht worden, es gibt hier keine teilweise Ähnlichkeit bzw. Unähnlichkeit zwischen uns und ihm, außer eben den entscheidenden Unterschied, daß er die Sünde getragen, ertragen und damit hinweggetragen hat. Insofern kann nun doch von einer Metapher die Rede sein, aber in diesem Falle gehört die Übertragung zur Wirklichkeit hinzu, legt entscheidende Züge der Wirklichkeit frei. Sünde ist eine interpersonale Wirklichkeit, so sehr sie auch jede einzelne Person auf besondere Weise prägt. Der theologische Gebrauch des Wortes „Sünde" setzt also bereits – freilich in der Karikatur – die Logik personaler Relationen voraus. Analoges gilt für „Gerechtigkeit": Hier sind die ursprünglichen Relationen gegeben, in denen sich eine Person von der anderen her empfängt, weil im Leib Christi von Gott her geschaffen wird. Wenn ich hier von einer Karikatur im Unterschied zu einer Skizze sprechen, so kann das natürlich auf die Überlegungen unter 6. bezogen werden.

Durch die „reale Metapher" kommt es zu einem neuen Wortgebrauch, indem etwa „Sünde" und „Gerechtigkeit" nicht als Begriffe im Sinne von Abstraktionen zur Geltung kommen. „Sünde" meint nicht „eigentlich" *concupiscentia*, „Gerechtigkeit" kann nicht proportional definiert werden. Beide Wörter werden zu *theologischen* Begriffen durch bestimmte Relationen: „Sünde" wird als „das Seine suchen" auf den Begriff „Gerechtigkeit" bezogen, der traditionell eben durch die Formel *suum cuique* konturiert ist. Sünde wird somit zur Karikatur der Gerechtigkeit. „Gerechtigkeit" wird als „selbstlose Ausrichtung

[14] Luther deutet das als Grundzug metaphorischer Rede an, vgl. LUTHER, WA 26, 273f.
[15] Vgl. LUTHER, WA 8, 87.

auf Gott" zur Folie für die Selbsterkenntnis des Sünders (die in Luthers Auslegung von Röm 7, vielleicht schon in Ps 51 bereits eine solche Selbstlosigkeit voraussetzt). So werden aber beide Begriffe einerseits präzise aufeinander bezogen, was jeder Theoriebildung wesentlich ist, andererseits entfernen sie sich von einer abstrakt-allgemeinen Definition, die „von außen" an die menschlichen Personen herangetragen werden könnte. Die Erkenntnis der *eigenen* Sünde im Gegenüber zur Gerechtigkeit Jesu Christi bleibt in ein Gefüge von Beziehungen eingebunden.

Es ist nicht verwunderlich, wenn Luther die Überlegungen zum *peccatum metaphorice* einbettet in eine sprachphilosophische Reflexion über die biblischen Sprachfiguren.[16] Dabei betont er zunächst die Vielfalt der bildlichen Wendungen, die geordnet werden sollen von einer einfachen Bedeutung her (*significatio simplex*). Zudem ist die metaphorische Rede für das Gemüt ein Genuß. Diese Bemerkung könnte natürlich noch so aufgefaßt werden, daß die Metaphern zugunsten eines „eigentlichen" Begriffs zu eliminieren sind. Genau diese semantische Begradigung lehnt Luther aber ab. Es müßte dann wie in einem Wörterbuch jede übertragene Verwendung ersetzt werden durch ein anderes Wort. Dabei geht aber die metaphorische Bewegung der Sprache verloren, und genau auf die kommt es an. Die *significatio simplex* ist demnach derjenige Gebrauch eines Wortes, von dem aus die metaphorische Differenzierung übersichtlich gemacht werden kann. *Die Entfaltung gehört aber zur Bedeutung des Wortes hinzu.* Demnach bezeichnet *näphäsch* nicht „eigentlich" den Schlund, vielmehr wird der Schlund zur Synekdoche für den ganzen Menschen in seinem Lebensvollzug.[17]

10. Relationale Ontologie

Ich habe im vorletzten Abschnitt vorgeschlagen, nicht-personale von der personalen Wirklichkeit zu unterscheiden und beide nicht zu trennen, sondern in ihren immer wieder überraschenden Überlappungen durchsichtig zu machen. Dann ist eine „letzte" oder auch „erste" Ontologie natürlich nicht mehr vorausgesetzt. Erst recht fragwürdig wird dann die Tendenz unseres Denkens und Erkennens, die Relationen doch wieder auf elementare Relata zurückzu-

[16] Vgl. LUTHER, WA 8, 83ff.

[17] Zu Luthers Analyse metaphorischer Rede vgl. den differenzierten Aufsatz von J. RINGLEBEN, Luther zur Metapher, in: DERS., Arbeit am Gottesbegriff Bd. 1: Reformatorische Grundlegung, Gotteslehre, Eschatologie, Tübingen 2004, 58-95.

führen, die vielleicht in einer bestimmten Perspektive mit der Relation gleichursprünglich, aber „in Wirklichkeit" vorgängig sind. Sind hingegen die Bewegungen und Beziehungen fundamental, scheint der Verstand den Boden unter den Füßen zu verlieren, auch wenn die Vorstellungen eines „Ding an sich" oder eines „Ich" bereits in der klassischen Transzendentalphilosophie als abstrakte Grenzwerte deutlich werden. Innerhalb eines „pluralistischen" Modells von Wirklichkeit soll allerdings nicht geleugnet werden, daß die Rede von Gegenständen im herkömmlichen Sinne angemessen sein kann. Es geht vielmehr darum, diese Rede nicht zu privilegieren. Werden Personen zunächst als Objekte gesehen, dann kommt ihnen ein Eigen-stand zu, der immer wieder den Blick für die metaphorische Bewegung der Identität von einer zur anderen Person und umgekehrt verstellt. Aus dieser Bewegung ergibt sich die Unterscheidung der Personen voneinander, die gerade nicht als Selb-stand auf die physische Wirklichkeit der Person reduziert werden kann, sondern als Geheimnis lebendig bleibt. Das ist nebenbei ein Exempel für die oben erwähnte Überlappung, denn die physische Wirklichkeit der Person soll ja nicht geleugnet werden, zumal sie in die lebendige Beziehung der Personen verwickelt ist.

Es dürfte inzwischen klar sein, daß der Gedanke der relationalen personalen Identität auf neutestamentliche Zusammenhänge zurückgeht und dem Modell von 1Kor 12 folgt (vgl. besonders V.12-27), aber auch auf Gal 2,20 und ähnliche Stellen verweist. Dieser Begründungszusammenhang reicht noch weiter, denn er wird von der Bewegung der trinitarischen Relationen umgriffen. In Anm. 7 wurde die Zwei-Naturen-Lehre als Grundstruktur der relationalen Logik angedeutet. Dabei müssen wir allerdings sorgfältig argumentieren. Wir können ja nicht behaupten, daß die göttliche und die menschliche Natur erst aus der Relation in Jesus Christus „emergieren". Dennoch ist die Freiheit Gottes zur Inkarnation nicht angemessen zur Sprache zu bringen, indem wir auf einer simplen Transzendenz Gottes bestehen. Aus der Inkarnation ergibt sich ja die Notwendigkeit eines trinitarischen Redens von Gott, so daß die Relation in Jesus Christus sich auf der Seite der göttlichen Natur sogleich wieder als relationale Bewegung auseinanderlegt und damit das Geheimnis Gottes zum Leuchten bringt – intensiver als eine abstrakte Rede von Gott als dem „absoluten Gegenüber" das könnte. In der Begegnung der menschlichen Personen mit Jesus Christus zeigt sich dann der Gegensatz zwischen dem auf seinem Eigen-stand beharrenden Sünder und der durch den Geist befreiten Person ohne Selbstand, die ihrerseits das Geheimnis des göttlichen Handelns reflektiert, weil sie in den „Personentausch" nach 2Kor 5,21 hineingezogen wird. So erweist sich eine relationale Logik oder Erkenntnistheorie als Konsequenz der Pneumatologie.

Genauer zu reflektieren ist das Verhältnis zwischen der relationalen Logik, Ontologie und Erkenntnistheorie, wie es sich für die Theologie als unumgänglich erweisen dürfte, und dem „gesunden Menschenverstand", der die Identität von Person und Relation nicht denken kann oder will. (Das kann sich auch im Bereich der Trinitätslehre[18] oder der theologischen Anthropologie auswirken.) Es ist mir noch nicht durchsichtig, inwiefern das spezifisch theologische Denkmuster der Relation auf Bereiche außerhalb der Theologie übertragen werden kann. Die Konvergenzen mit der Transzendental- und Idealistischen Philosophie können uns dabei ermutigen. Wenn aber schon innerhalb der Theologie die relationalen Strukturen nicht einfach reproduziert werden, sondern raffiniert ineinander hängen – das zeigt ja der Konnex zwischen Trinitätslehre und Christologie –, dann wird auch die Verwicklung von theologischem und (wissenschafts-)philosophischem Reden alles andere als trivial sein.[19]

[18] Vgl. exemplarisch die problematische Unterscheidung zwischen intra- und interpersonaler Rede von den trinitarischen Personen bei M. HAUDEL, Die Selbsterschließung des dreieinigen Gottes. Grundlage eines ökumenischen Offenbarungs-, Gottes- und Kirchenverständnisses, FSÖTh 110, Göttingen 2006, 522-585.

[19] Darauf hat mich mein Kollege Emmanuel L. Rehfeld aufmerksam gemacht, dem ich überhaupt viele Anregungen verdanke, nicht zuletzt was die Fruchtbarkeit relationaler Strukturen für die Exegese angeht.

Markus Mühling

RELATIONALITÄT, NARRATIVITÄT UND WERTE

Grundzüge einer wahrhaft relationalen theologischen Ethik – 7 Thesen

1. *Relationale Menschen-, Gottes- und Ethikverständnisse sind in der Gegenwart weit verbreitet. Jedoch ist Relationalität nicht gleich Relationalität. Ein der christlichen Weglinienperspektive angemessenes Verständnis wird einer intern relationierten Relationalität, die nicht statisch, sondern konstitutiv prozesshaft verstanden werden muss, verpflichtet sein.*

In externer Relationalität sind die Relate sekundär und abstrahiert von ihren Relationen denkbar und das Relationsgefüge ergibt ein Netzwerk, in dem die von den konkreten Relationen unabhängigen Beziehungspunkte sekundär durch Linien verbunden sind. Dieses Modell wird durch die sog. „sozialen" Netzwerke oder durch ein Nagelbrett exemplifiziert.

Interne oder konstitutive Relationalität hingegen kann zweierlei meinen: Erstens, dass die Relate füreinander wechselseitig konstitutiv sind, so dass die konkreten Relationen wesentlich für die Relate sind; zweitens, dass zusätzlich die Relate aus den Relationen emergieren (was strenggenommen die Rede von Relation und Relaten transzendiert, weil es eine Vorgängigkeit der Relation vor den Relaten zu denken erfordert). Relationalität in diesem Sinne lässt sich nicht im Bild des Netzwerks darstellen, sondern nur im Bild des Gewebes, innerhalb dessen aus einem mannigfach verflochtenen Faden die Relate als Knoten oder Verflechtungen des Gewebes entstehen. Vermutlich ist eine solche Ontologie der Linien oder Fäden sogar vorgängig vor einer relationalen Ontologie, so dass diese eine Abstraktion von jener darstellt.[1]

Relationalität kann statisch oder prozesshaft verstanden werden und Prozesshaftigkeit kann als *transport* oder als *wayfaring* verstanden werden.

[1] Zur Unterscheidung von externer und interner Relationalität vgl. M. MÜHLING, Resonanzen: Neurobiologie, Evolution und Theologie. Evolutionäre Nischenkonstruktion, das ökologische Gehirn und narrativ-relationale Theologie, Göttingen/Bristol 2016, 49-52.69-71.

Im *transport* ist der Prozess oder Weg grundsätzlich *intentional* zielorientiert: Sowohl das Gesamtziel als auch die Teilziele sind den Wegen oder Prozessen vorgänging; letztere dienen nur zum Erreichen der ersteren. Eine intentionale Zielorientierung bedeutet dabei, dass vor dem eigentlichen Prozess das Ziel und die Teilziele feststehen, bzw. entworfen werden. Im *transport* werden die Wege idealerweise in unendlicher Geschwindigkeit zurückgelegt und verschwinden damit. Das heißt aber auch: *transport* ist in letzter Konsequenz nur scheinbar prozesshaft und letztlich höchstens extern relational, denn die Teilziele oder Stationen des Weges oder Prozesses stehen ja schon vor dem eigentlichen Prozess intentional fest; sie finden ihre Einheit - wenn überhaupt - im Subjekt. Das Werden des *transport* ist u.a. auch deterministisch denkbar.

Im *wayfaring* hingegen ist der Weg oder Prozess vorgängig vor den Teilzielen. Dabei ergeben sich die Teilziele *attentional* aus dem Weg: Durch Aufmerksamkeit inmitten des Weges entstehen die zu den Teilzielen führenden Affizierungen, die während des Verwobenseins mit dem Weg erst die Differenz zwischen Subjekt und Umwelt emergieren lassen. Die Teilziele dienen gewissermaßen als Erholungs- oder Orientierungspausen für den weiteren Prozess. Im Unterschied zum *transport* kennt *wayfaring* kein Gesamtziel, sondern ist Selbstzweck. *Wayfaring* ist im Unterschied zu *transport* auch nie deterministisch denkbar, denn es ist ein Werden, in dem immer wieder kontingent Neues emergiert, und zwar in einer Weise, dass es prinzipiell erst retrospektiv überhaupt als Überraschung benennbar ist.[2] Ein exemplarischer intern relationierter Prozess, der attentionales *wayfaring* ist, ist nach W. Benjamin Liebe.[3]

2. *Sowohl Gott als auch Mensch als imago dei, als Resonanz Gottes, sind angemessen als intern relationierter Prozess des attentionalen wayfaring zu verstehen, so dass sowohl göttliche als auch menschliche Personen emergierende, besondere Voneinander-und-Füreinander Werdende sind, und zwar dergestalt, dass welthaftes Werden unter der Alternative steht, sich entweder in harmonischer Resonanz oder in Dissonanz zu göttlichem Werden zu vollziehen.*

Gott ist nur durch Gottes Selbstidentifikation erkennbar. Diese geschieht in der Verschränkung der Lebensgeschichten der Menschen mit der des Evangeliums, indem Menschen sich und ihre Umwelt als verwoben mit der Geschichte

[2] Zur Unterscheidung von *transport* und *wayfaring*, Intentionalität und Attentionalität vgl. T. INGOLD, Lines. A Brief History, London/New York 2007, 75-94; DERS., The Life of Lines, London/New York 2015, 144-146.

[3] Vgl. W. BENJAMIN, Berlin Childhood around 1900, Cambridge 2006, 54.

Gottes wahrnehmen. Diese Geschichte des Evangeliums hat aber eine dreifache Metastruktur als Geschichte Gottes in Israel, als Geschichte Gottes in Jesus Christus und als Geschichte Gottes in den Glaubenden. Diese ineinander verwobenen Identitätsbeschreibungen können mit dem Namen „Vater, Sohn und Heiliger Geist" abgekürzt werden. Ist Gott so, wie er sich erschließt, ist Gott also auch *etsi mundus non daretur* als dreieinige Liebesgeschichte zu denken: Das Wesen Gottes ist damit einerseits ein prozesshaftes Gewebe des *wayfaring*, das als Liebe prinzipiell ein offener Prozess ist – *ejeh asher ejeh* (Ex 3) – und innerhalb dessen Vater, Sohn und Geist als Personen emergieren. Der dabei verwandte Begriff der Person ist nicht der neuzeitlich subjektivistisch oder kognitivistisch verengte, sondern der Begriff der Person als *besonderes Voneinander-und-Füreinander Werden*, in dem sich Einsichten Richard von St. Victors und Raimundus Lullus' verbinden.[4]

Auch Menschen als Geschöpfe Gottes sind als Resonanzen Gottes in der Solidarität des Geschaffenen zu verstehen und somit ebenfalls als *besondere Voneinander-und-Füreinander Werdende*. Diese christliche, anthropologische Einsicht ist anschlussfähig an unterschiedliche gegenwärtige nicht-theologische Anthropologien, etwa an die Sozialanthropologie Tim Ingolds, der *to human* als ein mediales Verb versteht.[5]

Die Schöpfer-Geschöpf-Distinktion besteht nun darin, dass zwar theoretisch (abstrakt präinkarnatorisch) Gottes Werden ohne Weltwerden zu denken ist, dass Weltwerden sich aber nur innerhalb göttlichen Werdens – und von göttlichem Werden abhängig – vollzieht. Es steht unter der Alternative, sich in harmonischer Resonanz mit dem Werden Gottes zu vollziehen – oder aber in Dissonanz.

3. *Die damit geforderte Art von Relationalität lässt sich am besten im Rahmen einer noch auszuführenden „narrativen Ontologie" entwerfen.*

Interne Relationalität und *wayfaring* sind Reflexionsbegriffe, die sich deskriptiv auf ein Geschehen beziehen und insofern immer von diesem Geschehen abstrahieren. Sucht man nach einem Begriff, in dem interne Relationalität und *wayfaring* immer schon verbunden sind, ist dies der Begriff der *dramatischen*

[4] Zur Kombination des Personbegriffs von Richard von St. Victor, der Person als *incommunicabilis existentia* versteht, und der Definition des Menschen bei Raimundus Lullus als *animal homificans* vgl. M. MÜHLING, The Humanifying Adventure. A Response to Tim Ingold, in: A. FUENTES/A. VISALA (Hg.), Verbs, Bones, and Brains, Notre Dame 2017, 104-113.

[5] Vgl. T. INGOLD, To Human is a Verb, in: FUENTES/VISALA (Hg.), Verbs, 71-87.

story oder Geschichte, nicht aber der eines *epischen* Narrativs.[6] Eine wahrhaft relationale Ontologie wird daher auf einer narrativen Ontologie beruhen müssen, wie eine wahrhaft relationale Ethik auf einer narrativen Anthropologie wird beruhen müssen. Obwohl es zahlreiche narrative und narratologische Ansätze gibt,[7] gibt es doch noch keine konsequente narrative Ontologie des christlichen Glaubens. Eine solche hätte zu zeigen, dass Gott nicht nur eine Geschichte hat, sondern eine dramatische Geschichte *ist*. Sie hätte zu zeigen, dass Menschen nicht Geschichten haben, sondern Geschichten *sind*, die sich in der Lebens- und Liebesgeschichte Gottes vollziehen.[8] Des Weiteren hätte eine solche Ontologie zu zeigen, dass Metaphern und Begriffe Abstraktionen von Narrationen sind, und nicht deren basale Bestandteile; dass sich Narrationen nicht in Zeit und Raum vollziehen, sondern ihrerseits umfassend Zeit und Raum begründen – und vieles mehr. Vor allem aber hätte eine solche narrative Ontologie zu zeigen, dass Narrationen nicht einfach Entitäten des Nacherzählens sind, dass sie nicht Subjekte als Autoren voraussetzen, sondern dass diese aus Erzählungen emergieren – und zwar nicht primär als Subjekte, sondern als *ausgedehnte Leiber*.[9] Eine narrative Ontologie hätte, mit anderen Worten, das Versprechen MacIntyres einzulösen: „*stories are lived before they can be told*".[10]

[6] Zur Unterscheidung von dramatischen Narrationen von epischen Narrativen vgl. MÜHLING, Resonanzen, 138-140.

[7] Zu nennen unter den vielfältigen narrativen Ansätzen wären in den Sprachwissenschaften ein neuer Fokus auf Narratologie, wie z.B. bei A. KOSCHORKE, Wahrheit und Erfindung. Grundzüge einer Allgemeinen Erzähltheorie, Frankfurt 2012 oder T. KÖPPE/T. KINDT, Erzähltheorie. Eine Einführung, Stuttgart 2014; in der Philosophie A. MACINTYRE, After Virtue. A Study in Moral Theory, London ³2007 und P. RICŒUR, Zeit und Erzählung. Bd. I: Zeit und Historische Entwicklung, München ²2007; in der theologischen Exegese F. WILK, Erzählstrukturen im Neuen Testament. Methodik und Relevanz der Gliederung narrativer Texte, Tübingen 2016; in der Systematischen Theologie u.a. S. HAUERWAS, A Community of Character. Toward a Constructive Christian Social Ethic, Notre Dame 1981; DERS., The Peaceable Kingdom. A Primer in Christian Ethics, Notre Dame 1983; R. JENSON, The Triune God, in DERS./C. BRAATEN (Hg.), Christian Dogmatics, Bd. 1, Philadelphia 1984, 79-191; DERS., Systematic Theology I: The triune God, New York u.a. 1997; R. JENSON, Systematic Theology II: The Works of God, New York u.a. 1999; D. RITSCHL/H. JONES, „Story" als Rohmaterial der Theologie, München 1976; E. JÜNGEL, Gott als Geheimnis der Welt, Tübingen 1980; M. MÜHLING, Liebesgeschichte Gott. Systematische Theologie im Konzept, FSÖTh 141, Göttingen 2013.

[8] Vgl. W. DRECHSEL, Lebensgeschichte und Lebens-Geschichten. Zugänge zur Seelsorge aus biographischer Perspektive, PThK 7, Gütersloh 2002, 365.

[9] Vgl. zum Begriff des Leibes, der hier gemeint ist: M. MÜHLING/M. WENDTE, Leibhafte Vernunft. Rationalität im Feld von Christologie, Leibhaftigkeit und Gespräch – 9 Thesen, in: M. MÜHLING (Hg.), Rationalität im Gespräch. Philosophische und theologische Perspektiven, MThSt 126, Leipzig 2016, 139-160, hier bes. 141-143.154-158.

[10] Vgl. MACINTYRE, Virtue, 212.

4. *Im Rahmen einer solchen narrativen Ontologie des christlichen Glaubens erscheint dieser nicht als Lehre oder Wirklichkeitsverständnis, sondern als Weise der Wahrnehmung oder Weglinienperspektive in vermittelter Unmittelbarkeit.*

Jedes Verständnis der Wirklichkeit im Sinne einer Lehre würde einen Standpunkt außerhalb welthaften Werdens voraussetzen. Ein solcher ist aber menschlichem Werden nicht nur nicht zugänglich, sondern es sind überhaupt keine Perspektiven als Standpunkte denkbar. Da sich Menschsein immer als Werden vollzieht, geschieht jede Wahrnehmung immer von Weglinien aus, die nicht Additionen möglicher Standpunkte sind, sondern selbst stets dynamisch. Das primäre Geschehen innerhalb dieser Weglinienperspektiven ist weder das Gestalten noch das intentionale Beobachten, sondern das unmittelbare leibliche Wahrnehmen, das keineswegs dem Menschen unter den Geschöpfen vorbehalten ist. Ein solches Wahrnehmen ist insofern unmittelbar, als ihm keine kognitive oder sonstige geistige Aktivität der Deutung oder Interpretation vorausginge, sondern das Wahrnehmen vollzieht sich als Affiziertwerden oder Widerfahren, das unmittelbar zu Responsen[11] im Bewegen und Werden des Wahrnehmenden führt. In diesem Wahrnehmen ist der Wahrnehmende zunächst ganz vom Wahrgenommenen bestimmt. Dieser Sachverhalt kann mit Merleau-Pontys Begriff des „Fleisches"[12] oder mit Ingolds Begriff der *fission-fusion-reaction* veranschaulicht werden.[13] Gleichzeitig ist dieses unmittelbare Wahrnehmen aber in anderer Hinsicht immer vermittelt, so dass es mehrfach narrativ bestimmt ist: Es ist zunächst abhängig von der *story* erster Ebene, d.h. von der tatsächlichen Verlaufsgeschichte des wahrnehmenden Beziehungsknotens im Gewebe, die keiner erzählen kann. Es ist zudann aber auch - im Falle des Menschen - abhängig von den *stories* zweiter Ebene, die er bewohnt, sei es, weil er als Kleinkind noch ohne autobiographisches Selbst schon immer in kulturelle *stories* zweiter Ebene eingebunden ist, oder sei es, dass er selbst schon ein autobiographisches Selbst entwickelt hat.[14] Jeder wahrnehmende Beziehungsknoten ist also „älter als er selbst".[15]

[11] Vgl. B. WALDENFELS, Bodily Experience between Selfhood and Otherness, Phenomenology and the Cognitive Sciences 3 (2004) 235-248, bes. 238 und zur Besprechung P. STOELLGER, Passivität aus Passion. Zur Problemgeschichte einer „categoria non grata", HUTh 56, Tübingen 2010, 393-422.

[12] Vgl. M. MERLEAU-PONTY, The Visible and the Invisible, Evanston 1968, 250.

[13] Vgl. INGOLD, Life of Lines, 99.

[14] Vgl. U. NEISSER, Five Kinds of Self-Knowledge, Philosophical Psychology 1 (1988) 35-39 und T. FUCHS, Selbst und Schizophrenie, DZPhil 60 (2012) 887-901.

[15] WALDENFELS, Experience, 242: „We are older than ourselves".

Wahrnehmen vollzieht sich immer auf eine bestimmte, narrativ-konkrete Art und Weise oder auf einer bestimmten Weglinienperspektive. Der christliche Glaube nun ist keine Deutung oder Interpretation der Wahrnehmung (im Gegensatz zur Theologie), sondern selbst eine solche Weise der Wahrnehmung oder Weglinienperspektive.

5. *Eine für die relationale Ethik entscheidende Konsequenz dieses Ansatzes besteht darin, dass die Basis der Ethik das Wertnehmen in situativ eingebetteten affordances ist. Werte werden weder zugeschrieben noch sozial konstruiert, sondern erlitten, und zwar in Resonanz oder Dissonanz zu den genannten affordances der Situationen.*

Die entscheidende Bedeutung für die Ethik besteht darin, dass jedes Wahrnehmen zugleich ein Wertnehmen ist und umgekehrt. Wahrgenommen werden nicht Fakten, die erst nachträglich bewusst oder unbewusst interpretativ durch ein Subjekt kulturell mit Werten angereichert werden, sondern im Wahrwertnehmen gibt es noch keine Distinktion von *fact* und *value*, von Qualitäten erster und zweiter Ordnung,[16] sondern jedes Wahrnehmen ist selbst immer schon werthaft. Auch alle sog. Qualia gehören also zum Erscheinenden. Es verhält sich genau umgekehrt, als gewöhnlich angenommen: Ein Faktum ist etwas immer erst nachträglich durch kognitive Interpretation *Gemachtes* oder Präpariertes. Erst die kognitive Interpretation macht aus dem Weltwertraum den Weltraum.

Im alltäglichen Sprachgebrauch herrscht einige Verwirrung hinsichtlich des Terminus des Wertes, die dadurch zustande kommen mag, dass hier „Werte" häufig mit „Normen" identifiziert werden, ohne deren Differenz zu sehen. Werte sind weder Güter, noch Ziele, noch Normen oder Pflichten, sondern werden in der Rede von Gütern, Zielen, Normen und Pflichten stets vorausgesetzt. Sie gehören, so könnte man sagen, zu einem eigenen „Gegenstandsbereich".[17] Versteht man etwa die Menschenrechte als ein Ziel, das es gesellschaftlich zu verfolgen gilt, ist vorausgesetzt, dass dieses Ziel „gut" ist, oder

[16] Vgl. zur Kritik dieser Lockschen Unterscheidung bei Jonathan Edwards: R. JENSON, On Thinking the Human. Resolutions of Difficult Notions, Grand Rapids 2003, 50f.

[17] Vgl. M. SCHELER, Der Formalismus in der Ethik und die materiale Wertethik. Neuer Versuch der Grundlegung eines ethischen Personalismus, Halle 1916, 10.

zumindest, dass es „besser" als andere Ziele sein mag, die man verfolgen könnte. Dabei sind Werte gerade nicht veränderlich.[18] Das Normsystem einer Gesellschaft oder das Präferenzsystem von Personen mag sich ändern, nicht aber die Werte. Wenn in der Vergangenheit ein hierarchisches Verhältnis zwischen männlichen und weiblichen Personen als „gut" angesehen wurde, während heute ein reziprokes Verhältnis zwischen männlich und weiblich als „gut" betrachtet wird, dann haben sich die Normen verändert, nicht aber die Werte. Nur weil die absoluten Werte „gut" und der damit korrelierte Wert „schlecht/böse" und die relativen Werte „besser" und „schlechter" ihre Bedeutung behalten haben, kann man überhaupt beide Gesellschaftszustände vergleichen. Gerade die oft benutze Rede vom „Wertewandel" ist äußerst unpräzise, deren Intelligibilität gerade die Identität der Werte voraussetzt. Findet jemand Wagners Musik schön, während sie ein anderer als schrecklich empfindet, dann haben beide dasselbe Verständnis der ästhetischen Werte „schön" und „schrecklich". Es handelt sich dabei also nicht um einen Konflikt um Werte, sondern um einen Konflikt um Wagners Musik.

Folgt man nun Roberta De Montecellis schelerischem Ansatz, kann man sagen, dass das Mittel des Wertnehmens das Gefühl ist.[19]

Das Gefühl ist unsere Weise der Wahrnehmung der Werte von Dingen und Situationen. Wie jede Wahrnehmung kann diese Wahrnehmung auch falsch sein, ist also fallibel.

> „Far from being *opaque* and *irrational*, emotional experience is essentially the mode of presence of the qualities of value of things and is also the more or less appropriate response, and therefore the more or less correct, proportionate, or ‚rational' response to the *requirements* that these present. […] Feeling is the mode of presence of the most diverse axiological qualities, or values."[20]

Wichtig erscheint mir an dieser Stelle lediglich, de Monticellis Rede von „Dingen" durch „Situationen" zu ersetzen, um nicht Dinge mit Objekten zu verwechseln. Die *requirements* oder Erfordernisse, von denen hier gesprochen wird, können mit Hilfe der Einsicht James Gibsons verstanden werden, dass es immer *affordances* sind, die wahrgenommen werden.

[18] Vgl. M. MÜHLING, Systematische Theologie: Ethik. Eine christliche Theorie vorzuziehenden Handelns, Göttingen 2012, 148.

[19] Vgl. R. DE MONTECELLI, Sensibility and Values. Toward a Phenomenological Theory of the Emotional Life, in: S. RINOFNER-KREIDL/H.A. WILTSCHE (Hg.), Analytical and Continental Philosophy. Methods and Perspectives. Proceedings of the 37th International Wittgenstein Symposium, Publications of the Austrian Ludwig Wittgenstein Society. New Series 23, Berlin/Boston 2016, 381-400.

[20] DE MONTECELLI, Sensibility, 387-388.

„The *affordances* of the environment are what it *offers* the animal, what it *provides* or *furnishes*, either for good or ill. The verb *to afford* is found in the dictionary, but the noun *affordance* is not. I have made it up. I mean by it something that refers to both the environment and the animal in a way that no existing term does. It implies the complementarity of the animal and the environment."[21] „An important fact about the affordances of the environment is that they are in a sense objective, real and physical [...]. But, actually, an affordance is neither an objective property nor a subjective property; or it is both if you like. An affordance cuts across the dichotomy of subjective-objective and helps us to understand its inadequacy. It is equally a fact of the environment and a fact of behavior. It is both physical and psychical, yet neither. An affordance points both ways, to the environment and to the observer."[22]

Dieses Konzept hat dann u.a. die folgenden Konsequenzen:

1. Affektives Fühlen als Perzeptionsmodus ist omnipräsent. Es gibt keine Wahrnehmung, die unabhängig vom Fühlen wäre, und es gibt keine Wahrnehmung und keine Bewegung des Leibes ohne Wertnehmen.
2. Werte und ihre Wahrnehmung durch das Fühlen sind realistisch, nicht im Sinne von Objektivität, die immer schon eine Abstraktion von der Wirklichkeit bedeutet, sondern in dem Sinne, dass dies eben zum unmittelbaren Wahrnehmen gehört. Werte, positive wie negative, werden also durch den Leib *erlitten*.
3. Das Wertnehmen ist basal für jedes Ethos und insofern also auch für jede reflexive Ethik und kann nicht einfach auf die Frage, wie ethisches Verhalten motivierbar ist, eingeschränkt werden.

Unterstützt wird diese ökologische Theorie der *affordances* als Basis des Wertnehmens von enaktivistischen Theorien, die sich von Evan Thompson über Hans Jonas zu Jakob von Uexküll zurückverfolgen lassen und jüngst von Thomas Fuchs zum Entwurf einer enaktiven Werttheorie verwandt wurden:[23]

„Eine enaktive Konzeption von Werten orientiert sich somit zunächst an der Emergenz von Qualitäten wie ‚attraktiv', ‚schmackhaft', ‚eklig' oder ‚bedrohlich', die mit der Existenz von Lebewesen in einer zuvor physikalisch neutralen Welt auftauchen. Diese Werte sind jedoch keineswegs nur subjektiv, sondern sie entsprechen *der strukturellen Koppelung von Organismus und Umwelt:* So ist es eine Tatsache, dass bestimmte Objekte für ein Lebewesen als Nahrung geeignet und damit attraktiv sind, andere Objekte aber nicht (Wasser ist ‚gut', Verwestes ist ‚schlecht', usw.). Biologische Werte haben somit eine *relationale Realität*".[24]

„Über die Prozesse wechselseitiger Perspektivenübernahme und Verständigung gelangen Menschen somit zur Wahrnehmung von moralischen Wertqualitäten (also nicht nur ‚attraktiv' *versus* ‚repulsiv', sondern auch ‚gut' *versus* ‚böse'). Solche Werte sind intersubjektiv geteilte Orientierungen, die subjektive Präferenzen im Lichte einer allgemeineren oder Außenperspektive bewerten und relativieren [...]. Die Wahrnehmung des Anderen als Personen lässt

[21] J. GIBSON, The Ecological Approach to Visual Perception, New York/London 2015, 119.
[22] GIBSON, Approach, 121.
[23] Vgl. T. FUCHS, Values as Relational Realities. Outline of an Enactive Theorie of Values, in: M. MÜHLING/Y. FÖRSTER (Hg.), Perceiving Values, im Erscheinen, 7f.
[24] FUCHS, Values, 9.

somit neue Werte und Wertordnungen emergieren, insbesondere solche, die auf reziproken Erwartungen und Ansprüchen beruhen wie bereits die ‚goldene Regel' oder die wechselseitige Anerkennung, Achtung und Zuerkennung von Würde. Die damit entstehenden Werte gehören nicht mehr zur biologischen Lebenserhaltung, wohl aber zum Leben und Bestehen von Menschen in ihrem sozialen Verband. Man könnte hier, in Analogie zu den vitalen Aufforderungscharakteren der biologischen Ebene, auch von *ethischen Forderungscharakteren* der sozialen Situation sprechen."[25]

„Wie verhält es sich nun in dieser enaktivistischen Konzeption mit dem ontologischen Status von Werten? Handelt es sich dabei nur um subjektive Erlebnisse oder Projektionen? Keineswegs – Werte lassen sich vielmehr als *Beziehungsbegriffe* bestimmen, in denen sich Koppelungen zwischen Lebewesen und Umwelt bzw. Relationen zwischen Subjekten und Sachverhalten zugleich als Wahrnehmungen und als Präferenzen darstellen. Auch wenn affektive Qualitäten, Valenzen und Werte nur von einem entsprechend disponierten Wesen wahrgenommen werden können, so bestehen doch *diese Korrelationen selbst* durchaus objektiv."[26]

Mithilfe dieser Erklärungen wird man zu einer Wertordnung kommen, in denen es einfachere Werte gibt, die schon durch das Leben sog. niederer Tiere, ja sogar durch Pflanzen gegeben ist, komplexere Werte, die bei den Wirbeltieren vorliegen, bis hin zu komplexen Wertstrukturen menschlicher Personen als Voneinander-und-Füreinander Werdende. In all diesen Fällen ist das Wertnehmen *nicht nur unmittelbar*, sondern stets auch vermittelt, und zwar narrativ, zumindest, was die gelebten Narrationen erster Ordnung betrifft. Die hochkomplexen Wertordnungen des Menschen hingegen sind im Wesentlichen von den hochkomplexen Narrationen zweiter Ebene der Kulturen und der autobiographischen Einbettung abhängig – also von den narrativen Weglinienperspektiven oder Weisen der Wahrnehmung. Dennoch müssen Werte in all diesen Fällen als Wahrnehmung von *affordances* von Situationen verstanden werden. Und an dieser Stelle fällt auf, dass sich die Weglinienperspektiven z.T. massiv voneinander unterscheiden, so dass die Frage erscheint, welches Wertnehmen nun eigentlich mit den *affordances* der Situationen resoniert und welches nicht. Eine philosophisch unbefriedigende, logisch und pragmatisch widersprüchliche, aber nichtsdestotrotz verbreitete Auffassung, mit dieser Frage umzugehen, besteht darin, sie als sinnlos zu bezeichnen, sie zurückzuweisen und in Sozialkonstruktivismus oder Relativismus zu entfliehen. Ein vielversprechenderer Weg, mit dieser Frage umzugehen, kann mit der Hilfe von Charles Taylor gefunden werden. Mit Taylor kann man zwischen Wertgefühlen unterscheiden, also *first order desires* in der Terminologie von Harry Frankfurt,[27] und

[25] FUCHS, Values, 13f.
[26] FUCHS, Values, 15.
[27] Vgl. H. FRANKFURT, Willensfreiheit und der Begriff der Person, in: P. BIERI (Hg.), Analytische Philosophie des Geistes, Weinheim u.a. 1981, 287-302.

„starken Wertungen" – die man dann besser starke Wahrwertnehmungen nennen könnte, die sich eben auf Werte beziehen und die nach Taylor auf unserer „moralischen Ontologie" beruhen.[28] Diese moralische Ontologie ist kein Begriffssystem, sondern stets eine narrative Ontologie. Sie beruht auf unserer Fähigkeit, in Geschichten gebildet oder geformt zu werden, lange bevor wir ein „autobiographisches Selbst"[29] ausbilden. Sie beruht auf unserer Fähigkeit, eine Bildung zu erleiden im Ausgesetztsein an die natürliche und kulturelle Umwelt. Sie ist eine Weise der Wahrnehmung. Sie ist unsere Weglinienperspektive, in der unser Werden mit dem Werden der Welt verwoben ist.

Damit verschärft sich die Frage nach der Geltung und Konkurrenz unterschiedlicher Wahrnehmungsweisen freilich noch. Denn sie hängt nun nicht mehr an der Frage der angemessenen oder unangemessenen Repräsentation von begrifflichem Wertsystem und Welt, sondern sie hängt davon ab, *wer* wir in Resonanz mit dem Weg in der Umwelt *werden*.

Und diese Frage hängt zu einem großen Teil von den Geschichten erster und zweiter Ordnung ab, in denen wir gebildet werden. Geschichten zu kommunizieren und *in* Geschichten zu leben, ist also keineswegs harmlos.

6. *Die Frage, ob das Wertnehmen sich in realitätsresonanter oder realitätsdissonanter Weise vollzieht, wurde in der theologischen Tradition mithilfe der Distinktion von Sünde und Gerechtigkeit ausgesagt.*

Sünde wird man umfassend als ein Voneinander-und-Füreinander-Werden verstehen müssen, das sich in Dissonanz mit der Realität und der eigenen relational-prozessualen Verfassung vollzieht und als solches gar nicht anders kann, als den *totus homo* zu betreffen – nicht nur einschließlich des Willens und der Vernunft, sondern schon einschließlich des Gefühls, ja schon des Wahrnehmens. Sünde bezeichnet damit eine Weise des Werdens, in der im Verwobensein der Geschichten keine *dramatische Kohärenz* mehr besteht.[30]

Die christliche Tradition geht nun davon aus, dass eine, wenn nicht gar die hervorragende Weise der wirklichkeitsresonierenden Wahrnehmung darin besteht, in die Geschichte des Evangeliums verwoben zu werden. Dazu vier Anmerkungen:

[28] Vgl. C. TAYLOR, Quellen des Selbst. Die Entstehung der neuzeitlichen Identität, Frankfurt 2005, 25.

[29] Vgl. T. FUCHS, Selbst und Schizophrenie, 887-901.

[30] Vgl. M. MÜHLING, Resonances: Neurobiology, Evolution and Theology. Evolutionary Niche Construction, the Ecological Brain and Relational-Narrative Theology, Göttingen/Bristol 2014, 187-189.

1. Aus dem Anspruch, dass die Geschichte des Evangeliums der Wirklichkeit resoniert, kann nicht geschlossen werden, dass sie das einzige Gewebe von Geschichten wäre, das der Wirklichkeit resoniert.

2. Die Geschichte des Evangeliums ist weder identisch mit dem Gewebe der biblischen Geschichten noch mit den theologischen Erklärungen zum Evangelium, sondern im eigentlichen Sinne ist sie die Geschichte von Gottes Werden selbst.

3. Keiner kann sich selbst in die Geschichte des Evangeliums integrieren, durch intentionale Entscheidungen oder eine spezifische Methode der Bildung, sondern das Verwobenwerden mit dem Evangelium bleibt unverfügbar.

4. Aus der reformatorischen „Normaltheorie" der Glaubenskonstitution, in der *verbum externum* und *testimonium internum* des Heiligen Geistes beide notwendige Bedingungen sind, lässt sich nun ein wichtiges Kriterium für unsere Frage der Realitätsresonanz von Weglinienperspektiven entnehmen:

Jede Art der Evangeliumskommunikation, die entweder das Kennzeichen des verbum externum *oder das des* testimonium internum *verneint, ist überhaupt keine Kommunikation des Evangeliums, daher eine Weise der Kommunikation von Geschichten, die nicht der Wirklichkeit resoniert und also eine Weise der Kommunikation, die zu einem dissonanten Wahrnehmen von Werten führt.*

Man kann dieses Kriterium nun nicht nur für die Evaluation der der Kirche internen Glaubenskommunikation verwenden, sondern zur Evaluation aller Arten von bildenden Geschichten. Dabei handelt es sich um ein negatives Kriterium, weil hier nicht gesagt werden kann, ob eine bestimmte Geschichte nun tatsächlich wirklichkeitsresonierend ist, wohl aber, ob sie *nicht* wirklichkeitsresonierend ist. Theologisch ist es also das Unverfügbarkeitskriterium, das hier hilfreich ist, das allerdings mithilfe der sozialanthropologischen Unterscheidung von *wayfaring* und *transport*, die wir eingangs definiert hatten, phänomenal vertieft werden kann.

Tim Ingold erkennt durchaus an, dass unser Leben eine Mischung von *transport* und *wayfaring* ist. Man wird auch sagen müssen, dass es durchaus Lebensbereiche gibt, in denen das extern relationierte *transport* sein Recht hat, etwa im ökonomischen System oder bei der Post. Allerdings sind dies alles Bereiche, die theologisch gesprochen nicht von eschatischer Relevanz sind. In der eschatischen Realität gibt es keine Post. Faktisch beobachtet Ingold nun eine Logik der Inversion[31] von *transport* und *wayfaring*, in der zahlreiche Bereiche des

[31] Vgl. T. INGOLD, Being Alive. Essays on Movement, Knowledge and Description, New York u.a. 2011, 68-70.147-149.

Menschwerdens, die eigentlich im Sinne des *wayfaring* verstanden werden sollten, nun in *transport* invertiert werden. Und diese Logik der Inversion kann zur phänomenalen Erhellung des Unverfügbarkeitskriteriums, bzw. der theologischen Logik der Sünde herangezogen werden. Wir können also schließen:

Jede Kommunikation von Geschichten, die Leben als epische Narrative versteht, also als Narrative des transport *anstelle von dramatischen Geschichten oder Geschichten des* wayfaring, *führt zu einem Weglinienbildungsprozess unseres Leibes im dissonanten Werden mit der Wirklichkeit und entsprechend zu einer Wahrnehmung von Werten durch Gefühle, die sich nicht in Resonanz mit den* affordances *der Situationen des Dramas der verwobenen Geschichten befindet, aus denen die Welt besteht.*

7. *Exemplarische Konsequenzen für* ethe *und Ethik*

Hier können abschließend jedoch ohne Anspruch auf Vollständigkeit nur einige Hinweise gegeben werden:

- Jedes *ethos* ist jeder reflexiven Ethik gegenüber vorgängig.
- *Ethe* existieren nur im Plural und sie haben die Struktur verwobener dramatischer Geschichten - nicht die eines Norm- oder Präferenzbewusstseins.
- Ethik kann nicht mit einer Explikation der Normen, Pflichten, Präferenzen, Güter oder Verantwortlichkeiten beginnen, sondern mit einer Theorie des Wahrnehmens oder Erleidens von Werten, die zu einer narrativen Theorie von Haltungen und Tugenden des verwobenen Leibes führt. Klassisch spricht man hier von einer Tugendlehre. Eine wichtige Aufgabe einer solchen narrativen Tugendlehre müsste zeigen, dass auch die Explikation von Pflichten, Normen, Gütern, Präferenzen etc., von denen die Menschen der Neuzeit so begeistert sind, miteingeschlossen ist.
- Eine Trennung von Individualethik, Sozialethik und Umweltethik ist aufzugeben.
- Von einer Konstruktion eines universellen bzw. allgemein begründeten *ethos* oder einer entsprechenden Ethik kann keine Rede sein. Da es nur dynamische Weglinienperspektiven gibt, gibt es keine *view from nowhere*.
- Die allgemeine *Begründbarkeit* von *ethe* und Ethiken aufzugeben, bedeutet nicht, deren allgemeine *Gültigkeit* aufzugeben.
- Jedes Verhalten, jeder Versuch, jede Methode oder Aktivität - kurz, jede Identitätskommunikation - personal oder sozial, in der beziehungshafte Prozesse des *wayfaring* in *transport* invertiert werden, bzw. die dramatische

stories auf epische Narrative reduziert, muss als das angesprochen werden, was sie ist: ethisch verwerflich.

- Darin eingeschlossen sind nicht nur Handlungsstrategien, sondern auch Wege der Analyse menschlichen Werdens.
- *Ethisch* verwerflich sind also beispielsweise:
  - naturalistischer Szientismus, weil hier behauptet wird, die objektivierbaren Mechanismen der Natur determinierten unsere intentionale Wahl.
  - Sozialkonstruktivismus, weil hier behauptet wird, dass entweder das sog. Individuum oder aber das Kollektiv die Fähigkeit zu quasi-voluntaristischen Gestaltungsentscheidungen auf intentionale Weise hätte.
  - Analysen, die der kartesischen Geist-Körper-Distinktion folgen.
  - pseudo-religiöse Versuche, die Weisen der Wahrnehmung von Religionen und Quasireligionen in geschlossene Systeme von Lehren oder Imperativen zu überführen. Um dieses Missverständnis für die Systematische Theologie zu vermeiden, würde man auch besser von einer „postsystematischen" Theologie zu sprechen.
  - Der Versuch, die merkantile Logik des Marktes, die auf dem extern relationierten Werden als *transport* beruht, auf andere Lebensbereiche auszudehnen, insbesondere auf das biologische und soziale Feld der Wirklichkeit.
  - Jeder Versuch der Poimenik oder Psychologie, vorher festgelegte Ziele durch die Mittel spezifischer Methodologien herstellen zu wollen.
  - Jeder Versuch der Pädagogik, die narrative personale Bildung des Werdens durch ein Ausgesetztsein an die Wirklichkeit, die eine attentionale Zielfindung ermöglicht, durch eine Art der Erziehung zu invertieren, die entweder behauptet, dass es intentional festgelegte Erziehungsziele (Kollektivismus) gäbe, oder die annimmt, die Stärkung der intentionalen Zielwahl durch den Einzelnen sei das Ziel der Erziehung (Individualismus).

Emmanuel L. Rehfeld

SEINSKONSTITUTIVE CHRISTUSBEZOGENHEIT

Relational-ontologische Denkstrukturen und „In-Christus-Sein" bei Paulus

Die Bedeutung relationaler Erkenntnishorizonte sowohl für die einzelnen theologischen Disziplinen als auch für das Ganze der Theologie herauszuarbeiten, ist das erklärte Ziel dieser Tagung. Als Neutestamentler möchte ich insofern einen Beitrag dazu leisten, als ich exegetische Befunde nicht bloß darstellen werde, sondern ihnen auch *nachzudenken* gedenke.[1] Nur auf diesem Wege der *theologischen Reflexion* exegetischer Erkenntnisse dürfte die Frage sich überhaupt klären lassen, ob relationale Erkenntnishorizonte als ein Bindeglied zwischen biblischer Exegese und Systematischer Theologie fungieren können.

1. *„Relationale Ontologie" bei Paulus?*

Die Frage nach der Bedeutung relationaler Erkenntnishorizonte für die neutestamentliche Exegese kann natürlich nicht pauschal beantwortet werden, sondern nur je gesondert für die einzelnen Textkorpora. Exemplarisch soll hier das Corpus Paulinum befragt werden. Dabei setzt die Überschrift dieses Beitrags bereits voraus, *dass* sich bei Paulus relational-ontologische Denkstrukturen ausmachen lassen.[2] Das wird vielleicht das Interesse des Systematikers, der

[1] Für wichtige Hinweise danke ich meinen Freunden Daniel Gleich ThM (Tübingen), Dipl.-Theol. Benjamin Stahl (Greifswald) und - ganz besonders - Prof. Dr. Otfried Hofius (Tübingen). In den vergangenen elf Jahren konnte ich die hier behandelten Sachfragen außerdem immer wieder mit Prof. Dr. Ernstpeter Maurer (Dortmund) diskutieren, wofür ihm ebenfalls großer Dank gebührt. Sowohl den Neutestamentler Otfried Hofius als auch den Systematiker Ernstpeter Maurer grüße ich mit diesem Beitrag in freundschaftlicher Verbundenheit zu ihren jeweils runden Geburtstagen am 22. Juli 2017.

[2] Vgl. ausführlich E.L. REHFELD, Relationale Ontologie bei Paulus. Die ontische Wirksamkeit der Christusbezogenheit im Denken des Heidenapostels, WUNT II/326, Tübingen 2012. Im Folgenden nehme ich Einsichten und Formulierungen aus dieser Monographie auf, ohne dies in den Anmerkungen immer auszuweisen.

Systematikerin wecken, dürfte nicht wenige Exegetinnen und Exegeten jedoch irritieren.[3]

Zugegeben, das Syntagma „relationale Ontologie“ ist kein quellensprachlicher Begriff. Mit Albert Einstein sollte man jedoch Folgendes bedenken: „[...] es mag heuristisch von Wert sein, sich daran zu erinnern, was man wirklich beobachtet. Aber vom prinzipiellen Standpunkt aus ist es ganz falsch, eine Theorie nur auf beobachtbare Größen gründen zu wollen. Denn es ist ja in Wirklichkeit genau umgekehrt. Erst die Theorie entscheidet darüber, was man beobachten kann.“[4]

Ganz in diesem Sinne hat sich das Paradigma „relationale Ontologie“ mir als Hilfe erwiesen, das bei Paulus Vorhandene als solches zu *identifizieren*. Der exegetischen Arbeit oblag es dann, dieses „Konzept“ anhand der einschlägigen Texte zu *reformulieren* und entsprechend zu *modifizieren*. Dieses Vorgehen ist dem evangelischen Grundsatz „sola scriptura“ verpflichtet, der die Rückbindung aller theologischen Aussagen an die biblische Ur-Kunde verlangt. Zugespitzt könnte man formulieren: Die Dogmatik hilft sehen, *was* da zu sehen ist, die Exegese soll den Blick für das Gesehene *schärfen* und es sachgemäß profilieren.[5] So erweisen sich Dogmatik und Exegese in ihrem Zusammenspiel als ein je spezifischer Beitrag zur Theologie als Wissenschaft. Dabei setze ich voraus, was der Neutestamentler und Systematiker Adolf Schlatter als „das ceterum censeo für jede Universitätsarbeit“ bezeichnet hat: „Wissenschaft“, so

[3] Es mag manchem zunächst so gehen wie dem Neutestamentler Lars Kierspel. Im Blick auf den *Titel* meiner Dissertation bemerkt er: „Normally this language deters me because I am not a philosopher“ (https://www.shilohuniversity.edu/2015/03/life-in-collaboration-and-community/ [25.07.17]). Er hat sich dennoch auf die Lektüre eingelassen und erfreulicherweise eine Rezension verfasst, in der ich meine Intention durchaus zutreffend wiedergegeben finde (RBL 11/2014).

[4] Zit. nach W. HEISENBERG, Der Teil und das Ganze. Gespräche im Umkreis der Atomphysik, München [7]2008, 80.

[5] So hat schon Johannes Calvin im Geleitwort an die Leser seiner *Institutio Christianae religionis* das Verhältnis von dogmatischer und exegetischer Arbeit beschrieben (vgl. Joannis Calvini Opera selecta, Vol. III: Institutionis Christianae religionis 1559 libros I et II continens, hg.v. P. BARTH/G. NIESEL, München [2]1957, 6,18-7,1 [lateinisch]; Ioannis Calvini Opera quae supersunt omnia, Vol. III: Institution de la Religion Chrétienne, Tome premier, hg.v. G. BAUM/E. CUNITZ/E. REUSS, Braunschweig 1865, XXIII [französisch]). Vgl. dazu E.L. REHFELD, Hermeneutische und methodische Leitlinien in Calvins Auslegung des Neuen Testaments, in: M. BASSE (Hg.), Calvin und seine Wirkungsgeschichte, DBTRP 8, Berlin 2011, 29-56.

schreibt er, „ist erstens Sehen und zweitens Sehen und drittens Sehen und immer und immer wieder Sehen."[6]

In dieser produktiven Komplementarität der Standpunkte von Einstein und Schlatter muss Exegese sich bewegen und bewähren, wenn sie weder biblizistisch agieren noch ihren Gegenstand verraten will. Insofern ging und geht es mir keineswegs darum, einfach ein vorgefertigtes Konzept von „relationaler Ontologie" auf Paulus „*anzuwenden*" (so etwas wäre schrecklich!), sondern vielmehr darum, diesen heuristisch wertvollen Begriff paulinisch zu füllen.[7] Das kann in unserem Rahmen nur exemplarisch geschehen. Konzentrieren möchte ich mich dabei auf den Ersten Korintherbrief, an dem sich die relational-ontologischen Denkstrukturen des Heidenapostels m.E. besonders gut aufweisen lassen (s.u. 2).

Dabei verstehe ich unter dem Syntagma „relationale Ontologie" eine Wirklichkeitsauffassung, „die besagt, *daß nichts, was ‚in Wirklichkeit ist', irgendwie unabhängig von Relationen existiert, sondern daß* [...] *Relationen eminent seinskonstitutiv sind und nicht nur akzidentiellen Charakter haben*".[8] Von einer wirklich *relationalen* Ontologie sollte man also nur dort sprechen, wo vorausgesetzt wird, „daß auch die *relata* selbst *nur in und durch Relationen* existieren", d.h. nicht irgendwie vorgängig zu der sie konstituierenden Relation („an sich").[9] Für eine

[6] A. SCHLATTER, Atheistische Methoden in der Theologie, in: DERS., Zur Theologie des Neuen Testaments und zur Dogmatik. Kleine Schriften. Mit einer Einführung hg.v. U. LUCK, TB 41, München 1969, 134-150, 142 (beide Zitate).

[7] Treffend formuliert C. SCHWÖBEL, Gott als Gespräch. Überlegungen zu einer ontologischen Theologie kommunikativer Beziehungen, in: DERS., Gott im Gespräch. Theologische Studien zur Gegenwartsdeutung, Tübingen 2011, 451-478, 459: „Die theologische Herausforderung für eine relationale Theologie besteht [...] nicht darin, den biblischen Zeugnissen einen vorab definierten Referenzrahmen der Relationalität aufzusetzen, sondern den Versuch zu machen, die Relationalität aus diesen Wurzeln zu bestimmen."

[8] REHFELD, Ontologie, 41. Das gilt in ausgezeichneter Weise von Gott, der ja gemäß trinitarischem Bekenntnis *in sich* immer schon relational verfasst ist – im Gegensatz zu den monolithischen, stummen und toten Göttern und Götzen (vgl. aaO., 128 m. Anm. 7). Vgl. dazu auch SCHWÖBEL, Gott als Gespräch, 474f.

[9] REHFELD, Ontologie, 41f. – Über die in meiner Dissertation erwähnten Arbeiten hinaus möchte ich ausdrücklich hinweisen auf einen ebenso eigenständigen wie wichtigen Beitrag, der mir leider erst jetzt begegnet ist: P. KNAUER, Der Glaube kommt vom Hören. Ökumenische Fundamentaltheologie, Norderstedt [7]2015. Eine pointierte Kurzfassung unter dem Titel „Relationale Ontologie" ist abrufbar unter *http://peter-knauer.de/RelationaleOntologie.pdf* (25.07.17; autorisierte deutsche Fassung eines spanischen Festschrift-Beitrags [2012]). Zu KNAUERS bislang (zu) wenig rezipiertem Ansatz vgl. D. KRASCHL, Das prekäre Gott-Welt-Verhältnis. Studien zur Fundamentaltheologie Peter Knauers, RaFi 39, Regensburg 2009; DERS., Relationale Ontologie. Ein Diskussionsbeitrag zu offenen Fragen der Philosophie, RIM 24, Würzburg 2012, sowie etliche Beiträge in: S. ERNST/G. GÄDE (Hg.), Glaubensverantwortung in Theologie, Pastoral und Ethik, FS P. Knauer, Freiburg i.Br. u.a. 2015.

relationale Ontologie ist das ontologisch Primäre die Relation, nicht die „Substanz" oder das Relat.

Das unterscheidet eine wirklich *relationale Ontologie* von der oft recht diffusen und oberflächlichen Rede von „Relationalität".[10] Mit Recht betont Hans-Joachim Höhn: „‚Relationalität' gilt in diesem Konzept [sc. der relationalen Ontologie; E.R.] nicht nur als eine in methodischer Hinsicht zentrale Kategorie, sondern benennt auch die ontologische Struktur der existentialen Grundsituation von Welt und Mensch. Diese elementaren Bezüge sind daseins- und identitäts*konstitutiv*, anstatt – wie in der klassischen Substanzmetaphysik angenommen – bloß daseins- und identitäts*konsekutiv*. [...] Der Mensch ist nicht durch ein relationsloses ‚Selbst' bestimmt, zu dem Beziehungen nachträglich hinzutreten, sondern bis in sein ‚Selbst' hinein relational definiert. [...] Verhältnis- und Beziehungslosigkeit beschreiben nicht Schwundstufen des Selbst- und In-der-Welt-Seins, sondern sind Umstandsbestimmungen des Nichtseins und des Nichtwissens."[11]

2. Relationalität und relational-ontologische Ansätze im Ersten Korintherbrief

Die Probleme der Christusgläubigen in Korinth waren im Kern *Beziehungsprobleme*: Sie hatten ihre Ursache in einem unzureichenden Verständnis für die Tragweite und Bedeutung von *Beziehungen* – sei es derjenigen zu Christus, zu den Mitchristen, zur Welt oder zu widergöttlichen Mächten. Das lässt der ganze Erste Korintherbrief unschwer erkennen, und gerade das macht ihn für die Frage nach dem Stellenwert relationalen Denkens in der Theologie besonders interessant.

In der Auseinandersetzung zwischen Paulus und den Christen in Korinth zeichnet sich im Grunde die Differenz zwischen relationaler Ontologie und Substanzontologie ab. Den untereinander zerstrittenen korinthischen „Parteien" mangelte es insgesamt an Einsicht in die ontische Wirksamkeit und Ausschließlichkeit (Exklusivität) der Christusbezogenheit. Offenbar waren sie im

[10] Zur Kritik vgl. G. SAUTER, Das verborgene Leben. Eine theologische Anthropologie, Gütersloh 2011, 20-22.

[11] H.-J. HÖHN, Gottes Weltverhältnis. Thesen zu problemerzeugenden Problemlösungen, in: ERNST/GÄDE (Hg.), Glaubensverantwortung, 172-196, 174.

Bannkreis eines substanzontologischen Weltbildes stehengeblieben.[12] Eben dagegen setzt Paulus sein streng relational-ontologisches Verständnis der Christusgemeinschaft (s.u. 3) und sein daraus abgeleitetes Verständnis der Christengemeinschaft als einer relational verfassten, ontologisch belangvollen Größe. Das lässt sich besonders eindrücklich zeigen an seinem Umgang mit dem Problem fehlgeleiteter Sexualität (πορνεία, s.u. 2.1), dem „Streitfall Götzenopferfleisch" (s.u. 2.2) und der Frage nach dem Status von Kindern aus gemischtreligiösen Ehen (s.u. 2.3).[13]

2.1 Sexualität und Identität in Christus

Die von den sog. „Starken" in den korinthischen Hausgemeinden propagierte Parole πάντα (μοι) ἔξεστιν wird von Paulus grundsätzlich bejaht, aber entscheidend *modifiziert* (1Kor 6,12; 10,23; vgl. 3,22f.; sachlich 7,4.23). So sehr „alles erlaubt" ist, so sehr gilt zugleich: „nicht alles ist zuträglich" (6,12a; 10,23a), „nicht alles baut auf" (10,23b)[14] – und vor allem: „Ich will mich von nichts und niemandem (ὑπό τινος) beherrschen lassen" (6,12b).

Was ein solches „Sich-beherrschen-Lassen" (ἐξουσιάζεσθαι) bedeuten kann, zeigt Paulus an dem handfesten Beispiel der in Korinth weit verbreiteten „Unzucht" (πορνεία). Im Gegensatz zur Nahrungsaufnahme, die lediglich den Verdauungstrakt betrifft, betrifft die πορνεία das σῶμα[15] des Christen, das als sol-

[12] Vgl. dazu REHFELD, Ontologie, 63-65. Ähnlich bereits C. CLEMEN, Die Chronologie der paulinischen Briefe, Halle a.S. 1893, 235: „Die hervorstechendste und bedenklichste Eigentümlichkeit der corinthischen Gemeinde war ihre spekulative Neigung, die [...] ein Erbteil der heidnischen Vergangenheit der Gemeinde war." Dabei denkt Clemen anscheinend an eine Art Substanzmetaphysik (vgl. aaO., 236).

[13] Bei dem wohl „klassischen" Beispiel der Metapher vom σῶμα Χριστοῦ (1Kor 12) liegen die Dinge etwas anders, weil hier nicht so sehr die Horizontale (Mensch-Mensch) im Blick ist als vielmehr die Vertikale (Gott-Mensch). Nur im Blick auf letztere aber ist die (subsistente) Relation *wirklich* „mit dem Träger identisch" (KNAUER, Ontologie, 1).

[14] Zur grundlegenden Bedeutung der οἰκοδομή für Paulus vgl. E.L. REHFELD, „Erbaulichkeit" als Kennzeichen und Ziel paulinischer Theologie, ThBeitr 41 (2010) 126-136.

[15] Es lässt sich bei Paulus nicht trennscharf zwischen „Leib" und „Körper" unterscheiden. Das sog. „Physische" ist Paulus zufolge nicht einfach belanglos (s. nur 1Kor 15; 2Kor 5 u.ö.), sosehr es Dinge geben mag (wie „Essen und Trinken"), die tatsächlich *nur* „physisch" von Belang sind (vgl. 1Kor 6,13a). Vgl. zum Ganzen E. KÄSEMANN, Zur paulinischen Anthropologie, in: DERS., Paulinische Perspektiven, Tübingen ^{3}1993, 9-60, bes. 37-49: Mit σῶμα bezeichnet Paulus die „Leiblichkeit" des Menschen im Sinne „jene[r] Weltbezogenheit und Kreatürlichkeit unserer Existenz, auf welche der designierte Kosmokrator Anspruch erheben muß, wenn er nach der Verheißung von 1. Kor 15,25ff. die Basileia über das All verwirklichen will" (aaO.,

ches aber doch Christus, dem Herrn, gehört, der die Christusgläubigen „zu einem (hohen) Preis erkauft" hat (6,12-20). Die „Leiber" der Christen sind darum „Glieder Christi" (μέλη Χριστοῦ), die unter keinen Umständen zu „Gliedern einer πόρνη" gemacht werden dürfen (V.15).

Wie aber käme es dazu? Zur Erläuterung führt Paulus einen Parallelismus an, der es in sich hat: „Oder wisst ihr nicht, dass der der πόρνη Anhaftende *ein* Leib [mit ihr] ist? ‚Es werden' nämlich, sagt [die Schrift], ‚die zwei *ein* Fleisch sein'. Der dem Herrn Anhaftende aber ist *ein* Geist [mit ihm]" (V.16f.).[16]

Für unsere Frage wesentlich ist die Einsicht, dass Paulus hier zwei *Verhältnisse* miteinander parallelisiert (Mann—πόρνη // Christ—κύριος), die ihre Pointe jeweils darin haben, dass es die *Relation* ist, *kraft derer* die *relata* einen neuen ontischen Status erhalten. Wie der Apostel unter Berufung auf Gen^{LXX} 2,24 (!) ausführt, ist der mit der πόρνη Vereinigte *kraft seiner Relation* mit jener πόρνη *„ein* Leib" (ἓν σῶμα) bzw. *„ein* Fleisch" (σὰρξ μία) mit ihr, er selbst somit ein πόρνος. In vergleichbarer Weise - und gerade darum damit *konkurrierend* (δέ) - ist der mit dem Herrn Vereinigte kraft *dieser* Relation *„ein* Geist" (ἓν πνεῦμα) mit seinem Herrn, er selbst somit ein πνευματικός. Entscheidend ist, dass die Relation in *beiden* Fällen als eine faktisch (!) unauflösliche gilt.[17] Dabei ist es die *beiden* Relationen eignende *eminent ontische Wirksamkeit*, die sie zu einander ausschließenden Konkurrenzgrößen und die geschlechtliche Vereinigung eines Christen mit einer πόρνη (als einer Repräsentantin der widergöttlichen Macht der πορνεία[18]) zu einem überaus ernsten Problem macht. Daher gilt: Φεύγετε τὴν πορνείαν (1Kor 6,18).

43). Zur Sache vgl. H. SPRINGHART, Der verwundbare Mensch. Sterben, Tod und Endlichkeit im Horizont einer realistischen Anthropologie, Dogmatik in der Moderne 15, Tübingen 2016, bes. 172-203.

[16] Vgl. zum Ganzen R. KIRCHHOFF, Die Sünde gegen den eigenen Leib. Studien zu πόρνη und πορνεία in 1Kor 6,12-20 und dem sozio-kulturellen Kontext der paulinischen Adressaten, StUNT 18, Göttingen 1994, bes. 145-198.

[17] Richtig D.E. GARLAND, 1 Corinthians, BECNT, Grand Rapids 2003, 234: „The assumption is that every sexual act between a man and woman, whether licit or not, fuses the partners together into one flesh. There is no such thing as casual sex that has no enduring consequences, even when the partners have no intention of forming a mutual attachment." Das gilt *mutatis mutandis* auch für die Christusbezogenheit der Christusgläubigen, weshalb Paulus von der gottgewirkten *perseverantia sanctorum* ausgeht. Vgl. dazu J.M. GUNDRY VOLF, Paul and Perseverance. Staying in and Falling Away, WUNT II/37, Tübingen 1990.

[18] Vgl. dazu REHFELD, Ontologie, 85f.105-108; zur Diskussion vgl. KIRCHHOFF, Sünde, 145-158.

2.2 Götzenopferfleisch und Identität in Christus

Vor große Probleme stellt auch die Frage nach dem evangeliumsgemäßen Umgang mit dem Essen von „Götzenopferfleisch" (εἰδωλόθυτον). Da die *Substanz* des Geschaffenen ontologisch gesehen irrelevant ist, kann Paulus das Essen von Götzenopferfleisch als solches grundsätzlich erlauben (8,4-6; 10,19.25-27). Problematisch ist das Essen von Götzenopferfleisch erst dann[19] (aber dann auch *wirk*lich!), wenn man sich durch die Begleitumstände wissentlich widergöttlichen und christusfeindlichen Mächten aussetzt, wie etwa den Götzen und Dämonen durch die Teilnahme am heidnischen Götzenopfermahl (8,10; 10,1-22; vgl. daher auch 10,28f.).[20] Denn diese Art von „Gemeinschaft" (κοινωνία[21]) bedeutet *eo ipso* eine Konkurrenzgemeinschaft zur (exklusiven) Christusgemeinschaft und ist eben deshalb ontologisch gesehen höchst gefährlich (10,18.20f.; vgl. ferner 2Kor 6,14-7,1).[22] Davor kann Paulus nur apodiktisch

[19] Die Argumentation mit der um Christi willen *aus Liebe* (ἀγάπη) gebotenen Rücksichtnahme auf den „schwachen Bruder" (8,7-13) überschneidet sich teilweise mit der in Kap. 10 im Fokus stehenden Argumentation: Denn der „Bruder" bekommt meinen Verzehr von Götzenopferfleisch ja gerade dann mit, wenn er mich öffentlich „im Götzentempel (εἰδωλεῖον) zu Tisch liegen sieht" (8,10)! Gerade diese kompromittierende Situation ist aber von vornherein ausgeschlossen, wenn die Korinther sich an die Maßgabe des Apostels Paulus halten, wonach das Fleisch *an sich* zwar gegessen werden darf, aber eben nicht in einem dezidiert religiösen Kontext. Dagegen bestreitet V. GÄCKLE, Die Starken und die Schwachen in Korinth und Rom. Zu Herkunft und Funktion der Antithese in 1Kor 8,1-11,1 und in Röm 14,1-15,13, WUNT II/200, Tübingen 2004, 119-122.161-163.516f. u.ö., dass Paulus jeglichen Tempelbesuch verboten hätte. Vgl. dazu unten Anm. 20.

[20] In diesem Zusammenhang nennt GÄCKLE, Die Starken und die Schwachen, 120-122.516 u.ö., den Grad der „religiösen Verdichtung", der einer bestimmten Mahlsituation üblicherweise zugemessen wurde, als wesentlichen Maßstab für die paulinische Argumentation (im Anschluss an D. NEWTON, Deity and Diet. The Dilemma of Sacrificial Food at Corinth, JSNTS 169, Sheffield 1998). Nur entnimmt Paulus seinen Maßstab doch dem Evangelium von Jesus Christus und nicht etwa der paganen Umwelt!

[21] Bezeichnend ist hier auch die Rede von der Tischgemeinschaft (μετέχειν τραπέζης, 10,21). Vgl. dazu REHFELD, Ontologie, 111.

[22] Die Einsicht in die ontische Wirksamkeit der Bezogenheit auf relationsontologisch bedeutsame Größen lässt die *absoluten Gegensätze* zwischen diesen Größen nur umso schärfer hervortreten (s.u. Anm. 61). Im Sinne des Apostels Paulus bedeutet relationale Ontologie jedenfalls *keine* Wende „[w]eg von einer Orientierung an kontradiktorisch oder konträr gedachten Dualen [...] hin zu einem Denken in ‚relativen Gegensätzen' (so Schleiermacher), bei denen im jeweils einen Pol oder Element immer wenigstens ein Minimum des anderen mitgedacht werden muß" (gegen W. HÄRLE [Hg.], Im Kontinuum. Annäherungen an eine relationale Erkenntnistheorie und Ontologie, MThSt 54, Marburg 1999, IX [Vorwort]).

(Asyndese!) warnen: „Flieht weg vom Götzendienst" (φεύγετε ἀπὸ τῆς εἰδωλολατρίας, 1Kor 10,14).[23]

In der Exegese unterstellte man der paulinischen Argumentation freilich wiederholt Unstimmigkeiten und formallogische Widersprüche.[24] Geradezu klassisch formulierte einst Johannes Weiß: „In $10_{1\text{-}22}$ nimmt P[aulus] einen rigorosen Standpunkt ein […]. Ganz anders klingt Kap. 8 und 10_{23}-11_{1}, besonders $10_{29.30}$. Hier erscheint die ganze Frage unter dem Gesichtspunkt des Adiaphoron."[25] Das führt Weiß zu folgendem Urteil: „Es ist sehr schwer zu denken, daß P[aulus] in ein und demselben Briefe zwischen diesen Betrachtungsweisen abgewechselt haben sollte; Stimmung und Tonart sind gar zu verschieden."[26] Der ganze Textzusammenhang 8,1-11,1 soll daher aus ursprünglich gesonderten Brieffragmenten kompiliert worden sein.[27] Andere Ausleger *überspielen* in teils gefährlicher Weise die Diskrepanzen, die sich bei traditioneller Anschauung des Problems notgedrungen ergeben.[28]

Gerade dieses Beispiel zeigt, dass anscheinend nur ein relational-ontologischer Zugang in der Lage ist, die scheinbar unvereinbaren Spannungen auszugleichen. Diese Einsicht wurde in der bisherigen Diskussion leider zu wenig und v.a. nicht konsequent genug berücksichtigt, was immer wieder zu inkonsistenten Deutungen geführt hat. Man meinte, Paulus anlasten zu können, was doch in Wahrheit der Tatsache geschuldet war, dass man sich mit unangemessenen Sprach- und Denkkategorien den paulinischen Schriftzeugnissen näherte. Es trifft m.E. zu, was Raphaela J. Meyer zu Hörste-Bührer als Vorzug und

[23] Die sprachlich-rhetorische Parallele zu 6,18 (φεύγετε τὴν πορνείαν, s.o.) ist sachlich begründet. Vgl. REHFELD, Ontologie, 108-115.

[24] Vgl. dazu auch GÄCKLE, Die Starken und die Schwachen, 112-115.

[25] J. WEIẞ, Der erste Korintherbrief, KEK 5, Göttingen $^{1(9)}$1910 (= ND^{2} 1977), 212.

[26] WEIẞ, Korintherbrief, 212f.

[27] Vgl. WEIẞ, Korintherbrief, 213, mit bezug besonders auf C. CLEMEN, Die Einheitlichkeit der paulinischen Briefe an der Hand der bisher mit Bezug auf die aufgestellten Interpolations- und Compilationshypothesen geprüft, Göttingen 1894, 42-45.

[28] Zu verschiedenen *nicht* befriedigenden Versuchen vgl. GÄCKLE, Die Starken und die Schwachen, 120f. (dem ebd. als „die ‚klassische rhetorische Lösung'" bezeichneten Vorschlag ist aber m.E. im Wesentlichen zu folgen). Gäckle selbst versucht, auf „*anthropologischem*" Wege zu klären, was für ihn theologisch nicht ohne Weiteres auf Linie zu bringen war (vgl. aaO., 509f.). Aber ist es tatsächlich noch paulinisch, wenn er aaO., 510, vom „Gewissen" selbst noch der *Gläubigen* als von einer „*unabhängigen anthropologischen* Instanz" spricht, die „die Handlungen aufgrund *vorgegebener* Normen *objektiv beurteilt*", wobei diese (ja *heidnisch* geprägten!) „Normen […] nicht einfach korrigiert werden können und *aus christlicher Sicht auch nicht korrigiert werden müssen*" (ebd.; Hervorhebungen E.R.)? Ist die „Haltung der Schwachen" für Paulus *wirklich* „eine legitime, *christliche* Position, die er weder als defizitär noch als korrekturbedürftig […] betrachtet" (ebd.; Hervorhebung E.R.)? Diese Sicht wirft schwerwiegende Fragen auf.

konstruktiven Beitrag relational-ontologischen Denkens würdigt: „Im Rahmen eines relationalen Deutungshorizontes lässt sich […] logisch aufeinander beziehen, was im Rahmen eines substanzontologischen Denkens widersprüchlich erscheinen muss."[29]

2.3 Gemischtreligiöse Ehe und Identität in Christus

Ein letztes Beispiel sei genannt. Unbeschadet seines Grundsatzes, Christen sollten nach Möglichkeit ehelos bleiben (7,1.8.26.40) oder wenigstens nur untereinander heiraten (μόνον ἐν κυρίῳ, 7,39), rät Paulus, eine bereits bestehende Ehe mit einem Nichtchristen unbedingt aufrechtzuerhalten, sofern der Partner damit einverstanden ist (7,12f.). Die entsprechende Begründung liefert so etwas wie ein Grundmuster relationaler Ontologie: „Es ist nämlich der ungläubige Mann in der [gläubigen] Frau geheiligt, und es ist die ungläubige Frau in dem Bruder geheiligt; sonst wären ja eure Kinder unrein, jetzt aber sind sie heilig" (7,14).

Um die Brisanz dieser Stelle voll zu erfassen, muss man sich vor Augen führen, dass Paulus den nichtchristlichen Ehepartnern und den Kindern von Christusgläubigen hier wortwörtlich dasselbe zuschreibt wie zu Beginn des Briefes den Christusgläubigen selbst: So wie die Christusgläubigen gemäß 1,2 „in Christus Jesus Geheiligte" sind (ἡγιασμένοι ἐν Χριστῷ Ἰησοῦ, Part. Perf.), so ist gemäß 7,14 der ungläubige Ehepartner „im" (ἐν) gläubigen Ehepartner „geheiligt" (ἡγίασται, Ind. Perf.), weshalb auch die Kinder aus dieser Ehebeziehung als „heilig" gelten (ἅγιά ἐστιν [!]).

Während sakramentalistische, substanzhafte oder gar magische Erklärungsversuche allesamt in die Irre führen,[30] bietet sich auch hier ein relational-ontologisches Verständnis an. Es ist ja nicht die Beziehung zwischen den Ehepartnern bzw. zwischen Eltern und Kindern *als solche* „heilig", sondern es ist die Beziehung, *kraft* derer „die heiligende Macht des Christus"[31] auch auf den ungläubigen Ehepartner und die Kinder ausstrahlt. Jannes Reiling erklärt: „Die

[29] R.J. MEYER ZU HÖRSTE-BÜHRER, Gott und Menschen in Beziehungen. Impulse Karl Barths für relationale Ansätze zum Verständnis christlichen Glaubens, Forschungen zur Reformierten Theologie 6, Neukirchen-Vluyn 2016, 320. Dafür verweist sie aaO., 317-321, außer auf Barths Sünden- und Erwählungslehre auch auf meine Diskussion über das Götzenopferfleisch in Korinth (= REHFELD, Ontologie, 417.423 u.ö.).

[30] Zur Begründung s. REHFELD, Ontologie, 81-84 m. Anm. 163f.170.

[31] W. SCHRAGE, Der erste Brief an die Korinther, Bd. 2: 1Kor 6,12-11,16, EKK 7/2, Solothurn u.a. 1995, 104.

Kinder sind heilig aufgrund der Beziehung (*vanwege de relatie*) mit ihrem gläubigen Vater oder ihrer gläubigen Mutter."[32] Analoges gilt für die Ehebeziehung: Es ist die ganzheitlich-leibliche Beziehung mit dem seinerseits in ontisch wirksamer Christusbeziehung stehenden und eben darin geheiligten Ehepartner, *kraft* derer der ungläubige Ehepartner „geheiligt ist". Die Relation ist ontisch wirksam.

3. Das Problem einer analogia entis und die relational-ontologische Pointe des „Seins in Christus"

Überblicken wir die bisher angeführten Beispiele, dann fällt auf, dass die entsprechenden Relationen sich zwar stets ontisch auf die jeweiligen *relata* auswirken, die *relata* selbst jedoch immer schon *vorgängig* zu jenen Relationen „irgendwie da sind" (außer vielleicht die Kinder im Blick auf ihre Eltern). Von „relationaler Ontologie" im eigentlichen Sinne lässt sich in diesem Zusammenhang darum schwerlich reden, höchstens von *Ansätzen* relational-ontologischen Denkens. Daran lässt sich ablesen, dass *zwischenmenschliche* Beziehungen zwar ontisch wirksam sein können und Einfluss ausüben, dass sie jedoch nie in einem herausgehobenen Sinne existenz*begründend* sind.[33] Hält man nun die paulinische Rede vom „Sein in Christus" dagegen, dann ändert sich das Bild signifikant. Das wiederum liegt daran (so viel sei vorausgeschickt), dass das „Sein in Christus" die *schlechthin seinskonstitutive Ursprungsrelation* der Christusgläubigen markiert.

Die damit benannte Differenz lenkt den Blick unweigerlich auf die Frage, ob die Suche nach einer *einheitlichen Grundstruktur allen Seins* überhaupt theologisch angemessen ist. Wir stoßen also auf das alte „ontotheologische Problem:

[32] J. REILING, De eerste brief van Paulus aan de Korintiërs, PNT 7, Baarn 1997, 120f. (Übers. E.R.): „[De kinderen] zijn heilig vanwege de relatie met hun gelovige vader of moeder."

[33] Das betont auch KNAUER, Glaube, 39: „Die Beziehungen geschaffener Wirklichkeiten untereinander sind niemals restlos mit diesen Wirklichkeiten selbst identisch. Deshalb bedeuten diese Beziehungen immer eine wechselseitige Abhängigkeit. [...] Die Beziehung der Welt auf Gott ist jedoch eine schlechthinnige und eben deshalb einseitige Abhängigkeit." Vgl. dazu D. KRASCHL, Zwischen Entdecken und Erfinden. Der Beitrag relationaler Ontologie zur Realismus-Idealismus-Problematik, FZPhTh 60 (2013) 334-352: Die „Geschöpflichkeitsrelation" sei eine „einzigartige Relation", insofern sie jeder Substanz vorgeordnet sei (aaO., 340). Dabei müsse man *unterscheiden* „zwischen dem *,bloßen Geschaffensein'* (dem Geschaffensein, insofern es Gegenstand der Vernunft ist) und dem *,In-Christus-Geschaffensein'* (dem Geschaffensein als Glaubensgegenstand)" (aaO., 339, Anm. 15). Das „bloße Geschaffensein" sei „gegenüber dem ,In-Christus-Geschaffensein'" ein „eingeschränkte[r] Begriff von Geschaffensein" (ebd.).

Wie verhält sich ein allgemeines Sein alles Seienden (*esse commune*) zu Gott als *esse ipsum* und Ursprung alles geschaffenen Seienden?"[34] Die reformatorische Theologie hat die „klassisch-scholastische" These von einer *analogia entis* bekanntlich stets abgelehnt, „weil sie Gott einem allgemeinen *Sein* unterordne."[35] Ob dieser Einwand in der Sache zutrifft, muss hier nicht diskutiert werden.[36] Er kann uns aber dafür *sensibilisieren* zu prüfen, ob wir in *unserem* Bemühen um „die" relationale Ontologie der „Analogielosigkeit Jesu Christi"[37] und der darin begründeten *Einzigartigkeit* des „Seins in Christus" genügend Rechnung tragen.[38]

Paulus jedenfalls tut das. Bei ihm findet die Analogielosigkeit der *Sache* ihren Ausdruck in der Analogielosigkeit der *Sprache*, eben in der Rede vom „Sein in Christus". Dieser von Paulus gebildete Neologismus[39] findet sich in den Homologumena in verschiedenen Variationen: eben *expressis verbis* als „*Sein* in Christus/im Herrn" (εἶναι ἐν Χριστῷ [Ἰησοῦ]/ἐν κυρίῳ), sodann als Zeugung (γεννᾶν), „Werden" (γίνεσθαι), „Leben" (ζῆν), „Feststehen" (στήκειν), „Erfunden-Werden" (εὑρεθῆναι) oder auch „Schwach-Sein" (ἀσθενεῖν) *in ihm* (ἐν αὐτῷ).[40]

Der außerordentliche Stellenwert dieser Wendungen für das Ganze der paulinischen Theologie ist unbestritten. Aber ist dieses „urpaulinische Losungs-

[34] J. HEINRICHS, Art. Ontologie, TRE 25 (1995) 244-252, 247. – Für den Austausch gerade über diesen wichtigen Punkt danke ich Otfried Hofius ganz besonders.

[35] HEINRICHS, Art. Ontologie, 247.

[36] Heinrichs etwa meint, die „katholische Formel von der *analogia entis*" könne aufgrund ihrer Vorgaben („Ähnlichkeit bei völliger Verschiedenheit von geschaffenem und ungeschaffenem Sein", „dynamische Ursprungseinheit bei völliger Verschiedenheit") keine denkerisch überzeugende Lösung sein, sondern biete lediglich „einen kompromißhaften *modus vivendi* zwischen christlich-personaler Theologie und Seinsphilosophie unter Berufung auf das ‚Geheimnis'" an (HEINRICHS, Art. Ontologie, 247.). Ähnliches gelte für Barths *analogia fidei*, die daher nicht beanspruchen könne, „ein ontologischer Beitrag zu sein" (ebd.).

[37] O. HOFIUS, Die Bedeutung Hans Joachim Iwands für die Exegese des Neuen Testaments, in: DERS., Exegetische Studien, WUNT 223, Tübingen 2008, 282-296, 290. Von dieser „Analogielosigkeit Jesu Christi, seiner Person und seines Werkes", spricht Paulus ausdrücklich in 1Kor 2,8b+9 (ebd.).

[38] Von daher müssten meine Andeutungen in REHFELD, Ontologie, 46-51, *präzisiert* werden. In der Vortragsdiskussion wurde die Vermutung geäußert, dass eine *nicht-theologische* relationale Ontologie deswegen wohl „unscharf" bleiben müsse, weil sie die Frage des *Wohers* nicht hinreichend zu klären vermöge. Die Relationen hingen so gleichsam „in der Luft".

[39] Vgl. G.A. DEISSMANN, Die neutestamentliche Formel „in Christo Jesu", Marburg 1892, 70-74.

[40] Ausführlich zum Ganzen REHFELD, Ontologie, 222-241 (zu den Belegen im Einzelnen vgl. aaO., 239f.).

wort ‚in Christus'", dieses „Kennwort seines Christentums", von Paulus tatsächlich „plastisch mystisch empfunden", wie Adolf Deissmann meinte?[41] Oder soll das ἐν Χριστῷ, das in der Tat den „Mittelpunkt paulinischer Verkündigung" bildet, interpretiert werden „als ‚in der Kirche sein'", wie Ernst Käsemann unter Berufung auf Karl Barth behauptete?[42] Oder ist die Wendung εἶναι ἐν Χριστῷ – „*das* Kontinuum" der paulinischen Theologie, wie Udo Schnelle es nennt[43] – „lokal-seinshaft zu verstehen" und mit der Taufe zu verbinden?[44] Oder ist „in Christus" – so Gerhard Sellin – „eine mythische Ortsangabe"?[45]

Gehen wir aus von dem theologischen Spitzensatz 2Kor 5,17: „Wer auch immer[46] in Christus (ist), (ist) neue Schöpfung; das Alte ist vergangen, siehe, Neues ist geworden!" Dass im ersten Teilsatz Formen von εἶναι ergänzt werden müssen, ist evident, sodass hier also tatsächlich die genuin paulinische Formel vom εἶναι ἐν Χριστῷ vorliegt. Von diesem „Sein in Christus" wird nun gesagt, es sei *eo ipso* gleichbedeutend mit „qualitativ neuer Schöpfung" (καινὴ κτίσις). Das wird erläutert durch den asyndetisch folgenden Satz, damit sei nun „das Alte schlechthin" (τὰ ἀρχαῖα) vorüber, während zugleich etwas ganz und gar „Neuartiges" (καινά) zu Tage getreten sei.[47] Das alles, so fährt Paulus fort, verdankt ein Mensch allein Gott (τὰ δὲ πάντα ἐκ θεοῦ), der sich ihm in und durch Christus versöhnend zugewandt hat (V.18; vgl. V.19.21) – wirksam mitgeteilt im Evangelium, dem göttlichen „Wort von der Versöhnung" (V.19*fin.*).[48]

[41] A. DEISSMANN, Paulus. Eine kultur- und religionsgeschichtliche Skizze, Tübingen ²1925, 111 (alle Zitate). Das, wie er zugibt, „Mißverständnissen ausgesetzte Wort ‚Christusmystik'" (aaO., 107, Anm. 4), will Deissmann verstanden wissen als „Ausdruck der denkbar innigsten Gemeinschaft des Christen mit dem lebendigen pneumatischen Christus" (aaO., 111).

[42] E. KÄSEMANN, Leib und Leib Christi. Eine Untersuchung zur paulinischen Begrifflichkeit, BHTh 9, Tübingen 1933, 183 (i.O. gesperrt). Vgl. dagegen schon DEISSMANN, Formel, VI.76f.

[43] U. SCHNELLE, Paulus. Leben und Denken, Berlin/Boston ²2014, 519.

[44] So SCHNELLE, Paulus, 519.

[45] G. SELLIN, Mythos und Evangelium. Warum Glaube und Theologie auf mythische Vorstellungen angewiesen sind, in: DERS., Allegorie – Metapher – Mythos – Schrift. Beiträge zur religiösen Sprache im Neuen Testament und in seiner Umwelt, hg.v. D. SÄNGER, NTOA/StUNT 90, Göttingen/Oakville 2011, 276-281, 281. Entgegen der Angabe im Anhang dieser Aufsatzsammlung (aaO., 301) ist der Beitrag aber bereits einmal veröffentlicht worden, nämlich unter dem Titel „Der Mythos nach Markus", EK 27 (1994) 715-717 (die Bemerkung zu „in Christus" aaO., 717).

[46] εἴ τις hat verallgemeinernden Sinn: Für jeden, von dem A gilt, gilt *eo ipso* auch B.

[47] Im Unterschied zu νέος bezeichnet καινός hier nicht bloß eine *erneuerte* („renovierte") Wirklichkeit, sondern eine noch nie dagewesene, eben neu*artige* Wirklichkeit. Vgl. zu dieser Bedeutung W. BAUER u.a. (Hg.), Griechisch-deutsches Wörterbuch zu den Schriften des Neuen Testaments und der frühchristlichen Literatur, Göttingen ⁶1988, 799f., s.v. καινός 2.

[48] Vgl. dazu z.B. O. HOFIUS, Das Wort von der Versöhnung und das Gesetz, in: DERS., Exegetische Studien, WUNT 223, Tübingen 2008, 149-160, bes. 158f.

Christus ist hier verstanden sowohl als Heils*mittler* wie auch als Heils*raum*. Wer sich *in* diesem „Raum" aufhält (d.h. „in Christus ist"), ist eben damit im Bereich des Heils, wobei das Heil selbst wiederum streng *personal* gefasst ist. Das erhellt deutlich aus 1Kor 1,30: „Von ihm (sc. Gott) her also seid ihr in Christus Jesus (ὑμεῖς ἐστε ἐν Χριστῷ Ἰησοῦ), der uns von Gott her zur Weisheit wurde, d.h. zur Gerechtigkeit und zur Heiligung und zur Erlösung."[49] Die sog. Heilsgaben sind keine „Gegenstände", die Christus uns „beschafft" hätte, sondern sie *bestehen in ihm*.[50] Sie sind nicht objektivierbar und von Christus abzulösen. Paulus verdeutlicht das sprachlich, indem er sagt: Christus *in Person* (ὅς!) ist σοφία, δικαιοσύνη, ἁγιασμός, ἀπολύτρωσις. Dass wir „in ihm sind" und *eben damit* göttlicher Weisheit, d.h. der rettenden Gerechtigkeit, Heiligung und Erlösung teilhaftig geworden sind, wird auch hier wieder als ein restlos auf Gott zurückzuführendes Geschehen beschrieben. *In soteriologicis* ist jeglicher Synergismus radikal ausgeschlossen. Daher gilt: „Wer sich rühmt, der rühme sich des Herrn" (V.31).

Was mir *mere passive* widerfährt, *widerfährt* mir aber tatsächlich - und es widerfährt *mir*. Die absolute menschliche Passivität in Heilsfragen bedeutet gerade nicht, dass da „nichts passiert".[51] In diesem Zusammenhang sind die sog. „Korrespondenzformeln" zu beachten („Christus in mir/uns/euch"). Es sind wenige, aber durchaus gewichtige Stellen, an denen Paulus von einer Einwohnung oder einem „In-Sein" Christi in den Gläubigen spricht (Gal 2,20; 2Kor 13,5; Röm 8,10). Diese Stellen bezeugen die pneumatisch vermittelte, *reale Wirksamkeit* des auferstandenen Gekreuzigten *in* den Gläubigen. In gleicher Weise kann Paulus auch sagen, der Geist Gottes bzw. Christi (πνεῦμα θεοῦ bzw. πνεῦμα Χριστοῦ) wohne in uns (Röm 8,9-11), wobei dieser Geist seinerseits den erhöhten Christus ontisch wirksam repräsentiert (vgl. 2Kor 3,17: ὁ δὲ κύριος τὸ πνεῦμά ἐστιν).[52]

[49] Zu Übersetzung und Auslegung vgl. H.-C. KAMMLER, Kreuz und Weisheit. Eine exegetische Untersuchung zu 1Kor 1,10-3,4, WUNT 159, Tübingen 2003, 129.136-141.

[50] Richtig M. DIBELIUS, Paulus und die Mystik, München o.J. [1941], 18: „es gibt nur bedingt ein Haben". Vgl. Phil 3,12; 1Kor 13,8-13, bes. V.12; ferner Gal 4,9; Phil 3,8f. (s.u. Anm. 56).

[51] Das gilt auch im Blick auf die Prädestination! Prädestination im paulinischen Sinne bedeutet gleichermaßen, dass *Gott allein* an mir handelt, dass er an mir *handelt* und dass er an *mir* handelt. Dazu bedient Gott sich seines wirklichkeitssetzenden Wortes, d.h. des Evangeliums als des *verbum efficax* schlechthin. Dieses Wort *genügt*. Es ist dieses schöpferische Wort, das alles zuwege bringt.

[52] Zur dynamisch-ontischen Relation zwischen Christus und Geist vgl. M. FATEHI, The Spirit's Relation to the Risen Lord in Paul. An Examination of Its Christological Implications, WUNT II/128, Tübingen 2000, 289-308.

Für diesen doppelten Sachverhalt unseres „Seins in Christus" und des „Seins Christi in uns" hat Adolf Deissmann den Begriff „Christ-Innigkeit" geprägt.[53] Er scheint mir immer noch besser geeignet zu sein als jeder andere bisher vorgeschlagene Begriff, kann er doch in zweierlei Weise verstanden werden: einmal als „Innigkeit" des Christen „in" Christus, einmal als „Innigkeit" Christi „in" den Christen. Mit dem Begriff „Christ-Innigkeit" lässt sich ausdrücken, dass Paulus die Christusbezogenheit der Gläubigen als eine durchaus reziproke „In-Existenz" auffasst, was im übrigen eine notwendige Bedingung echter Relationalität ist. Allerdings muss im Sinne des Heidenapostels sogleich dazu gesagt und betont werden: Diese Reziprozität ist eine dezidiert *asymmetrische*.[54] Darauf verweist allein schon die Tatsache, dass Paulus vom In-Christus-Sein der Christusgläubigen ungefähr fünfmal so oft spricht wie vom Sein/Leben Christi in den Gläubigen.[55] Bei aller relationalen Wechselseitigkeit meint „Christ-Innigkeit" – paulinisch verstanden – eben nicht so sehr, dass Christus *mir* innerlich wird (und schon gar nicht, dass er zu meinem Besitz wird), als vielmehr, dass „ich" *ihm* innerlich werde, d.h. „in ihm erfunden werde" (Phil 3,9; vgl. Gal 4,9).[56] Schon gar nicht kommt es zu einem substanzhaften und in *diesem* Sinne „mystischen" Einssein zwischen Christus und den Gläubigen.

Was sich gegenüber „mystischen" wie auch dezidiert anti-„mystischen" Versuchen[57] gleichermaßen nahelegt, ist eine *relational-ontologische* Interpretation der paulinischen Rede vom „Sein in Christus". Denn erstens wird hier ausdrücklich vom „*Sein*" (εἶναι) und sachverwandten Begriffen gesprochen, zweitens versteht Paulus unter dem „Sein in Christus" die *Relation* zum auferstandenen Gekreuzigten, und drittens hat die restlose Bezogenheit auf Christus Auswirkungen, die wiederum nicht weniger als das Sein betreffen, wobei es

53 DEISSMANN, Paulus, 107 m. Anm. 4.

54 Vgl. dazu M. MÜHLING, Liebesgeschichte Gott. Systematische Theologie im Konzept, FSÖTh 141, Göttingen/Bristol 2013, 100-122, bes. 116-120 (zur perichoretischen Einheit Gottes in reziproker Asymmetrie).

55 Selbst wenn man die Antilegomena hinzunähme, änderte sich das Bild nicht. Das Gefälle ist dasselbe.

56 Die sachliche Parallele zwischen Phil 3,8f. und Gal 4,9a besteht darin, dass die Aktivität des auf Christus/Gott ausgerichteten Menschen jeweils entscheidend umgebogen wird in die Aktivität Christi/Gottes dem Menschen gegenüber: Dem Χριστὸν κερδάνειν entspricht das εὑρεθῆναι ἐν αὐτῷ (Phil 3,8b.9a), und das γινώσκειν θεόν wird ins rechte Licht gerückt (μᾶλλον δέ!) durch das γνωσθῆναι ὑπὸ θεοῦ (Gal 4,9a). Vgl. zum Ganzen auch 1Kor 2,6-16.

57 Hier ist insbesondere die mit dem Namen Rudolf Bultmann verbundene, sog. „eschatologische" Interpretation des In-Christus-Seins zu nennen, wie sie z.B. auch F. NEUGEBAUER, In Christus. ΕΝ ΧΡΙΣΤΩΙ. Eine Untersuchung zum Paulinischen Glaubensverständnis, Göttingen 1961, vertritt (vgl. nur aaO., 54f.148f.; vgl. aber auch aaO., 158-160).

Paulus vor allem auf Letzteres ankommt, eben auf die ontische *Wirksamkeit* der Christusbezogenheit.[58]

4. *Das extra nos des Glaubens und die „Person" des Christen*

Was hat es nun mit dieser ontischen Wirksamkeit der Christusbezogenheit des Näheren auf sich? Anders gefragt: Wer oder was ist ein Christ? Paulus hätte geantwortet: Ein Christ ist ein Mensch ἐν Χριστῷ, d.h. ein völlig auf Christus hingeordneter Mensch. Ein Christ ist ein Mensch, dessen Existenz kraft wechselseitiger Identifikation streng und ausschließlich Christus in Person ist und der darum und insofern eine „neue Kreatur" ist (2Kor 5,17).

Worin dieses sein Christsein gründet und was es für ihn bedeutet, sagt Paulus an der berühmten Stelle Gal 2,19b-21 so: „Mit Christus bin ich gekreuzigt. Es lebe nun nicht mehr ich, sondern es lebt in mir Christus; was ich also jetzt im Fleisch lebe (d.h. in meiner irdischen Existenz), das lebe ich [ganz und gar] im Glauben an den Sohn Gottes, der mich geliebt und sich selbst für mich dahingegeben hat. Nicht erkläre ich die Gnade Gottes für ungültig; wenn nämlich durch die Sinaitora (νόμος) Gerechtigkeit [kommt], dann ist Christus umsonst (d.h. grundlos und zwecklos) gestorben!"[59]

Diese assertorischen Antithesen[60] werfen unmittelbar die Frage nach meiner *Identität* auf: Wer bin/ist „ich"? Paulus sagt: Ich *als Christ* (ἐν Χριστῷ)[61] „habe"

[58] Für Paulus steht also nicht so sehr die Frage nach der „Bedingung der Möglichkeit" oder den denkerischen Rahmenbedingungen von „relationaler Ontologie" im Zentrum.

[59] Ich verweise dazu auf die Auslegung von O. SCHMITZ, Die Christus-Gemeinschaft des Paulus im Lichte seines Genetivgebrauchs, NTF 1/2, Gütersloh 1924, 247-249, der Entscheidendes richtig gesehen hat: Das „Mitgekreuzigtsein", von dem Paulus in V.19 spricht, ist weder rein „symbolisch" zu deuten, noch meint es ein „physisches Mitgestorbensein"; vielmehr handelt es sich um „ein pneumatisches Einssein mit dem Gekreuzigten, aber nun nicht so, daß es in der mystischen Innerlichkeit aufginge, vielmehr hat das Sterben Jesu als ein vergangenes Geschehnis, über die Schranken der Zeit und der voneinander getrennten Personen übergreifend, den Apostel *in einer nicht weiter zu beschreibenden Weise* dermaßen mit umfaßt, daß er sein bisheriges Leben verlor" (aaO., 248; Hervorhebung E.R.). Hier zeichnet sich bereits die *Nichtgegenständlichkeit und Unanschaulichkeit der πίστις* ab (s.u. m. Anm. 74).

[60] Paulus formuliert hier bewusst den Gegen-Satz zur Sicht der „heuchelnden" Judenchristen in Antiochia (namentlich Petrus, Barnabas) *und* der Heidenchristen in Galatien, die judaistisch infiltriert worden sind (vgl. den ganzen Zusammenhang Gal 2,15-21; vgl. dazu H.-J. ECKSTEIN, Verheißung und Gesetz. Eine exegetische Untersuchung zu Galater 2,15-4,7, WUNT 86, Tübingen 1996, 3-81). Man beachte den „Tora-kritischen" V.21 (vgl. V.19a).

[61] Es gibt Paulus zufolge neben Christus auch *andere* Größen, auf die ein Mensch bezogen sein kann, namentlich die Sünde, den Tod und die Sinaitora (νόμος), die sich aber allesamt als *Konkurrenzgrößen* zu Christus erweisen (vgl. dazu ausführlich REHFELD, Ontologie, 126-221).

mein Sein, meine Identität streng und ausschließlich in der asymmetrisch-reziproken, personalen, ontisch wirksamen Bindung an den für mich gekreuzigten und auferstandenen Sohn Gottes, Christus. Ich habe also, wie Luther das οὐκέτι ἐγώ (V.20) treffend kommentiert, mein Sein „nicht in meiner Person bzw. Substanz" (*non in persona, substantia mea*).[62]

Das führt etwa im Blick auf das Problem des *Todes* dazu, dass Paulus ganz nüchtern sozusagen eine „Ganztodtheorie" vertritt. Jedenfalls kennt er keine irgendwie geartete Substanz *im* oder *am* Menschen (etwa die „Seele"), die den Tod *per se* überdauern würde.[63] Wenn es überhaupt eine Auferstehungshoffnung gibt, dann ist auch sie ganz und gar an das „Sein in Christus" gebunden, d.h. an Christus selbst, der ja „als Erstling der Entschlafenen" (ἀπαρχὴ τῶν κεκοιμημένων) die Auferstehung der *„in ihm* Entschlafenen" begründet und verbürgt (1Kor 15,20-23; vgl. 1Thess 4,16: οἱ νεκροὶ ἐν Χριστῷ ἀναστήσονται).[64] Darum sollen Christen um ihre verstorbenen Mitchristen auch nicht derart trauern wie „die übrigen" (οἱ λοιποί = οἱ ἔξω), die objektiv „keine Hoffnung haben" (1Thess 4,13), da ihnen nichts als die völlige Nichtung (ὄλεθρος) ihrer bisherigen (Schein-)Existenz droht (1Thess 5,3; vgl. zum Ganzen V.9f.).[65] Was demgegenüber die bereits verstorbenen *und* die bei der Parusie des Herrn noch lebenden Christen ins ewige Leben überführt, ist Gott durch Christus und seinen Geist (vgl. 1Thess 4,14-17; Röm 8,9-11) bzw. Christus selbst (Phil 3,20f.). Dabei ist sowohl verstorbenen wie auch bei der Parusie noch lebenden Chris-

Daher *unterscheidet* Paulus den Menschen ἐν Χριστῷ radikal vom Menschen ὑπὸ τὴν ἁμαρτίαν bzw. ὑπὸ νόμον. Das zieht die Notwendigkeit *zweier* „Anthropologien" nach sich. Vgl. zum Ganzen REHFELD, aaO., 119-125.

[62] M. LUTHER, Werke. Kritische Gesamtausgabe. Bd. 40/1, Weimar 1914, 282,3. Luther fährt fort: Iusticia Christiana quae sic dicit. Quando volo disputare de Christiana iustitia, oportet abiicere personam. [...] In conspectu meo non maneat nisi Christus crucifixus et resuscitatus. Si me respicio et sepono ex oculis Christum, so bin ich da hin Et in me inspicio, qualis ego sim, debeam esse, facere; tum morior. Ibi amitto ex oculis ipsum Christum qui est vita et iusticia mea (ebd., Z. 3-9). Aus leidvoller Erfahrung fügt er hinzu: facile fit (ebd., Z. 9).

[63] Vgl. dazu klassisch O. CULLMANN, Unsterblichkeit der Seele oder Auferstehung der Toten? Antwort des Neuen Testaments, Neuausgabe, Stuttgart 1986.

[64] Vgl. dazu O. HOFIUS, Die Auferstehung der Toten als Heilsereignis. Zum Verständnis der Auferstehung in 1Kor 15, in: DERS., Exegetische Studien, 102-114; DERS., Die Auferstehung Christi und die Auferstehung der Toten. Erwägungen zu Gedankengang und Aussage von 1Kor 15,20-23, in: DERS., Exegetische Studien, 115-131.

[65] Der Tod des Sünders als des *nicht* ἐν Χριστῷ seienden Menschen schreibt auf trostlos endgültige Weise die völlige Sinnlosigkeit und Vergeblichkeit seiner Existenz fest. Im Rahmen *biblischer* Anthropologie ist ein solches Schicksal durchaus nicht weniger katastrophal als irgendwelche „Höllenqualen" – im Gegenteil! Erst der neuzeitliche Nihilismus vermag dem Gedanken einer völligen Nichtung offenbar Positives abzugewinnen.

ten gemeinsam, dass sie der „Verwandlung“ bedürfen, um in die „Königsherrschaft Gottes“ zu gelangen: πάντες (!) δὲ ἀλλαγησόμεθα (vgl. 1Kor 15,50-52). Das alles zeigt: Auferstehung ist *stricto sensu* ein *Wunder* - nicht ableitbar aus irgendwelchen anthropologischen Konstanten oder schöpfungstheologischen Gegebenheiten.[66]

Insgesamt wird deutlich: Der Christ als ein Mensch ἐν Χριστῷ empfängt die Begründung seiner Existenz, das Dasein selbst und seine Identität *von außen* - und zwar dauerhaft: Sein Sein ist stets „Sein *in Christus*“, seine „Person“ gründet für immer außerhalb seiner selbst. In diesem Zusammenhang spricht Ernstpeter Maurer von „christlicher Ekstase“[67], Arthur McGill von der „ekstatischen Identität“ (*ecstatic identity*) des Christen.[68] Es wäre dies aber von Paulus her jedenfalls eine „Ekstase“[69], kraft welcher ich - im Gegensatz zu einem *mystischen* Verständnis von „Ekstase“ - außerhalb meiner selbst verortet bin, nämlich „in Christus“, dem externen Zentrum meiner Existenz. „In Christus zu sein“, bedeutet: Ich bin mir selbst entnommen und dabei restlos verankert in Christus, der mir dauerhaft ein (heilsames!) *Gegenüber* bleibt.[70] Nie kommt es zu einer ununterscheidbaren Verschmelzung zwischen ihm und mir.[71] Anders

[66] Vgl. KÄSEMANN, Anthropologie, 43f. Treffsicher erkennt er aaO., 42, Anm. 37: „Charakteristisch für *Bultmanns* Interpretation ist die Selbstverständlichkeit, mit welcher [...] der Kontinuitätsgedanke festgehalten wird.“ - Nicht ganz stringent erscheinen mir die an sich nicht uninteressanten Ausführungen von W. HÄRLE, Dogmatik, Berlin/Boston [4]2012, 654f. Paulus jedenfalls *versucht* gar nicht erst, zwischen Kontinuität und Diskontinuität zu vermitteln oder gar das „eschatologische Dilemma“ zu „überwinden“ (so aber HÄRLE, aaO., 655).

[67] E. MAURER, Luther, Herder Spektrum 4754, Freiburg i.Br. u.a. 1999, 55-60.

[68] A.C. MCGILL, Death and Life. An American Theology, hg.v. C.A. WILSON/P.M. ANDERSON, Philadelphia 1987, 51 u.ö. Für höchst problematisch halte ich jedenfalls seine Äußerungen zur „ecstatic identity“ *Jesu* (aaO., 49-51). Im Anschluss an Luthers 30. These in der Freiheitsschrift spricht O. BAYER, Martin Luthers Theologie. Eine Vergegenwärtigung, Tübingen [4]2016, 165, von des Menschen grundsätzlicher „Bestimmung, als ein *ekstatisches Wesen* - durch den Glauben in Gott, durch die Liebe in den Mitgeschöpfen - zu leben“ (Hervorhebung E.R.).

[69] Nicht zuletzt angesichts der paulinischen Problematisierung ekstatischer Phänomene (vgl. nur 1Kor 14,23) müsste man dieses Sprachspiel wohl einer Revision unterziehen. Ferner hat mich Otfried Hofius nachdrücklich auf die entsprechende *begriffsgeschichtlich-semantische* Problematik hingewiesen.

[70] Im Anschluss an KNAUER, Glaube, 30ff., könnte man das „In-Christus-Sein“ auch bestimmen als ein *restloses Bezogensein auf Christus in bleibender Verschiedenheit von Christus*. - Zur Heilsamkeit des *verbum externum* (Röm 10,17; vgl. Gal 3,1-5 u.ö.) vgl. die wichtigen Ausführungen bei A. WENZ, Kanon und Sakrament. Die Heilige Schrift als Grundlage und Gnadenmittel für die Kirche Jesu Christi, dargelegt nach Anleitung des lutherischen Bekenntnisses, LuthBei(B) 15 (2010) 160-177, bes. 170-172 („Geist und Buchstabe“).

[71] Vgl. dazu bereits DIBELIUS, Paulus, bes. 14-18.

formuliert: Das *extra nos* wird durch das *in nobis* niemals aufgehoben.[72] Christus wird nie mein Besitz, der Glaube nie zu meinem eigenen *habitus*. Die Christusbezogenheit ist und bleibt ganz und gar *habitus theosdotos*[73] – und damit wesentlich unanschaulich.[74]

In der Sache bestätigt sich, was bereits Otto Schmitz in seiner Untersuchung über die sog. „Christus-Genetive" bei Paulus feststellte: „Dadurch daß jede verbale Beziehung zwischen den beiden Nomina ausgeschaltet ist, steht die Aktivität des Subjekt-Objekt-Verhältnisses nicht im Blickfeld des Sprachbewußtseins; es entsteht vielmehr eine gewissermaßen ‚adjektivische' Zuständlichkeit des *einen* durch beide Nomina ausgesagten Inhalts. Dieser logisch-grammatischen Eigenart der Christus-Genetive entspricht der durch sie ausgedrückte Sachverhalt. Die objektive Gegebenheit der urchristlichen Glaubenswelt, die der unerschütterliche Grund ihrer subjektiven Bewegtheit ist, tritt in ihnen in ihrer Unbewegtheit heraus."[75] Im Lichte dessen erweist sich auch die vieldiskutierte Frage nach den psychologischen Entstehungsbedingungen des Glaubens als unsachgemäß: „wer an Christus glaubt, ist *eben damit* ‚in Christus', ohne daß eine Brücke empirischer Kausalität vom einen Tatbestand zum andern herüberführte."[76]

Für diesen Sachverhalt nun scheint mir der Begriff der „Resonanz" (im Sinne eines unmittelbaren, unwillkürlichen Echos) entschieden besser geeignet zu sein als der von manchen favorisierte Begriff der „Responsivität". Letzterer könnte nämlich zu dem Missverständnis verleiten, der Ruf des Evangeliums treffe auf ein „an sich" bereits existierendes Subjekt, das dann in freier Entscheidung auf diesen Ruf antworte. Diese Vorstellung übersieht jedoch zum

[72] Vgl. dazu jetzt den exzellenten Beitrag von O. HOFIUS, „Extra nos in Christo". Voraussetzung und Fundament des „pro nobis" und des „in nobis" in der Theologie des Paulus, in: R. RAUSCH (Hg.), Lutherische Identität. Protestantische Positionen und Perspektiven, Dokumentationen der Luther-Akademie Sondershausen-Ratzeburg e.V., Tagungsband 12, Hannover 2016, 69-97. Seinen Ausführungen kann ich nur uneingeschränkt zustimmen.

[73] Vgl. O. BAYER, Gott als Autor. Zu einer poietologischen Theologie, Tübingen 1999, 279.

[74] Auch SCHMITZ, Christus-Gemeinschaft, 247, betont die „Nichtgegenständlichkeit" der Christusbezogenheit. Werde diese nicht verstanden, drohe ein fatales *Ungleichgewicht* zwischen „pneumatische[r] Zusammenschau" und „historische[r] Distanzbetrachtung" (aaO., 249; zu Gal 2,19f.): „Entweder wird die ‚Christusmystik' auf den gegenständlich gedeuteten ‚Christusglauben' zurückgeführt, oder der ‚Christusglaube' auf die von der Heilsgeschichte losgelöste ‚Christusmystik', nicht selten so, daß ein zeitliches Prius oder Posterius des einen oder des anderen Faktors konstatiert wird" (aaO., 247). Demgegenüber bestünden „bei Paulus die objektiv-historischen Aussagen und die subjektiv-mystischen Aussagen immer zusammen wie die Wasserbestände in zwei kommunizierenden Röhren" (aaO., 133).

[75] SCHMITZ, Christus-Gemeinschaft, 267.

[76] SCHMITZ, Christus-Gemeinschaft, 133.

einen, dass das Evangelium im strengen Sinne Gottes *eigenes* Wort ist - und als solches *wirksames* Wort (vgl. Röm 1,16; 1Thess 2,13 u.ö.). Zum anderen gibt es im Rahmen jedenfalls des *paulinischen* relational-ontologischen Denkens dieses „für sich existierende" Subjekt gar nicht. Vielmehr ist es das Wort Gottes (bzw. Gott durch sein Wort), das sich das „Subjekt" seiner Liebe allererst *schafft*. Das angeredete und *eben dadurch* aus dem Bereich des Todes ins Leben gerufene „Subjekt" der Liebe Gottes - die vom Geist Gottes ergriffene *per-sona* - re-soniert den schöpferischen Ruf des Evangeliums, ohne darüber räsoniert zu haben. Der Glaube verdankt sich zu jeder Zeit allein diesem Wort, dem wirksamen Wort Christi (Röm 10,17), auch der Glaubende selbst ist nichts anderes als *creatura verbi divini*.[77]

5. Die Bedeutung relationaler Ontologie für den aktuellen theologischen Diskurs

Es dürfte deutlich geworden sein, einen wie großen Stellenwert das relational-ontologische Paradigma für die Auslegung neutestamentlicher Texte - namentlich der Paulusbriefe - hat.[78] Im Blick auf Texte aus dem Ersten Korintherbrief, denen bisher eine Uneinheitlichkeit nachgesagt wurde, die nur mit literarkritischen Mitteln zu beseitigen sei, hat sich gezeigt, dass ein relationales Verständnis dieser Texte tatsächlich die Möglichkeit eröffnet, deren Pluralität und Uneinheitlichkeit besser zu verstehen. So bleibt abschließend zu fragen, was sich aus diesen Einsichten für die Aufgaben einer theologischen Enzyklopädie ergibt.

[77] Hier hat innerhalb des Protestantismus allerdings eine gravierende Verschiebung stattgefunden: „Während für Luther die fides creatura verbi ist, ist für Schleiermacher das verbum creatura fidei" (O. BAYER, Theologie, HST 1, Gütersloh 2004, 465).

[78] Zu vergleichbaren Beobachtungen im Alten Testament vgl. J. DIETRICH, Sozialanthropologie des Alten Testaments. Grundfragen zur Relationalität und Sozialität des Menschen im alten Israel, ZAW 127 (2015) 224-243. - Frühjüdische Texte untersucht T.L. PUTTHOFF, Ontological Aspects of Early Jewish Anthropology. The Malleable Self and the Presence of God, BRLJ 53, Leiden/Boston 2017. Putthoff resümiert: „According to our examination, we have found that in early Jewish anthropology the self is believed to possess an intrinsic [!] mimetic potential, such that it shares or partakes in the ontological state of the space it contacts or inhabits" (aaO., 223). In diesem Zusammenhang spricht er von einer „mimetic anthropology" (ebd. u.ö.), die ihrerseits klar substanzontologische mit relationalen Aspekten verbinde.

Zunächst einmal ist festzuhalten: Wenn wir uns mit der Frage nach einer angemessenen Ontologie beschäftigen, betreiben wir theologische Grundlagenforschung,[79] der wir uns weder als exegetische noch als systematische Theologen und Theologinnen entziehen können. Mit Recht bemerkt Gerhard Ebeling: „Der Glaube hat ontologische Auswirkungen. Er läßt sich darum nicht einfach in einer vorgegebenen Ontologie interpretieren, ohne Verzerrungen ausgesetzt zu sein. Darum ist der Theologe nicht der eigenen Besinnung auf das ontologische Problem enthoben."[80] Diese Aufgabe ist *gerade* der Exegese gestellt, so sie sich denn wirklich als *theologische* Disziplin versteht[81] und nicht von vornherein den „ontologischen Gehalt" der biblischen Zeugnisse negiert, indem sie sie „gleichsam als ‚ontologieneutral' zu interpretieren" versucht.[82] Mit Christoph Schwöbel ist die eigentliche „theologische Herausforderung" darum darin zu sehen, „die biblischen Texte in ihren ontologischen Ansprüchen ernst zu nehmen und auf ihrer Basis eine Ontologie zu rekonstruieren, eine begriffliche Rekonstruktion der biblischen Sichtweisen der Wirklichkeit."[83]

Es stellt sich also die Frage, und sie ist dringend: *Wie ist es um die Wirklichkeitskongruenz theologischer Aussagen bestellt?* Genauer gefragt: Im Rahmen *welcher* Ontologie beanspruchen theologische Sätze, *wahr* zu sein?[84] Von Paulus

[79] Die (wie auch immer geartete) Ontologie bildet ja „den allgemeinen Rahmen [...], innerhalb dessen das Gegebene aufgenommen, geordnet und gedeutet wird", und ist somit „die apriorische Voraussetzung für Erfahrungen" (K. HÜBNER, Art. Mythos I. Philosophisch, TRE 23 [1994], 597-608, 603; vgl. dazu P.-G. KLUMBIES, Der Mythos bei Markus, BZNW 108, Berlin/New York 2001, bes. 91f.).

[80] G. EBELING, Dogmatik des christlichen Glaubens, Bd. 1: Prolegomena. Erster Teil: Der Glaube an Gott den Schöpfer der Welt, Tübingen ^{3}1987, 346f. Vgl. KNAUER, Glaube, 9 (Vorwort): „Der christliche Glaube läßt sich nicht in das mitgebrachte menschliche Vorverständnis einordnen, sondern geht seinerseits auf dieses Vorverständnis kritisch und umwandelnd ein."

[81] Vgl. dazu O. HOFIUS, Neutestamentliche Exegese in systematisch-theologischer Verantwortung. Erwägungen zu den Aufgaben einer theologischen Disziplin, in: DERS., Exegetische Studien, 267-281.

[82] SCHWÖBEL, Gott als Gespräch, 459 (beide Zitate). In diesem Sinne führt R.H. ROBERTS, Die Aufnahme der Theologie Karl Barths im angelsächsischen Bereich. Geschichte – Typologie – Ausblick, EvTh 46 (1986) 369-393, 386, die „fortdauernde Schwäche" der sog. „Narrativen Theologie" darauf zurück, dass sie eben nie bedacht habe, „daß der Text als narrativer *Zeuge* eine *Ontologie* impliziert."

[83] SCHWÖBEL, Gott, 386.

[84] Vgl. I.U. DALFERTH, Existenz Gottes und christlicher Glaube. Skizzen zu einer eschatologischen Ontologie, BEvT 93, München 1984, 31. Dieser Beitrag ist (neben anderen) ein Beleg dafür, dass man nicht mehr generell von einem „allgemeinen Ontologie-Mißtrauen[] der biblisch-protestantischen Theologie" sprechen sollte (so aber noch HEINRICHS, Art. Ontologie, 247, der jedoch Bonhoeffer und Tillich ausdrücklich von diesem Urteil ausnahm [ebd.]).

her ist Peter Knauer zuzustimmen: „Erst in einer relationalen Ontologie wird man im Denken den Aussagen der christlichen Botschaft gerecht."[85] Als Desiderat ergäbe sich darum etwa in materialdogmatischer Hinsicht eine relational-ontologische Relektüre sämtlicher theologischer Topoi. Das erfordert allerdings ein radikales *Um*denken, eine umfassende μετάνοια auf allen Ebenen. Dazu noch einmal Knauer: „Von unserer Welterfahrung her besteht unser mitgebrachtes Vorverständnis in einer Substanzontologie. Will man den christlichen Glauben verstehen, erfordert dies jedoch eine *Bekehrung bis in das Vorverständnis hinein*."[86] Wir sind es gewohnt, von uns als eigenständigem Subjekt (Individuum) auszugehen. Relationale Ontologie dagegen besagt: Ich habe keinen Selbststand, sondern bin schon immer „restlos bezogen auf ..." - im *heilsamen* Fall auf Christus, geschaffen *in ihm* (2Kor 5,17).[87]

Von daher wäre etwa Luthers Rede vom *extra nos in Christo* neu zu würdigen.[88] Dieser reformatorische Schlüsselgedanke ist allerdings in der Neuzeit in eine schwere Krise geraten, wie Jörg Baur gezeigt hat.[89] Er resümiert: „Der Christ ist der exzentrischen Begründung und Ortung seiner selbst im extra nos überdrüssig geworden. Es soll endlich wirklich etwas geschehen, wirklich, d.h. im eigenen Welthorizont. Die Rechtfertigung ist lange genug verkündigt worden, man will endlich ihre Wirkungen sehen! Der Glaube verlagert sich vom

[85] KNAUER, Glaube, 9 (Vorwort).

[86] KNAUER, Ontologie, 8 (Hervorhebung E.R.). Er fährt fort: „Im substanzontologischen Vorverständnis ist es nicht möglich, angemessen von Gott zu sprechen" (ebd.).

[87] Vgl. auch Eph 2,10; Kol 1,16 und das Verständnis von Geschöpflichkeit und In-Christus-Geschaffensein bei KNAUER, Glaube, 30f. bzw. 175 (u.ö.).

[88] Vgl. dazu immer noch K.-H. ZUR MÜHLEN, Nos extra nos. Luthers Theologie zwischen Mystik und Scholastik, BHTh 46, Tübingen 1972; vgl. ferner W. JOEST, Ontologie der Person bei Luther, Göttingen 1967; E. MAURER, Der Mensch im Geist. Untersuchungen zur Anthropologie bei Hegel und Luther, BEvT 116, Gütersloh 1996, sowie HOFIUS, Extra nos in Christo.

[89] Die Ursache sieht Baur in den „Schwierigkeiten des neuzeitlichen Geistes der rechtfertigenden Gnade gegenüber, die er viel weniger anzunehmen vermag als die fromm-machende augustinischer Provenienz" (J. BAUR, Salus Christiana. Die Rechtfertigungslehre in der Geschichte des christlichen Heilsverständnisses, Bd. 1: Von der christlichen Antike bis zur Theologie der deutschen Aufklärung, Gütersloh 1968, 109). Vgl. zum Ganzen aaO., 87-110.

In-Sein in Christus auf die ihm gewiß zugehörigen Elemente der Selbsterfahrung, die als Sein Christi in uns hypostasiert werden."[90] Gegen eine solche Vermischung von *fides* und *pietas*[91] (vgl. schon Jak 2,18) hilft Baur zufolge nur eine Rückbesinnung auf Luther. Ich würde sagen: und nicht zuletzt auf Paulus! Das darf man gerade im Jahr des Reformationsjubiläums getrost hinzufügen.

[90] BAUR, Salus, 109. Über die von ihm ins Visier genommene Sicht urteilt Baur, hier sei „Gnade […] als Kraft wieder ‚Mittel zu' und nicht Selbsterweis der Gottheit Gottes" (aaO., 110). Er führt aus: „Weil die Struktur des esse coram, die Relation also, ein fiktiv Formales wird, steckt in dem Satz: fides ipsa praxis est, eben coram Deo! und in dieser Relation!, keine wirklichkeitsbegründende Macht mehr, wird vielmehr auf eine Abfolge von Gott ausgehender Effekte reflektiert, die in den Erfahrungshorizont des Subjektes eingehen müssen und von diesem qualifiziert werden. Weil der Akzent auf die Wiedergeburt fällt, wird die Rechtfertigung zur Voraussetzung, die ihrerseits im Werk Christi ihre schon in der Orthodoxie objektivierend abgestellten Voraussetzungen hat. […] Die Leidenschaft zur religiösen Effektivität hat die Richtung der Lebensbewegung des Glaubens umgekehrt" (ebd.).

[91] In homiletischer Hinsicht führt diese Vermischung in großer Regelmäßigkeit zur Gesetzlichkeit. Vgl. M. JOSUTTIS, Gesetzlichkeit in der Predigt der Gegenwart, SPTh 3, München 1966.

Volker Rabens*

SEIN UND WERDEN IN BEZIEHUNGEN

Grundzüge relationaler Theologie bei Paulus und Johannes

In dem 2017 erschienenen Band *Beziehungsweisen und Bezogenheiten. Relationalität in Pädagogik, Kunst und Kunstpädagogik* erklärt Jochen Krautz in seiner Einführung, dass „Relationalität" sowohl die *aktivischen* Beziehungen bezeichnet, die wir zu Mitmenschen und Mitwelt aufnehmen, pflegen, gestalten oder auch ab- und unterbrechen, als auch die *passivische*, also pathische und responsive Dimension dieser Bezüge, die wir eben nicht selbst gestalten, sondern die uns vorausgehen, uns tragen, prägen und widerfahren.[1] In einem zentralen Beitrag des Bandes werden diese beiden Dimensionen von Relationalität von Tobias Künkler aufgenommen und weitergeführt. Die passiven und aktiven Dimensionen der Relationalität verschränken sich, wenn man den Einzelnen als Teil von einer relationalen Matrix versteht, von einem Beziehungsfeld oder -netz, in das der Einzelne eingebunden ist und in dem er agiert. Der Einzelne und sein Verhalten ist also stets in seinem Zusammenleben mit anderen zu verstehen, insbesondere weil jede Verflechtung eine eigene Verflechtungsdynamik entwickelt und die Verflechtung somit ein eigenes Kraftfeld für die darin eingebundene relationale Subjektivität bildet.[2] Dieses Beziehungsnetz ist sowohl Ursprung des Werdens als auch des Anders-Werdens, denn denkt man das Selbst strikt relational, verändert es sich per definitionem durch veränderte

* Volker Rabens ist Wissenschaftlicher Mitarbeiter am Lehrstuhl für Neues Testament der Friedrich-Schiller-Universität Jena und Extraordinary Associate Professor im Department für Reformierte Theologie der North-West University, Potchefstroom Campus, Südafrika.

[1] J. KRAUTZ, Relationalität in Pädagogik, Kunst und Kunstpädagogik. Zur Einführung, in: DERS. (Hg.), Beziehungsweisen und Bezogenheiten. Relationalität in Pädagogik, Kunst und Kunstpädagogik, IMAGO 4, München 2017, 11-27, 16.

[2] T. KÜNKLER, Die Relationalität menschlicher Existenz. Versuch einer (kategorialen) Systematisierung, in: J. KRAUTZ (Hg.), Beziehungsweisen und Bezogenheiten. Relationalität in Pädagogik, Kunst und Kunstpädagogik, IMAGO 4, München 2017, 61-78, 74. Vgl. DERS., Lernen in Beziehung. Zum Verhältnis von Subjektivität und Relationalität in Lernprozessen, Bielefeld 2011, 536.

Beziehungskonstellationen. Menschliche Veränderung geschieht also im zwischenmenschlichen Raum. Es ist „gewissermaßen erst der durch die Bezugnahme Anderer geschaffene Raum, in den hinein wir uns verändern können bzw. in den hinein wir verändert werden."[3] Damit entziehen sich menschliche Transformationsprozesse „der Dualität von Aktivität und Passivität und der ‚agency' eines Akteurs, vielmehr fungiert beim transformativen Lernen besonders stark das Zwischen als Ort und Agens des Lernens."[4]

Im vorliegenden Aufsatz werden die diversen Beziehungsnetze untersucht, die sowohl Ursprung des Seins (Künkler: „Werdens") als auch des Werdens (Künkler: „Anders-Werdens") des Menschen sind. Aus der Perspektive der zwei wohl bedeutendsten Autoren im Neuen Testament soll analysiert werden, welche Relationen das Sein des Menschen bestimmen und wie es zu Prozessen des (Verändert-)Werdens kommt. Dabei wird der Frage nach dem im relationalen „Zwischen(raum)" entstehenden Kraftfeld besondere Aufmerksamkeit gewidmet. Wie wird der Mensch durch Beziehungen bestimmt und zum Positiven (oder Negativen) verändert, so dass er die aktiven Prozesse der Beziehungs- und Weltgestaltung konstruktiv mitgestaltet? Bei der Suche nach Antworten auf diese Fragen wenden sich die folgenden exegetischen Untersuchungen und konzeptionellen Analysen dem Corpus Paulinum und dem Corpus Johanneum zu, da in diesen beiden Textkorpora Gott und Mensch besonders deutlich in einer relationalen Matrix dargestellt werden.

Relationale Ansätze zur (neutestamentlichen) Theologie begegnen in ihrer kurzen Wirkungsgeschichte immer wieder Missverständnissen, falschen Antithesen und irreführenden Dichotomien. Im Hinblick auf sein langjähriges Forschungsprojekt „Relationale (dynamische) Erkenntnistheorie und Ontologie" benennt Wilfried Härle sechs Forschungstendenzen oder Grundrichtungen, die aus einigen dieser Sackgassen herausführen können. Eine dieser Tenden-

[3] KÜNKLER, Lernen in Beziehung, 541.537.

[4] KÜNKLER, Lernen in Beziehung, 555. Im Sinne einer „Zweite-Person-Perspektive" (vgl. S. DARWALL, The Second-Person Standpoint. Morality, Respect, and Accountability, Cambridge, 2006) redet Krueger daher von einem „we-space" als einem „dynamic, forceful realm enacted jointly by two or more interactants" (J. KRUEGER, Extended Cognition and the Space of Social Interaction, Consciousness and Cognition 20 [2011], 643-657; vgl. die positive Würdigung in J. SLABY, Relational Affect, Working Paper SFB 1171 Affective Societies [2016] 1-31, 9f. [http://edocs.fu-berlin.de/docs/servlets/MCRFileNodeServlet/FUDOCS_derivate_000000006442/SFB1171_WP_02-16.pdf?hosts=] [06.03.18]). Siehe auch die Diskussion im Anschluss an Martin Buber, Franz Rosenzweig, Emmanuel Lévinas und weitere Vordenker des „relational turn" in R. BOSCHKI, „Beziehung" als Leitbegriff der Religionspädagogik. Grundlegung einer dialogisch-kreativen Religionsdidaktik, Zeitzeichen 13, Ostfildern 2003, 306-323.

zen identifiziert er als eine Bewegung „[w]eg von einer Orientierung an kontradiktorisch oder konträr gedachten Dualen, die scharfe, eindeutige Abgrenzungen erlauben, hin zu einem Denken in ‚relativen Gegensätzen' (so Schleiermacher), bei denen im jeweils einen Pol oder Element immer wenigstens ein Minimum des anderen mitgedacht werden muß."[5] Allerdings zeigte sich im Rahmen des Forschungsprojektes auch, „wie schwierig es ist, Denkformen und -muster die man früh gelernt, sich angeeignet und über lange Zeit hin erprobt hat, zu verändern. Die Gefahr, immer wieder in die alten, vertrauten Muster hineinzugeraten, ist außerordentlich groß."[6]

Diese Gefahr des Zurückrutschens in alte Muster, z.B. des binären Denkens, tritt auch im Kontext einiger Auseinandersetzungen in der jüngeren paulinischen Forschungsgeschichte deutlich zutage. Anhand eines Auszugs meiner eigenen, kleinen „Forschungsgeschichte" lässt sich dies exemplarisch illustrieren. Im Rahmen meines Dissertationsprojektes zur paulinischen Ethik und Pneumatologie offenbarte ein Blick in die vergangenen 140 Jahre kritischer Forschung zur Frage, wie der Mensch nach Paulus (durch den Geist Gottes) zu tugendhaftem Leben befähigt wird, gleich mehrere Dualismen.[7] Zwei davon seien hier stellvertretend genannt. Zum einen wurde (und wird) von einer Reihe von Paulusforschern erklärt, dass Paulus πνεῦμα als eine stoffliche Substanz verstehe, die den Menschen substanz-ontologisch zum Guten verändert. Kritische Stimmen zu dieser (von einer stoischen Kosmologie inspirierten) Interpretation behaupten ihrerseits gerne das Gegenteil, nämlich, dass Paulus den göttlichen Geist als eine *immaterielle* Substanz oder Person verstehe. Eine Alternative zu dieser Dichotomie wurde selten in Betracht gezogen,[8] und so bedurfte

[5] W. HÄRLE, Vorwort, in: DERS. (Hg.), Im Kontinuum. Annäherungen an eine relationale Erkenntnistheorie und Ontologie, Marburg 1999, VII-XI, IX. Zur aktuellen Diskussion „relationaler Ansätze" in der dogmatischen Theologie vgl. die hilfreichen Schlussfolgerungen in R.J. MEYER ZU HÖRSTE-BÜHRER, Gott und Menschen in Beziehungen. Impulse Karl Barths für relationale Ansätze zum Verständnis christlichen Glaubens, Forschungen zur reformierten Theologie 6, Neukirchen-Vluyn 2016, 377-386.

[6] HÄRLE, Vorwort, IX.

[7] Vgl. den Anhang „140 Years of Research on Spirit and Ethics in Paul. A Critical Overview" in: V. RABENS, The Holy Spirit and Ethics in Paul. Transformation and Empowering for Religious-Ethical Life, WUNT II/283, Tübingen [2]2013, 253-306, und 2-15.

[8] Es sei denn, man versteht die These, dass Paulus sich vom einen zum anderen Geistkonzept entwickelt, als eine solche Alternative (so F.W. HORN, Das Angeld des Geistes. Studien zur paulinischen Pneumatologie, FRLANT 154, Göttingen 1992). Vgl. zur kritischen Diskussion: V. RABENS, The Development of Pauline Pneumatology. A Response to F.W. Horn, BZ 43 (1999) 161-179.

es eines intensiven Studiums der Texte, bis mir deutlich wurde, dass die paulinischen Briefe kein Interesse an dieser Frage erkennen lassen und auch keine eindeutige Geist-Ontologie voraussetzen. Ich argumentiere dementsprechend, dass der primäre Weg zum Verständnis des Wirkens des Geistes eine Untersuchung eben dieser Wirkungen sein sollte, und sich nicht vorrangig in der Rekonstruktion einer bestimmten Geist-Ontologie erschöpfen darf, von der dann ein entsprechendes (substantielles) Wirken erwartet wird. Da ich dieses stoffliche Geistverständnis als Voraussetzung eines bestimmten („Infusion-Transformation") Konzeptes der Wirkungsweise des Geistes kritisiert habe, wurde mein Ansatz dann gerne als diametraler Gegenentwurf zu der ebenfalls 2010 erschienen Monographie *Cosmology and Self in the Apostle Paul. The Material Spirit* von Troels Engberg-Pedersen verstanden.[9] Wie gerade angezeigt, arbeitet mein alternativer Entwurf jedoch nicht mit einem platonischen, immateriellen oder „metaphorischen" Geistverständnis, sondern zeichnet sich vor allem durch seinen relationalen Ansatz zur Wirkungsweise des Geistes im Kontext der paulinischen Theologie und Ethik aus. Demnach wird der Mensch primär durch die von Gott(es Geist) transformierte Beziehungsmatrix verändert und zu religiös-ethischem Leben befähigt (vgl. Teil 1 dieses Aufsatzes).

An diesem Punkt trat nun in der Rezeption meiner Arbeit ein zweiter forschungsgeschichtlicher Dualismus zutage. So wurde beispielsweise in einer (insgesamt sehr positiven) Rezension kritisch anfragt, warum denn bei aller Attraktivität der von mir betonten relationalen Ontologie nicht auch der Mensch selbst in seiner Substanz verändert werden würde.[10] Unter „relationaler Transformation" wurde also fälschlicherweise nur „veränderte Beziehungen" verstanden, nicht aber auch „verändernde Beziehungen", die den Menschen ontologisch transformieren. Eine solche ontologische Veränderung im Menschen war und ist jedoch ein expliziter Bestandteil meines Ansatzes zur paulinisch Theologie und Ethik, der wahrscheinlich übersehen wurde, weil bestimmte Termini wie „relational" gefallen waren. Daher möchte ich abschließend einen kurzen Auszug aus dem Vorwort zur zweiten Auflage meiner Monographie zitieren, in dem ich versucht habe diese und andere falsche Antithesen zu enttarnen:

[9] Vgl. T. ENGBERG-PEDERSEN, Cosmology and Self in the Apostle Paul. The Material Spirit, Oxford 2010. Vgl. die differenzierte, komparative Rezension von P. ORR, Rez. T. ENGBERG-PEDERSEN, Cosmology and Self in the Apostle Paul / V. RABENS, The Holy Spirit and Ethics in Paul, Themelios 35 (2010) 452-455.

[10] F. BLISCHKE, Rez. V. Rabens, The Holy Spirit and Ethics in Paul, ThLZ 137 (2012) 680-682, 682.

„The history of interpretation of the New Testament, and especially that of Paul, is saturated with ‚either-or' approaches: either Stoic or Platonic, either literal or metaphorical, and: either substance-ontological or relational. In the second part of my study I develop a fresh approach to Paul which is ‚relational' but which is designed to overcome this latter dichotomy between ‚substantial' and ‚relational'.[11] ‚Relational transformation' as we see it in Paul implies a ‚substantive' dimension. I have argued that ‚believers can „hardly fail to be transformed by a living relationship with the life-giving God"[12] which implies that Paul's more „substantive language" has a place in our concept of the relational work of the Spirit in Paul's ethics too. The adjacent pairs which are often conceived as opposites (i.e. relational versus substance-ontological transformation; [functional] empowering versus [ontological] transformation; new self-understanding versus a completely new self) thus converge in our concept of *transforming relationships*' (p. 143)."[13]

Im zweiten Teil des vorliegenden Aufsatzes werden Grundzüge relationaler Theologie und Ethik im Corpus Johanneum vorgestellt. In der Johannesforschung wird die Kontroverse um die Art und Weise der (ontologischen) Transformation des Menschen in der Begegnung mit Gott bzw. Jesus und den Mitmenschen nicht mit der gleichen Vehemenz debattiert. Dies hängt teilweise damit zusammen, dass Paulus in seinen Briefen im Vergleich vielfältigere Formulierungen und Diskussionen offeriert, die in ihrer Rezeption für systematischere Investigationen und Abstraktionen gesorgt haben. Allerdings hat die „offenere" Sprache der johanneischen Narrative (sowie die philosophischen Anklänge des Prologs) seinerseits für umfangreiche Sekundärliteratur gesorgt. Und so fanden auch Engberg-Pedersen und ich uns im Jahr der Veröffentlichung der oben genannten Paulus-Monographien in der Johannine Literature Section beim Society of Biblical Literature Annual Meeting 2010 in Atlanta wieder, um nun einen stoischen bzw. relationalen Zugang zur johanneischen Theologie und Ethik vorzustellen. Zu beiden Ansätzen sind zwischenzeitlich Publikationen erschienen, auf die im zweiten Teil dieses Kapitels eingegangen werden soll.[14] Im letzten Teil des Kapitels wird dann ein vergleichendes Fazit

[11] See esp. pp. 138-144.

[12] J.D.G. DUNN, *The Theology of Paul the Apostle* (Edinburgh: T. & T. Clark, 1998), 344.

[13] RABENS, Spirit, VI-VII. Die Formulierung *transforming relationships* stammt aus meinem gleichnamigen Vortrag auf der 18. British New Testament Conference: „Transforming Relationships: The Spirit's Empowering for Religious-Ethical Life According to the Apostle Paul", London 2000. Mit diesem Titel sollte zum einen zum Ausdruck gebracht werden, dass durch den Geist Gottes die Beziehungsmatrix des Menschen transformiert wird, u.a. von „Fleisch" zu „Geist" (=„transformierte Beziehungen"); und zum anderen, dass durch diese positiven, innigen Beziehungen zu Gott, Jesus Christus sowie der Gemeinde, Menschen transformiert und befähigt werden, um nach den Werten des Evangeliums zu leben (=„transformierende Beziehungen").

[14] T. ENGBERG-PEDERSEN, John and Philosophy. A New Reading of the Fourth Gospel, Oxford 2017. V. RABENS, Johannine Perspectives on Ethical Enabling in the Context of Stoic and Philonic Ethics, in: J. VAN DER WATT/R. ZIMMERMANN (Hg.), Rethinking the Ethics of John. „Implicit

zu den erarbeiteten Grundzügen relationaler Theologie in beiden Textkorpora gezogen.

1. *Relationale Theologie im Corpus Paulinum*

Gott und Mensch werden im Corpus Paulinum in einer relationalen Matrix dargestellt. Nach Paulus ist der Mensch nicht als unabhängiges Individuum zu denken, sondern als in einem Netzwerk vielfältiger Beziehungen lebend, die ihn beeinflussen – zum Guten wie zum Schlechten. Zwei paradigmatische paulinische Aussagen bringen diese relationale Bestimmtheit exemplarisch zum Ausdruck.

> „Ich weiß nicht, was ich tue. Denn ich tue nicht, was ich will; sondern was ich hasse, das tue ich. … *So tue ich das nicht mehr selbst, sondern die Sünde, die in mir wohnt* (νυνὶ δὲ οὐκέτι ἐγὼ κατεργάζομαι αὐτὸ ἀλλ᾽ ἡ οἰκοῦσα ἐν ἐμοὶ ἁμαρτία) …, das heißt in meinem Fleisch… Wenn ich aber tue, was ich nicht will, *vollbringe nicht mehr ich es, sondern die Sünde, die in mir wohnt* (οὐκέτι ἐγὼ κατεργάζομαι αὐτὸ ἀλλ᾽ ἡ οἰκοῦσα ἐν ἐμοὶ ἁμαρτία)." (Röm 7,15-20)

> „Ich bin durchs Gesetz dem Gesetz gestorben, damit ich Gott lebe. Ich bin mit Christus gekreuzigt. *Ich lebe, doch nun nicht ich, sondern Christus lebt in mir* (ζῶ δὲ οὐκέτι ἐγώ, ζῇ δὲ ἐν ἐμοὶ Χριστός). Denn was ich jetzt lebe im Fleisch, *das lebe ich im Glauben* des/an den Sohn(es) Gottes (ἐν πίστει ζῶ τῇ τοῦ υἱοῦ τοῦ θεοῦ), der mich geliebt und sich selbst für mich hingegeben hat." (Gal 2,19f.)

Diese zwei Zitate zeigen, dass der Mensch bei Paulus wesentlich durch Beziehungen zu externen Realitäten definiert wird, die intern wirksam sind. Beide Aussagen folgen der gleichen Logik, die sich auch in der Grammatik niederschlägt: „nicht länger [Verb] ich, sondern [Subjekt plus Verb] in mir".[15] Die Entitäten, die hier als im (oder sogar anstelle des) Ich(s) agierend dargestellt werden, können bei Paulus auch als Mächte bzw. Machtsphären beschrieben werden, in denen sich der Mensch befindet. Im Rückblick auf den oben geschilderten Zustand von zwanghafter Fremdbestimmtheit und Gefangenschaft in Röm 7, sagt Paulus in 8,9: „Ihr aber seid nicht im Fleisch, sondern im Geist (οὐκ ἐστὲ ἐν σαρκὶ ἀλλ᾽ ἐν πνεύματι), da ja Gottes Geist in euch wohnt." Hier redet Paulus von den existenzbestimmenden Mächten, „Fleisch" und „Geist" (bzw. „Christus"), in (ἐν) deren Einflussbereich sich der Mensch befindet. Das eine

Ethics" in the Johannine Writings, Kontexte und Normen neutestamentlicher Ethik/Contexts and Norms of New Testament Ethics III, WUNT 291, Tübingen 2012, 114-139, mit einer kritischen Diskussion des von Engberg-Pedersens Doktorandin vorgestellten, stoischen Ansatzes zur Pneumatologie des vierten Evangeliums: G. BUCH-HANSEN, „It is the Spirit that Gives Life". A Stoic Understanding of Pneuma in John's Gospel, BZNW 173, Berlin/New York 2010.

[15] Vgl. E. REINMUTH, Anthropologie im Neuen Testament, Tübingen 2006, 203; S.G. EASTMAN, Paul and the Person. Reframing Paul's Anthropology, Grand Rapids 2017, 6.

oder (ἀλλά) das andere Beziehungsgefüge ist der Ausgangspunkt menschlichen Seins und Werdens. In den folgenden zwei Abschnitten sollen diese beiden unterschiedlichen Beziehungsgefüge schlaglichtartig beleuchtet werden.

1.1. „Sein in Beziehungen." Die relationale Matrix der paulinischen Anthropologie

In seiner Verzweiflung sagt das menschliche Ich in Röm 7,17 in Bezug auf sein paradoxes Verhalten: „So tue ich das nicht mehr selbst, sondern die Sünde, die in mir wohnt (νυνὶ δὲ οὐκέτι ἐγὼ κατεργάζομαι αὐτὸ ἀλλ᾽ ἡ οἰκοῦσα ἐν ἐμοὶ ἁμαρτία)."[16] Diese Analyse macht deutlich, dass man den Apostel missverstehen würde, wenn man „Sünde" bei Paulus primär als Schuld verursachenden Fehltritt des Einzelnen verstände (so z.B. 2Kor 11,7). In Röm 7-8 tritt die Sünde vielmehr als personifizierte Macht auf (vgl. weiter 5,21; 6,12-18; 7,11; 8,2, etc.), die den Menschen versklavt.[17] Andere Motive bei Paulus legen ferner den Charakter der Sünde als Beziehungsbruch nahe. So werden Menschen als entfremdet von Gott dargestellt (Röm 1,25; vgl. Eph 4,18), deren vom Fleisch bestimmte Gesinnung „Feindschaft gegen Gott" ist (Röm 8,7), deren Taten negative Auswirkungen auf der „horizontalen" wie „vertikalen" Beziehungsebene haben („Wenn ihr aber so sündigt an den Brüdern ... so sündigt ihr an Christus", 1Kor 8,12) und die schließlich auch von der Schöpfung entfremdet (Röm 8,19-23) und grundsätzlich versöhnungsbedürftig sind (2Kor 5,18ff.).[18] Die Menschen „unter der Sünde" (ὑφ᾽ ἁμαρτίαν εἶναι, Röm 3,9) leben also in verhängnisvollen Verhältnissen und sind verstrickt in destruktiven Beziehungen.

[16] Zur Identität des Ichs in Röm 7 vgl. u.a. W.G. KÜMMEL, Römer 7 und das Bild des Menschen im Neuen Testament. Zwei Studien, TB 53, München 1974; D. WENHAM, The Christian Life - A Life of Tension? A Consideration of Christian Experience in Paul, in: D.A. HAGNER/M.J. HARRIS (Hg.), Pauline Studies, Exeter 1980, 80-94; P. STUHLMACHER, Der Brief an die Römer, NTD 6, Göttingen [2]1998, 94-107; S.K. STOWERS, Romans 7.7-25 as a Speech-in-Character (προσωποποιία), in: T. ENGBERG-PEDERSEN (Hg.), Paul in his Hellenistic Context. Studies in the New Testament and its World, Edinburgh 1994, 180-202; H. LICHTENBERGER, Das Ich Adams und das Ich der Menschheit. Studien zum Menschenbild in Römer 7, WUNT 164, Tübingen 2004; S. KRAUTER, Eva in Röm 7, ZNW 99 (2007) 1-17.

[17] Das Resultat dieser Versklavung wird von Eastman treffend mit dem Gefangensein in der endlosen Reflexion des menschlichen Spiegelbildes illustriert: „We are caught in an infinite series of mirrors in which repetition of man's error is inevitable because internalization of one's relational matrix is axiomatic" (EASTMAN, Paul, 122).

[18] In den genannten Stellen findet sich weniger eine explizite Definition von ἁμαρτία als vielmehr die Beschreibung ihrer Auswirkungen. Vgl. grundlegend zum Bedeutungsspektrum von ἁμαρτία bei Paulus G. RÖHSER, Metaphorik und Personifikation der Sünde. Antike Sündenvorstellung und paulinische Hamartia, WUNT II/25, Tübingen 1987.

Auch der sowohl in Röm 7-8 als auch in Gal 2 verwendete Begriff „Fleisch" (σάρξ) lässt bei Paulus unterschiedliche Dimensionen menschlicher Relationalität anklingen. In Gal 2,20 spricht Paulus von seinem Weiterleben im Fleisch, denn seine neue Verbindung zu Christus nimmt ihn nicht heraus aus seiner körperlichen Existenz, dem Fleisch auf seinen Knochen, der Vergänglichkeit und der Verwundbarkeit gegenüber den kosmischen Kräften und verführerischen Mächten (1,16; 2,16f.; 4,3.9.13f.; 5,24; vgl. Röm 7,18; 2Kor 10,3).[19] Zu diesen verführerischen Mächten gehört auch σάρξ als „Fleisch" in einer anderen Dimension, nämlich als einer externen Größe. In diesem Sinne ist σάρξ eine Macht, die im Kampf liegt mit dem Geist Gottes (Gal 5,17). Fleisch und Geist sind in dieser Dimension keine anthropologischen, sondern kosmologische Entitäten, die sich im endzeitlichen Kampf als Antagonisten gegenüberstehen.[20] Um diese Machtbereiche geht es auch in Röm 8,9. Die Römer sind dieser Knechtung durch die σάρξ aber nicht mehr hilflos ausgeliefert, ja sie haben den unmittelbaren sarkischen Machtbereich sogar verlassen. Sie wurden versetzt in ein neues Beziehungsgefüge, sie sind nicht mehr „im Fleisch, sondern im Geist" – eine Relation, die durch Kindschaft, die Einwohnung des Geistes der Adoption, durch Nähe zu Gott als Vater und durch Freiheit von Sklaverei und Furcht gekennzeichnet ist (8,15f.). Das „Sein im Fleisch" ist eine Sache der Vergangenheit (8,9; vgl. 8,13, wo Paulus wohl aus diesem Grund σῶμα statt σάρξ verwendet).[21] Dass sich σάρξ dennoch weiterhin Wege der Einflussnahme auf die Gemeindeglieder sucht, wird im weiteren Verlauf des Kapitels deutlich (besonders 8,12-17; vgl. u.a. Anm. 38).

Auch wenn die Bewegung von Röm 7 zu Röm 8 grundsätzlich vom einzelnen „Ich" (7,7-25) über die Ansprache im „Du" (8,2) zum gemeinschaftlichen

[19] Vgl. M.C. DE BOER, Galatians. A Commentary, NTL, Louisville 2011, 162.

[20] Vgl. A. WIKENHAUSER, Die Christusmystik des Apostels Paulus, Freiburg ^{2}1956, 59f.; R. JEWETT, Paul's Anthropological Terms. A Study of their Use in Conflict Settings, AGJU 10, Leiden 1971, 54.94; Siehe jüngst auch W.E.W. ROBINSON, Metaphor, Morality, and the Spirit in Romans 8:1-17, ECL 20, Atlanta 2016, 77-100. Zum religionsgeschichtlichen Hintergrund, vgl. u.a. J. FREY, Flesh and Spirit in the Palestinian Jewish Sapiential Tradition and in the Qumran Texts. An Inquiry into the Background of Pauline Usage, in: C. HEMPEL u.a. (Hg.), The Wisdom Texts from Qumran and the Development of Sapiential Thought, BEThL 159, Leuven 2002, 367-404; L.T. STUCKENBRUCK, The Interiorization of Dualism within the Human Being in Second Temple Judaism. The Treatise of the Two Spirits (1QS III:13-IV:26) in its Tradition-Historical Context, in: A. LANGE u.a. (Hg.), Light Against Darkness. Dualism in Ancient Mediterranean Religion and the Contemporary World, Göttingen 2011, 145-168.

[21] Zum Verhältnis von σάρξ und σῶμα bei Paulus, speziell in Röm 8,13, siehe u.a. die Diskussion in RABENS, Spirit, 210-213.

„Wir" und „Ihr" (ab 8,4) verläuft, so kann diese Bewegung dennoch nicht einzig als eine Abwendung von der einsamen Unabhängigkeit hin zur interdependenten Gemeinschaft charakterisiert werden.[22] Vielmehr beschreibt Paulus die Befreiung (Röm 8,2ff.; vgl. Gal 1,4; 4,4; etc.) heraus aus einer destruktiven Relationalität (Abhängigkeitsverhältnis von Sünde und Fleisch, etc.), hinein in ein konstruktives Beziehungsgefüge (neue Verwandtschaftsverhältnisse zu Gott und den Glaubensgeschwistern).

Wie eingangs bemerkt, sollte dieser kurze Abschnitt keine umfassende Darstellung der paulinischen Anthropologie liefern, sondern einige grundsätzliche Aspekte der relationalen Bestimmtheit des Menschen beleuchten. Wir haben mit Röm 7 begonnen, weil in diesem Text die Ausweglosigkeit der von negativen Beziehungen bestimmten Existenz besonders prägnant zum Ausdruck kommt, und die Formulierung „Ich... doch nicht ich" bis in die linguistischen Details hinein einen expliziten Kontrast zur Selbstdefinition des Jesusjüngers Paulus in Gal 2 darstellt. Unser Start mit Röm 7 könnte allerdings fälschlicherweise suggerieren, dass die paulinische Theologie exklusiv einem „Problem→Lösung" Schema folgt, d.h. eine Bewegung von einer verzweifelten Problemanalyse hin zu einer befreienden Bewältigung des Problems darstellt. In der Abfolge von Röm 7 und 8 (sowie schon der von 1,18-6,23) ist die epistulare Rhetorik in der Tat in dieser Argumentationsfolge aufgebaut. Allerdings sollte diese rhetorische Perspektive durch die autobiographische Reflexion des Apostels ergänzt werden. Denn in Phil 3,7-14 wird deutlich, dass sein persönlicher Ausgangspunkt gerade nicht eine introspektive Problemanalyse war (vgl. Gal 1,12-16; 1Kor 15,8f.; Apg 9,1-9; 22,6-16). Im Gegenteil, aus seiner Perspektive hatte er gar kein Problem. Sein Gesetzesgehorsam war sogar „tadellos" (ἄμεμπτος, 3,6)! Als Paulus Christus begegnete, erschien sein Leben jedoch auf einmal in einem anderen Licht. Das Neue lässt ihm in Hinblick auf das Alte Schuppen von den Augen fallen. Es ist die „überschwängliche Erkenntnis Christi Jesu, meines Herrn. Um seinetwillen ist mir das alles ein Schaden geworden, und ich erachte es für Dreck, auf dass ich Christus gewinne und in ihm gefunden werde" (3,8f.). Angesichts dieses existentiellen Ergriffenwerdens durch Christus und des anhaltenden Prozesses des Ergreifens von Christus (3,12) sieht alles andere anders aus als vorher (3,8-10.12-14; vgl. 1Kor 1,26-2,16). Es ist einzig dieser relationale Erkenntnishorizont, der Paulus zu der Ein-

[22] Eine solche Bewegung steht jedoch im Zentrum der stoischen Interpretation der paulinischen Soteriologie von T. Engberg-Pedersen: DERS., Paul and the Stoics, Edinburgh 2000, 33-44.

sicht gelangen lässt, dass ihm vor dieser tiefgreifenden Begegnung mit Christus etwas ‚gefehlt' hat.[23] Und zwar nicht etwa ein „reines Gewissen" o.ä., sondern es war diese Christusbeziehung selbst, die gefehlt hat. Im nächsten Abschnitt werden wir den partizipativen Charakter dieses Ereignisses und seine relationalen Konsequenzen näher beleuchten.

1.2. *„Werden in Beziehungen." Transformierte und transformierende Beziehungen in der paulinischen Theologie und Ethik*

Paulus wurde von Christus ergriffen (Phil 3,12). Deshalb kann er in Gal 2,20 sagen, dass er nun – nachdem sein altes Leben mit Christus gekreuzigt ist (2,19)[24] – durch die Treue Christi lebt (ἐν πίστει ζῶ τῇ τοῦ υἱοῦ τοῦ θεοῦ). Christus erwies diese Treue, indem er sich mit der missio dei eins machte: „Er erniedrigte sich selbst und ward gehorsam bis zum Tode, ja zum Tode am Kreuz" (Phil 2,8; vgl. Röm 5,19). Christi Mission kann als eine partizipative Assimilation an das Schicksal der Menschheit verstanden werden. Durch die Sünde, die durch Adam in die Welt kam, wurde die Menschheit versklavt (Röm 5,12; 8,3). Wie Eastman herausstellt, wird Adams Geschichte nun durch Christus wiederholt und umgedreht („he repeats, replicates, and reverses Adam's story"):

> „By ultimately taking on the likeness of Adam's sin and death and playing his part, Christ opens the way for humanity to be joined to the likeness of his own death (*symphytoi gegonamen tō homoiōmati tou thanatou autou;* Rom 6,5). There is a reciprocal mimetic participation at work

[23] Zur Frage nach der relationalen Epistemologie in der paulinischen Biographie und der argumentativen Rhetorik in den Briefen vgl. meine Diskussion mit N.T. Wright in: V. RABENS, The Faithfulness of God and its Effects on Faithful Living. A Critical Analysis of Tom Wright's Faithfulness to Paul's Ethics, in: C. HEILIG u.a. (Hg.), God and the Faithfulness of Paul. A Critical Examination of the Pauline Theology of N.T. Wright, WUNT II/413, Tübingen 2016, 555-580, 557-562. In diesem Zusammenhang wird auch die Spannung zwischen „anthropologischen" und „kosmologischen" Aspekten der menschlichen Matrix näher besprochen.

[24] Zu 2,19 erklärt Eastman treffend: „When the ‚I' is crucified with Christ, the ego is unmoored from any prior sources of identity, worth, and direction, or conversely, all sources of shame, dishonor, and despair; it is severed from the relational matrix shaped by family of origin, social context, economic status, and so forth. Henceforth all access to such sources of identity passes through union with Christ on the cross. To put this in contemporary terms drawn from philosophy of mind, a new relational system remaps the old. Or put more simply, only through the grace and judgment of the cross can there be a true knowledge of oneself and others" (EASTMAN, Paul, 174). Vgl. REINMUTH, Anthropologie, 204.242; A. MUNZINGER, Discerning the Spirits. Theological and Ethical Hermeneutics in Paul, SNTSMS 140, Cambridge 2007, 156f.168f.175-178.

here. As Robert Tannehill puts it, ‚Participation is first of all divine participation in the human plight, which makes possible human participation in God's Son.'"[25]

Durch diese mimetische Partizipation Christi, in der er das adamitische Schicksal „nachlebt", überwindet er es schließlich durch Kreuz und Auferstehung (Röm 5,12-21; Gal 3,10.13f.). So wird die Partizipation an Christus im Geist möglich. Christusnachfolger*innen werden somit Teil der „neuen Schöpfung" (Gal 6,15; 3,28; 2Kor 5,17). Sie befinden sich im Heilsraum Gottes seitdem Christus für sie starb und sie der Welt gestorben sind (2,19f.; 6,14) und den Geist des Sohnes Gottes und damit die Adoption als Kinder empfangen haben (3,2; 4,4-7; Röm 8,14-17).[26] Sie sind aus der Beziehung der Knechtschaft befreit worden und in die familiäre Beziehung zu Gott als Kinder adoptiert.

In Phil 3,12 sagt Paulus aber nicht nur, dass er von Christus ergriffen wurde, sondern dass er Christus ergreift – wobei dieses Ergreifen noch nicht vollkommen vollendet ist. Diese doppelte Bewegungsrichtung kommt auch im paulinischen Konzept von πίστις (Glaube, Vertrauen, Treue) zum Ausdruck. Die oben verwendete Leseart von πίστις τοῦ υἱοῦ τοῦ θεοῦ (Gal 2,20) im Sinne eines subjektiven Genitivs als Treue Christi betont die Vorrangigkeit des Erlösungshandelns Christi. Er nimmt das menschliche Schicksal an, so dass Menschen im Sinne einer reziproken Mimesis sein Schicksal in Tod und Auferstehung annehmen können (vgl. Röm 6,3-11). Dieses Ergreifen ist das Vertrauen auf Christi Tat. In Gal 2,16 kommen beide Dimensionen zum Ausdruck: „Denn weil wir wissen, dass der Mensch durch Werke des Gesetzes nicht gerecht wird, sondern nur durch den Glauben/die Treue Jesu Christi (διὰ πίστεως Ἰησοῦ Χριστου), haben auch wir Christus Jesus vertraut (καὶ ἡμεῖς εἰς Χριστὸν Ἰησοῦν ἐπιστεύσαμεν), damit wir gerecht werden durch den Glauben/die Treue Christi und nicht durch Werke des Gesetzes (δικαιωθῶμεν ἐκ πίστεως Χριστοῦ καὶ οὐκ ἐξ ἔργων νόμου)." Egal ob man der Leseart von διὰ/ἐκ πίστεως Χριστοῦ in 16b und 16d als „durch die Treue Christi"[27] folgt oder nicht – in 16c wird auf jeden Fall

[25] EASTMAN, Paul, 139f. mit Zitat aus R.C. TANNEHILL, Participation in Christ. A Central Theme in Pauline Soteriology, in: DERS., The Shape of the Gospel, Eugene 2007, 223-237, 229. Siehe dazu bereits M.D. HOOKER, Interchange in Christ, JTS 32 (1971) 349-361. Vgl. zur Diskussion V. RABENS, Reframing Paul's Anthropology in the Light of the Dichotomies of Pauline Research, JSNT 40 (2018) im Druck.

[26] Vgl. die Zusammenfassungen von H.-D. WENDLAND, Vom Leben und Handeln der Christen. Eine Betrachtung zu Römer 6, Stuttgart 1972, 35f.; K. BACKHAUS, Evangelium als Lebensraum. Christologie und Ethik bei Paulus, in: U. SCHNELLE/T. SÖDING (Hg.), Paulinische Christologie. Exegetische Beiträge, FS H. Hübner, Göttingen 2000, 9-31, 15.

[27] Vgl. die Diskussion in J.L. MARTYN, Galatians. A New Translation with Introduction and Commentary, AB 33A, New York 1997, 246-253.263-277; DE BOER, Galatians, 141-156.

deutlich, dass es des menschlichen Ergreifens bzw. Vertrauens auf das Heilshandeln Christi bedarf (vgl. Röm 1,16; 4,3-24; 10,9).

Πίστις ist demnach bei Paulus ein Beziehungsbegriff. Hans-Joachim Eckstein sondiert die verschiedenen Dimensionen des paulinischen Glaubensverständnisses folgendermaßen:

> „Indem das Moment des ‚Vertrauens', des ‚Sich-Anvertrauens' und des ‚Sich-Verlassens' auf ein Gegenüber in den Vordergrund tritt, erweist sich das Wort ‚Glaube' als ein *Beziehungsbegriff* – ein Begriff also, der nicht nur die Überzeugung eines Einzelnen für sich, sondern das Verhältnis einer Person zu einer anderen beschreibt. So wie der Begriff der ‚Liebe' eine *personale Relation* voraussetzt, so wird hier mit ‚Glaube' nicht nur die individuelle Haltung, Überzeugung und Zustimmung bezeichnet, sondern das ‚Sich-Verhalten' und ‚Sich-bestimmen-Lassen' hinsichtlich eines personalen Gegenübers."[28]

Diese Analyse wurde kürzlich durch eine umfangreiche Studie zu πίστις und fides in der griechisch-römischen Literatur sowie im Neuen Testament untermauert. Im Rückblick auf dieses Forschungsprojekt schreibt Teresa Morgan:

> „Pistis and fides are fundamentally relational concepts and practices, centring on trust, trustworthiness, faithfulness, and good faith ... Following the weight of usage, we approached pistis in the New Testament first as a relationship (or nexus of relationships) which shapes a community (or communities) in various ways in different writings."[29]

Auch das paulinische Konzept der Versöhnung (καταλλαγή) ist von einer ähnlichen Relationalität geprägt, wie wir sie bei πίστις beobachten können. „Versöhnung" ist ein zentrales Motiv der paulinischen Theologie, das verschiedene Aspekte seiner Soteriologie in sich zu vereinen weiß.[30] In 2Kor 5,19 erklärt Paulus, dass die notwendige Versöhnung zwischen Gott und Mensch bereits stattgefunden hat: „Gott war in Christus und versöhnte die Welt mit sich selber und rechnete ihnen ihre Sünden nicht zu". Versöhnung wird so als göttliche Initiative mit universeller Auswirkung dargestellt: „Wenn einer für alle gestorben ist, dann sind alle gestorben" (2Kor 5,14). Auch wenn die Versöhnung zwischen Gott und Mensch damit als vollendeter Akt beschrieben wird, so fordert Paulus die Korinther dennoch kurz darauf im Auftrag Gottes

[28] H.-J. ECKSTEIN, Das Wesen des christlichen Glaubens. Nachdenken über das Glaubensverständnis bei Paulus, in: H.-J. ECKSTEIN (Hg.), Der aus Glauben Gerechte wird leben. Beiträge zur Theologie des Neuen Testaments, Münster 2007, 3-18, 13. Vgl. die Analyse von Ecksteins relationalem Glaubensverständnis in: MEYER ZU HÖRSTE-BÜHRER, Gott und Menschen, 59-68.

[29] T. MORGAN, Roman Faith and Christian Faith. Pistis and Fides in the Early Roman Empire and Early Churches, Oxford 2015, 503; vgl. aaO., 212-330 zu Paulus und der Paulusschule. Vgl. M.W. BATES, Salvation by Allegiance Alone. Rethinking Faith, Works, and the Gospel of Jesus the King, Grand Rapids 2017.

[30] Vgl. hierzu und zum Folgenden V. RABENS, „Schon jetzt" und „noch mehr". Gegenwart und Zukunft des Heils bei Paulus und in seinen Gemeinden, JBTh 28 (2013) 103-128, 106-119.

auf: „Lasst euch versöhnen mit Gott!" (5,20). Die Aussage, dass der ganze Kosmos mit Gott versöhnt ist, wird somit um eine nahezu ‚bilaterale' Dimension ergänzt. Der Grundstein für die Versöhnung ist gelegt – sie ist nach 5,19 sogar bereits geschehen. Gleichwohl scheint die Aufforderung in 5,20 nahezulegen, dass die Hörer der Versöhnungsbotschaft diese Versöhnung an sich geschehen lassen sollen (und sich auf dem Hintergrund des Konflikts zwischen Paulus und den Korinthern auch mit dem Apostel aussöhnen sollen; siehe z.B. 6,1-13).[31] Das oben besprochene paulinische Motiv aus Phil 3,20 vom Ergriffenwerden und Ergreifen kommt hier als deutliche Parallele in Betracht.

In unserer kurzen Analyse von Gal 2,16.20 und Phil 3,7-14 sowie der Diskussion von πίστις (Glaube, Vertrauen, Treue) und Versöhnung (καταλλαγή) haben wir gesehen, wie das göttliche Heilshandeln die relationale Matrix des Menschen transformiert. Im weiteren Verlauf dieses Abschnittes werden wir diesen Blick durch die Ergänzung wichtiger Facetten der relationalen Theologie des Apostels verschärfen. Dabei wird u.a. anhand des Motivs der Adoption deutlich, dass bei Paulus die transformierten Beziehungen des Menschen auch transformierende Beziehungen sind. In anderen Worten, der Mensch wird durch die Qualität der neuen, innigen Beziehungen in seinem Werden positiv beeinflusst („transformiert", „empowered"[32]).

Das paulinische Motiv der Adoption als Gottes Kinder (υἱοθεσία) bringt sowohl einen veränderten Beziehungsstatus als auch eine neue Beziehungsdynamik zum Ausdruck, die die Adoptierten in ihrem Sein und Handeln bestimmt.[33] Paulus macht klar, dass die Adoption vom Geist gewirkt wird, denn in Röm 8,14-16 nennt er ihn den „Geist der Adoption als Söhne" (πνεῦμα υἱοθεσίας). Die Christen in Rom sind also Menschen, die durch den Geist des

[31] Anders jedoch J. ADAM, Paulus und die Versöhnung aller. Eine Studie zum paulinischen Heilsuniversalismus, Neukirchen-Vluyn 2009, 118-222, der anstelle des appellativen den performativen Charakter von 5,20 („[...] denn Gott ermahnt durch uns; so bitten wir nun an Christi Statt: Lasst euch versöhnen mit Gott!") ins Zentrum stellt. Siehe die Diskussion in V. RABENS, Inclusion of and Demarcation from „Outsiders". Mission and Ethics in Paul's Second Letter to the Corinthians, in: J. KOK u.a. (Hg.), Sensitivity towards Outsiders. Exploring the Dynamic Relationship between Mission and Ethics in the New Testament and Early Christianity, WUNT II/364, Tübingen 2014, 290-323, 290-294.317-319.

[32] Zu diesen Begriffen s.u. Anm. 67.

[33] Zur Zentralität des paulinischen Adoptionsmotivs vgl. u.a. T.J. BURKE, Adopted into God's Family. Exploring a Pauline Metaphor, NSBT 22, Downers Grove 2006; RABENS, Spirit, 215-236. Die Wichtigkeit dieses relationalen Konzeptes wurde kürzlich in zwei neuen Studien weiter herausgearbeitet, die sich dem Motiv v.a. aus metaphorologischer Perspektive nähern: ROBINSON, Metaphor; E.M. HEIM, Adoption in Galatians and Romans. Contemporary Metaphor Theories and the Pauline *Huiothesia* Metaphors, BIS 153, Leiden 2017.

Sohnes (8,9) und der Sohnschaft (8,15) aus dem Zustand der Knechtschaft und Angst in die Familie Gottes aufgenommen wurden (in 8,16 wird von „Kindern Gottes" gesprochen – Frauen sind hier also explizit einbezogen). Damit hat der Geist der Kindschaft aber nicht nur eine initiierende („Adoption") und eine zukünftige („Verherrlichung" und „Offenbarwerdung", 8,17ff.) Funktion, sondern er belebt auch die Gegenwart der Christen. Denn die neue Identität als Kinder Gottes ist zwar einerseits eine kognitive Größe, andererseits wird sie jedoch auch von der kontinuierlichen Erfahrung des geistgewirkten „Schreiens" (κράζομεν; vgl. Gal 4,6, wo es der Geist selbst ist, der „ruft") „Abba, lieber Vater" geprägt. „So bezeugt der Geist selber unserem Geist, dass wir Kinder Gottes sind" (8,16). Diese geistgewirkten Erfahrungen schließen auch Emotionen mit ein.[34] Dies wird zum einen anhand des Wortes „rufen/schreien" deutlich. Zum anderen drückt Paulus durch den Gegensatz zur Sklaverei und Angst in 8,15 (und positiv in 5,5; vgl. Eph 3,14-19) aus, dass es sich bei den hier beschriebenen Beziehungserfahrungen um Liebe und Intimität handelt.

Diese Interpretation von Röm 8,14-16 und Gal 4,5-7 wird sowohl durch neuere Studien zum emotionalen Gehalt der paulinischen Adoptionsmetaphern[35] als auch durch eine traditionsgeschichtliche Analyse zur Verwendung der Vater-Kind(er)-Beziehung als Metapher für die Gottesbeziehung bekräftigt. Bereits in der hebräischen Bibel und in der frühjüdischen Literatur wird Gott als Vater (oder Mutter; vgl. Jes 49,15f.; 66,13) mit den Eigenschaften der Liebe und Fürsorge charakterisiert. Drei Beispiele stehen hier für eine Fülle von Belegen[36]: In Hos 11,1.3f. wird JHWHs Einstellung zu Israel wie folgt beschrieben: „Als Israel jung war, hatte ich ihn lieb und rief ihn, meinen Sohn, aus Ägypten… Ich lehrte Ephraim gehen und nahm ihn auf meine Arme… Ich ließ sie… in Seilen der Liebe gehen…" Der Beter in Qumran preist Gott: „Ja, du bist ein Vater für alle [Söhne] deiner Wahrheit und freust dich über sie wie eine Mutter über ihr Kind, und wie ein Pfleger versorgst du auf dem Schoß alle deine Ges[ch]öpfe"

[34] Burke, Adopted 145 eröffnet an dieser Stelle leider eine falsche Antithese, wenn er schreibt, es ginge hier mehr um eine Beziehung als um eine Erfahrung. Beziehungen und Gemeinschaft involvieren jedoch immer Gefühle (und damit auch Erfahrungen) – positive wie negative. Grundsätzlich zur Rolle von Erfahrungen in der paulinischen Theologie und Ethik siehe die Diskussionen in V. Rabens, Begeisternde Spiritualität. Geisterfahrungen im Leben der paulinischen Gemeinden, GlLern 26 (2011) 133-147 und ders., Faithfulness, 563-573. Siehe auch Anm. 107.

[35] Heim, Adoption, 188-199.237-250; M. Wreford, Diagnosing Religious Experience in Romans 8, TynBul 68 (2017) 203-222.

[36] Siehe u.a. Dtn 1,31; 7,7f.; Ps 27,10; 68,6; Jer 31,9; 1QH[a] 17,35f.; Philo sobr. 55ff. S.u. Anm. 113f.

(1QHa 17.35f.). Auch das Gebet in Joseph und Aseneth 12,8.15 bringt eine innige Beziehung zwischen Gott und Mensch zum Ausdruck: „Denn wie ein kleines Kind, das sich fürchtet, zu seinem Vater flieht und der Vater seine Hände ausstreckt, es von der Erde aufhebt und es in die Arme, an seine Brust nimmt, und das Kind seine Hände um den Nacken seines Vaters schließt... so strecke auch du, Herr, deine Hände zu mir aus und hebe mich von der Erde auf... [15] Welcher Vater ist so freundlich wie Du, Herr, und wer ist so schnell im Erbarmen wie Du, Herr..."

Darüber hinaus kann Paulus in Röm 8,12-17 auf eine frühjüdische Tradition aus Ez 36,26-28, Jub 1,23-25, TestJud 24,2f., etc. zurückgreifen, die nahelegt, dass Gott Menschen durch das beziehungsstiftende Wirken des Geistes verändert und zu ethischem Handeln befähigt.[37] In dieser Tradition begründet Paulus den impliziten Imperativ in 8,13, die „Taten des Leibes" (πράξεις τοῦ σώματος) durch den Geist zu töten[38], damit, dass der Geist die Römer leitet (8,14), sie von Furcht befreit und zum „Abba"-Ruf befähigt (8,15) und ihnen die Gotteskindschaft bezeugt. Paulus verwendet dazu jeweils am Anfang von Vers 14 und 15 die Konjunktion „denn" (γάρ). „Geist" (πνεύματι) kann in Vers 13 von Paulus daher instrumental verwendet werden (zur Bekämpfung von Versuchungen etc.; vgl. Gal 5,16-25), denn der Indikativ des Geisteshandelns

[37] Zu dieser Tradition siehe RABENS, Spirit, 146-170; DERS., Geistes-Geschichte. Die Rede vom Geist im Horizont der griechisch-römischen und jüdisch-hellenistischen Literatur, ZNT 25 (2010) 46-55, 50-53.

[38] Es ist davon auszugehen, dass für Paulus das Töten auch „Kampf" impliziert (gegen G.D. FEE, God's Empowering Presence. The Holy Spirit in the Letters of Paul, Peabody 1994, 537f. 538.820-822.880 u.ö.). Allerdings ist dieser Kampf nicht der, der in Röm 7,5-24 beschrieben wird, sondern der, den Paulus in Gal 5,16-18 darlegt. Anders als das „Ich" in Röm 7 sind die Christen in Gal 5 nicht dazu verdammt, zu sündigen, auch wenn dies in der Tat die Intention des Fleisches im Kampf gegen den Geist ist. Wäre dies die Situation der Galater, wenn sie auf den Geist vertrauten, so würde die paulinische Argumentation gegen seine judenchristlichen Gegner zusammenbrechen. Paulus hat große Sorge, dass die Galater, die das neue Leben im Geist angefangen haben, dies nun im Fleisch vollenden wollen (3,3). In 5,16-18 ermahnt der Apostel seine Gemeinde daher, im Geist weiterzumachen; denn wenn sie im Geist leben, werden sie den Begierden des Fleisches nicht nachgeben (ἐπιθυμίαν σαρκὸς οὐ μὴ τελέσητε, 5,16). Vgl. J.M.G. BARCLAY, Obeying the Truth. A Study of Paul's Ethics in Galatians, SNTW, Edinburgh 1988, 112-115.218.

Zur eschatologischen Spannung im Rahmen der neuen Relationen siehe RABENS, „Schon jetzt", 103-128. Emmanuel Rehfeld spricht in diesem Zusammenhang von der „Karsamstagsexistenz" der Christen (E.L. REHFELD, Relationale Ontologie bei Paulus. Die ontische Wirksamkeit der Christusbezogenheit im Denken des Heidenapostels, WUNT II/326, Tübingen 2012, 348-350.364-366). Zur Relationalität zwischen den Zeitaltern vgl. demnächst auch S.-M. SCHÄFER, Gegenwart in Relation. Eine Studie zur präsentischen Eschatologie bei Paulus ausgehend von Römer 5-8, WMANT 152, Göttingen 2018.

(8,14-16) ermöglicht und erfordert ein solches ethisches Handeln der Christen. Die Qualität dieser geistgewirkten Erfahrung von Liebe und Gemeinschaft ist somit sowohl Ermächtigung als auch Maßstab für das Leben als Kinder Gottes.[39]

Zahlreiche weitere Texte könnten an dieser Stelle diskutiert werden, in denen die Dynamik transformierter und transformierender Beziehungen die paulinische Theologie und Ethik prägen (auch in den sog. Deuteropaulinen, wie z.B. Eph 3,14-4,3; 5,1f.). Im Hinblick auf die Gottesbeziehung soll hier nur noch ein weiterer zentraler Text kurz genannt werden, der ergänzende Einsichten in den Modus der relationalen Transformation gewährt. Am Ende der Darstellung seines apostolischen Wirkens, das er auf einer Schablone des mosaischen Dienstes als geistbelebten Dienst des neuen Bundes konturiert, schreibt Paulus begeistert: „Wir alle aber schauen mit aufgedecktem Angesicht die Herrlichkeit des Herrn an und werden so verwandelt in dasselbe Bild von Herrlichkeit zu Herrlichkeit, wie es vom Herrn, dem Geist, geschieht" (2Kor 3,18). Das Wirken des Geistes wird hier zunächst als ein Aufdecken des Angesichtes derer, die sich zum Herrn gewandt haben (3,16), beschrieben. Wie eine detaillierte Analyse zeigen konnte, impliziert das Aufdecken des Angesichtes ein kognitives Ereignis (Einsicht in das Evangelium bzw. die Geschichte und Person Jesu Christi; vgl. 4,4) sowie eine relationale Unmittelbarkeit zum geschauten Objekt, das in diesem Fall personal ist: die Herrlichkeit des Herrn (τὴν δόξαν κυρίου). Das daraus resultierende Schauen Gottes im Angesicht Christi (vgl. 4,6) kann treffend mit der antiken Konzeption der Transformation durch Kontemplation gefasst werden (κατοπτριζόμενοι τὴν αὐτὴν εἰκόνα μεταμορφούμεθα ἀπὸ δόξης εἰς δόξαν). In der innigen, mimetischen Beziehung zur Gottheit werden die Gläubigen gemeinsam in das Bild Christi geformt (vgl. Röm 8,29; Gal 4,19; Kol 3,10) – ein Prozess, der treffend mit dem Konzept der „transformierenden Beziehungen" erläutert werden kann.[40]

[39] Zur Auslegung von Röm 8 und weiteren Texten, die diese These unterstützen, siehe ausführlich RABENS, Spirit, 171-174.203-242. Zum Verhältnis von göttlichem und menschlichem Handeln in der paulinischen Theologie vgl. DERS., „Indicative and Imperative" as the Substructure of Paul's Theology-and-Ethics in Galatians? A Discussion of Divine and Human Agency in Paul, in: M.W. ELLIOTT u.a. (Hg.), Galatians and Christian Theology. Justification, the Gospel, and Ethics in Paul's Letter, Grand Rapids 2014, 285-305.

[40] Vgl. dazu die ausführliche Exegese in: RABENS, Spirit, 174-203. Darüber hinaus siehe auch J.M.F. HEATH, Paul's Visual Piety. The Metamorphosis of the Beholder, Oxford 2013; V. RABENS, *Pneuma* and the Beholding of God. Reading Paul in the Context of Philonic Mystical Traditions, in: J. FREY/J.R. LEVISON (Hg.), The Holy Spirit, Inspiration, and the Cultures of Antiquity. Multidisciplinary Perspectives, Ekstasis 5, Berlin/New York 2014, 293-329.

Im Rahmen unserer Untersuchung der relationalen Matrix der paulinischen Anthropologie (1.1.) haben wir gesehen, dass sich das Beziehungsnetz des Menschen durch den Eingriff Gottes nicht nur in Bezug auf die Mächte ändert (von „im Fleisch" zu „im Geist", etc.), sondern den Menschen (ἐγώ: Röm 7,7-25) in eine familiäre Gemeinschaft der Gläubigen stellt („wir" und „ihr": ab 8,4; Kinder: 8,14ff.; „Miterben Christi": 8,17). Diese „horizontale" bzw. „soziologische" Dimension transformierter Beziehungen soll uns im verbleibenden Teil dieses Abschnitts beschäftigen. Es geht um die Frage, ob es sich auch bei den transformierten zwischenmenschlichen Beziehungen um „transformierende Beziehungen" handelt, die das Anders-Werden des Einzelnen konstruktiv beeinflussen. Bevor wir uns dieser Frage aus der Perspektive des Corpus Paulinum zuwenden, soll ein kurzer Blick auf (neuro-)psychologische und soziologische Forschungsergebnisse zeigen, dass das transformative Potential von Beziehungen, das wir anhand unserer Analyse der paulinischen Briefe über die transformierte Gott-Mensch-Beziehung herausgearbeitet haben, grundsätzlich dem Charakter und den charakteristischen „Auswirkungen" von menschlichen Beziehungen in mehrfacher Hinsicht entspricht. Der Verhaltensforscher Robert Hinde erklärt beispielsweise zusammenfassend, dass es klar ist, dass „what we are is determined at least in part by the relationships we have had. Early family relationships have special importance here, but relationships all through life continue not only to affect us in the short term but also influence our subsequent behaviour and relationships."[41] Insbesondere sind unsere Selbstdefinitionen, unsere Sicht der Wirklichkeit, unsere Einstellungen und unsere Persönlichkeit kontinuierlich von unseren Interaktionen und unseren Beziehungen mit anderen beeinflusst.[42] Neben dieser grundsätzlichen Feststellung der Transformationskraft von Beziehungen gibt es zahlreiche Studien, die

[41] R.A. HINDE, Towards Understanding Relationships, EMSP 18, London 1979, 4.14.273. Vgl. L. STECHER, Die Wirkung sozialer Beziehungen. Empirische Ergebnisse zur Bedeutung sozialen Kapitals für die Entwicklung von Kindern und Jugendlichen, München 2001, 249f.; P.R. SHAVER/M. MIKULINCER, Attachment Theory, Individual Psychodynamics, and Relationship Functioning, in: A.L. VANGELISTI/D. PERLMAN (Hg.), The Cambridge Handbook of Personal Relationships, Cambridge 2006, 251-271; B.R. SARASON/I.G. SARASON, Close Relationships and Social Support. Implications for the Measurement of Social Support, in: A.L. VANGELISTI/D. PERLMAN (Hg.), The Cambridge Handbook of Personal Relationships, Cambridge 2006, 429-443, 435-440.

[42] HINDE, Understanding Relationships, 326.

die positiven Auswirkungen von Beziehungen auf die Persönlichkeitsentwicklung und die persönliche Befähigung („empowering") belegen.[43] Interessanterweise schließt dies nicht nur mentale und emotionale Energie sondern auch die Resistenz gegenüber Stress und Krankheit ein.[44] Das folgende Zitat von Daniel Williams fasst diese Perspektive auf die lebensverändernde Kraft der Erfahrung von Liebe und Gemeinschaft treffend zusammen:

„The discovery that we are loved does have a causally efficacious power which creates through that experience the transformation of the self. This is one of the most important themes in the psychoanalytic doctrine of love... The attitudes and responses which the self finds in others are powerful factors in moving the self. Being loved creates a new person. We can make the general statement that interpersonal relations constitute a field of force in which action in any part of the field alters the structure of the field and all the elements within it."[45]

Auch in der biblischen Literatur spielen Beziehungen und ihre Transformationskraft eine prominente Rolle.[46] In dieser Tradition steht auch Paulus. Zum Beispiel finden wir in Phil 2,1 eine Aufzählung von Kraftquellen im Leben der

[43] So z.B. W.W. HARTUP, Relationships and their Significance in Cognitive Development, in: A.-N. PERRET-CLERMONT u.a. (Hg.), Social Relationships and Cognitive Development, Oxford 1985, 66-82, 66.75-80; K. DAVIS/M. TODD, Assessing Friendship. Prototypes, Paradigm Cases and Relationship Description, in: S. DUCK/D. PERLMAN (Hg.), Understanding Personal Relationships. An Interdisciplinary Approach, London 1985, 17-37; V. VON WEIZSÄCKER, Der Gestaltkreis. Theorie der Einheit von Wahrnehmen und Bewegen, Stuttgart [5]1986, 187, diskutiert in S. EMONDTS, Menschwerden in Beziehung. Eine religionsphilosophische Untersuchung der medizinischen Anthropologie Viktor von Weizsäckers, Problemata 131, Stuttgart 1993, 401-404; C.R. ROGERS, On Becoming a Person. A Therapist's View of Psychotherapy, Boston 1961, 35-40; J. BOWLBY, A Secure Base. Parent-Child Attachment and Healthy Human Development, New York 1988, 119-136; K.J. PRAGER, The Psychology of Intimacy, GSPR, London 1995, 293; H. LAFOLLETTE, Personal Relationships. Love, Identity, and Morality, Oxford 1996, 89-90.197-199.207-209; D. SATTLER, Beziehungsdenken in der Erlösungslehre. Bedeutung und Grenzen, Freiburg 1997, 173.199-254; D. CRAMER, Close Relationships. The Study of Love and Friendship, London 1998, 49-52.

[44] Vgl. u.a. R. BUCK, Emotional Communication in Personal Relationships. A Developmental-Interactionist View, in: C. HENDRICK (Hg.), Close Relationships, RPSP 10, London 1989, 144-163, 157.161; EMONDTS, Menschwerden, 406.421-423; SATTLER, Beziehungsdenken, 195f.

[45] D.D. WILLIAMS, The Spirit and the Forms of Love, LCT, Digswell Place 1968, 120. Vgl. T.E. WARTENBERG, The Forms of Power. From Domination to Transformation, Philadelphia 1990, 211; M. VOLF, After Our Likeness. The Church as the Image of the Trinity, Grand Rapids 1998, 182-186.

[46] Vgl. die detaillierte Darstellung der Zentralität von „Beziehungen" in der Bibel in: BOSCHKI, Beziehung, 225-260. Siehe auch RABENS, Spirit, 133-137; zu Paulus: vgl. aaO., 135-138. Zu den Grundzügen relationaler Anthropologie in der Hebräischen Bibel und im frühen Judentum vgl. u.a. B. JANOWSKI, Anerkennung und Gegenseitigkeit. Zum konstellativen Personbegriff des Alten Testaments, in: B. JANOWSKI/K. LIESS (Hg.), Der Mensch im alten Israel. Neue Forschungen zur alttestamentlichen Anthropologie, Freiburg 2009, 181-211 und T.L. PUTTHOFF, Ontological Aspects of Early Jewish Anthropology. The Malleable Self and the Presence of God, BRLA 53, Leiden 2016.

Gemeinde: Ermunterung in Christus, Trost der Liebe, Gemeinschaft des Geistes und herzliche Liebe und Barmherzigkeit. „Liebe baut auf" (1Kor 8,1) – das ist die Erfahrung derer, die von Gott geliebt werden und diese Liebe weitergeben (8,3; vgl. 2Kor 1,3-5; 1Thess 3,12f.).

> „Christ creates a reciprocally mimetic relational bond that strengthens the agency of human beings so that they may then become fellow-imitators (*symmimētai*) of Christ, together with Paul and each other (Phil 3,17)."[47]

Auch im Angesicht von Verfolgung erfährt sich die Gemeinde als gestärkt von der Liebe Christi, von der sie niemand trennen kann (Röm 8,35.39). Die Gemeinde kann diese Widrigkeiten überwinden durch den, der sie geliebt hat (8,37; vgl. Phil 4,13).

Bei Paulus haben zwischenmenschliche Beziehungen transformatives Potential. Die verändernde Kraft der Liebe wirkt also nicht nur auf „vertikaler" sondern auch auf „horizontaler" Ebene. Paulus baut auf diese Energie, wenn er beispielsweise den Römern schreibt, dass er sich danach sehnt, sie persönlich zu treffen, „damit ich euch etwas mitteile an geistlicher Gabe, um euch zu stärken, das heißt, damit ich zusammen mit euch ermutigt werde durch euren und meinen Glauben, den wir miteinander haben" (Röm 1,11f.; vgl. 2Kor 2,2ff.; 3,2f.; Phlm 20; Eph 4,1ff.).[48] Die Auferbauung („empowerment"), die das Resultat einer solchen interaktiven Reziprozität ist, tritt an vielen Stellen im Corpus Paulinum zum Vorschein. Ein kurzer, exemplarischer Blick auf 1Kor zeigt, dass Geistesgaben (χαρίσματα, πνευματικοί) eine relationale Schnittstelle zwischen den „vertikalen" und „horizontalen" Dimensionen dieser Beziehungsdynamiken darstellen. Paulus beschreibt die Erfahrung, dass wenn Geistesgaben in einer gemeinschaftsförderlichen Weise ausgeübt werden, dies (auch) von gemeindefernen Gottesdienstbesuchern als ein Zeichen der Gegenwart Gottes interpretiert wird („Gott ist wahrhaftig unter euch", 1Kor 14,24f.). Das durch die Ausübung der Geistesgaben entstehende Miteinander in der Gemeinde bewirkt nach Paulus, dass jedes Glied der Gemeinschaft „auferbaut" (συμφέρω), d.h. gestärkt und zu weiterem religiös-ethischen Leben befähigt wird (12,7; vgl. die Parallele in 10,23f.).[49] Wie bereits erwähnt, prägen geistgewirkte Beziehungen das religiös-ethische Leben nicht nur in Bezug auf dessen

[47] EASTMAN, Paul, 145.

[48] Vgl. EASTMAN, Paul, 140: „God's action in and through Christ has established Paul and his auditors in a bond of love. Through that bond God ‚energizes' both the willing and the working of God's will (*theos gar estin ho energōn en hymin kai to thelein kai to energein*; 2:12-13)."

[49] Zur Rolle von Mimesis in diesem Kontext siehe V. RABENS, 1 Thessalonians, in: T.J. BURKE/K. WARRINGTON (Hg.), A Biblical Theology of the Holy Spirit, London 2014, 198-212,

Befähigung, sondern auch in Bezug auf „Form und Inhalt" (Ethos). Hinsichtlich der Ausübung geistlicher Gaben in der Gemeinde in Korinth wird dies in 1Kor 14,28-31 deutlich. Paulus gibt hier zu verstehen, dass eine positive Erfahrung geistlicher Gemeinschaft nur dann möglich ist, wenn die Geistesgaben in Liebe und Rücksichtnahme auf die Glaubensgeschwister zum Einsatz kommen (vgl. 1Kor 13, wo die Liebe in das Zentrum der Ausführungen zu Geist und Geistbegabung gestellt wird). Richtig praktizierte Prophetie und Glossolalie fördern so die Sensibilität und das Gemeinschaftsbewußtsein, denn sie erfordern das Hören aufeinander (14,26-33).

1.3. Systematische Reflexionen zur Relationalität im Corpus Paulinum

Die vorangegangene Analyse zum menschlichen „Sein" und „Werden" in der paulinischen Anthropologie, Theologie und Ethik hat gezeigt, dass Paulus den Menschen als von Beziehungen bestimmt begreift. Durch Christus und den Empfang des Geistes wird der Mensch aus der Verstrickung in negativen Beziehungen zu Sünde und Fleisch befreit und in die familiäre Gemeinschaft der Gläubigen stellt – mit Gott als Vater und der Einwohnung des Geistes des Sohnes bzw. der Sohnschaft werden sie zu Miterben Christi (Röm 8,9-17). Die Qualität dieser geistgewirkten Erfahrung von Liebe und Gemeinschaft ist sowohl ‚Empowerment' als auch Maßstab für das Leben als Kinder Gottes. Die daraus resultierende Veränderung des Menschen lässt sich als partizipative, *relational-ontologische Transformation* begreifen.[50]

Wie in der Einleitung zu diesem Kapitel angedeutet wurde, bedeutet ‚relationale Transformation' – also die Transformation durch (konstruktive) Beziehungen –, dass der Mensch in seinem Sein verändert wird. Das von mir vorgeschlagene Modell bildet also bezüglich des Resultats der Transformation keinen absoluten Kontrast zu einem substanz-ontologischen Modell, wenn dieses ebenfalls besagt, dass der Mensch in seinem Sein transformiert wird. Die Benennung des Modells als ‚relational' bzw. die Bezeichnung des Vorgangs der

200f.; H. RAVASZ, Aspekte der Seelsorge in den paulinischen Gemeinden. Eine exegetische Untersuchung anhand des 1. Thessalonicherbriefes, WUNT II/443, Tübingen 2017, 64-85. Vgl. allgemeiner zu den relationalen Dimensionen der paulinischen Mission V. RABENS, Paul's Mission Strategy in the Urban Landscape of the First-Century Roman Empire, in: S. WALTON u.a. (Hg.), The Urban World and the First Christians, Grand Rapids 2017, 99-122, 99f.114f.120f.

[50] Vgl. zum Folgenden die Einleitung zu diesem Kapitel und RABENS, Spirit, 123-145. Das Konzept der relationalen Ontologie als Interpretament der paulinischen Theologie wurde zwischenzeitlich auch von Rehfeld aufgegriffen und in einem eigenen Kapitel im vorliegenden Band entfaltet (vgl. REHFELD, Ontologie).

Veränderung als ‚relational-ontologische Transformation' definiert vielmehr den *Modus* der Transformation. Das von mir kritisierte und als „Infusion-Transformation" bezeichnete Modell hingegen fokussiert die Veränderung auf einen materiellen Vorgang. Dabei wird der göttliche Geist als eine Substanz verstanden (vergleichbar mit einer Flüssigkeit), die dem Glaubenden sakramental inkorporiert wird und so die neue Substanz seiner Existenz wird. Damit ist eine „naturhafte Grundlage des neuen Seins gegeben, die ein Verhalten im Einklang mit dem Geist erwarten läßt".[51] Engberg-Pedersen versteht die pneumatische Transformation als den Transfer „einer konkreten, physikalistischen Himmelskraft,... die den Gläubigen bei der Taufe einverleibt wird, die ihre Körper beeinflusst und ihr Leben hier auf Erden lenkt, nicht zuletzt dadurch, dass diese sie durch die eine ‚Energie', die in ihnen allen aktiv ist, in *einen* Körper verwandelt und schließlich ihre einzelnen Körper transformiert und in den Himmel befördert."[52]

Das auf einem materiellen Transfer basierende Modell der Transformation kann mit dem folgenden Diagramm illustriert werden:

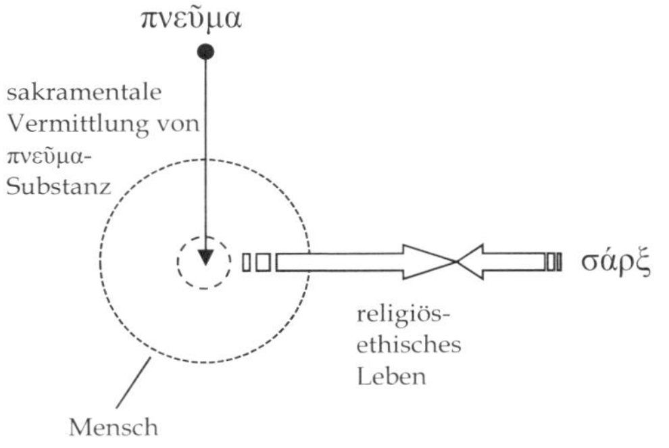

Diagramm 1: Das statische „Infusion-Transformation" Model

Ein Manko dieses Ansatzes ist zum einen die Vernachlässigung der relationalen Matrix des Menschen, die wir oben entfaltet haben. Darüber hinaus hat

[51] HORN, Angeld, 175.388.

[52] T. ENGBERG-PEDERSEN, A Stoic Understanding of *Pneuma* in Paul, in: T. ENGBERG-PEDERSEN/H. TRONIER (Hg.), Philosophy at the Roots of Christianity, Working Papers 2, Copenhagen 2006, 101-123, 121. Vgl. DERS., The Material Spirit. Cosmology and Ethics in Paul, NTS 55 (2009) 179-197, 186f.; DERS., Complete and Incomplete Transformation in Paul – A Philosophic Reading of Paul on Body and Spirit, in: T.K. SEIM/J. ØKLAND (Hg.), Metamorphoses. Resurrection, Body and Transformative Practices in Early Christianity, Ekstasis 1, Berlin/New York 2009, 123-146.

eine ausführliche Analyse gezeigt, dass Paulus – an dieser Stelle im Gegensatz zum Hellenismus, aber im Einklang mit dem Großteil der frühjüdischen Autoren[53] – nicht nach der Substanz des Geistes fragt bzw. die Ontologie des *pneuma* nicht diskutiert. Allerdings ist es möglich, dass Paulus dennoch mit einem materiellen *pneuma*-Konzept operiert. Schließlich gibt es im Corpus Paulinum mehrere Texte, in denen es keine Anhaltspunkte gibt, warum er dem Geist religiös-ethische Wirkungen zuschreibt. Beispielsweise sagt er in 1Kor 6,11, dass die Gläubigen „durch den Namen des Herrn Jesus Christus und durch den Geist unseres Gottes" gereinigt und geheiligt worden sind. Es ist nicht schwer, eine solche Aussage auf dem Hintergrund einer weiterentwickelten stoischen Pneumatologie zu erklären.[54] Das physische *pneuma* würde die Konstitution der menschlichen, ebenfalls physischen Seele verändern und sie so zu religiös-ethischem Leben befähigen. Allerdings ist es methodisch angemessener, Texte, die die Transformation nur konstatieren aber keinen weiteren Einblick in den Modus des Geistwirkens geben, auf dem Hintergrund solcher paulinischen Texte zu interpretieren, die deutliche Anhaltspunkte zum Verständnis dieses Wirkens vermitteln.

Das in diesem Aufsatz dargestellte relationale Modell der paulinischen Theologie basiert auf einer ganzen Bandbreite entsprechend eindeutigerer Texte, die verschiedene Aspekte zu einem vielschichtigen Konzept relationaler Transformation beitragen (zu denen auch das beziehungsstiftende Geistwirken gehört[55]). Dabei geht es keinesfalls darum, die physische Seite der paulinischen Anthropologie und Theologie oder gar das Wirkungsspektrum des Heils bis in die leibliche Dimension hinein (inklusive der Einwohnung des Geistes im menschlichen Körper)[56] zu verneinen. Der Transformationsmodus des hier vertretenen Ansatzes hat seinen Fokus jedoch nicht in der physischen Dimension des Heils, auch wenn diese explizit dazu gehört.[57] Der Fokus des relatio-

[53] Vgl. RABENS, Spirit, 23-120.

[54] Zur stoischen Pneumatologie vgl. u.a. T. TIELEMANN, The Spirit of Stoicism, in: J. FREY/J.R. LEVISON (Hg.), The Holy Spirit, Inspiration, and the Cultures of Antiquity. Multidisciplinary Perspectives, Ekstasis 5, Berlin/New York 2014, 39-62.

[55] Anders jedoch U. SCHNELLE, Paulus. Leben und Denken, Berlin/New York ²2014, 532, der der Meinung ist, dass Paulus die Art und Weise des Geistwirkens nicht beschreibt.

[56] Vgl. RABENS, Spirit, 82-86.

[57] Vgl. EASTMAN, Paul, 169: „Just as participation in ‚the flesh' happens through the body, so also the body mediates and signifies what it means to belong to Christ. Paul explicitly contrasts the bodily mark of circumcision in the flesh ([Gal] 6:12-13) with the bodily brand marks (*stigmata*) of Jesus (6:17). In a nutshell, Paul anticipates in [Galatians] 6:17 what he will later say in 2 Corinthians 4:10-11: … ‚the life of Jesus may be manifested in our mortal flesh.' Paul's self-

nalen Ansatzes liegt vielmehr auf den geistgewirkten, konstruktiven *Beziehungen* zu *Gott, Christus und den Glaubensgeschwistern*, aus denen das neue Sein und Werden des Menschen resultiert. Die in dieser Thesenformulierung vorgenommenen kursiven Markierungen sowohl von den *Beziehungen* als auch von den *personalen Entitäten*, zu denen diese neuen Beziehungen bestehen, sollen verdeutlichen, dass beide „Faktoren" nicht auseinanderdividiert werden können.[58] Vielmehr wird der Charakter der transformierenden Beziehungen gerade durch die Beziehungspartner bestimmt – und zwar insbesondere durch die göttliche Seite dieser Beziehung.[59]

Das zugrundeliegende Konzept von „Beziehung" soll daher in einem kurzen Exkurs in Form eines Zitats näher erläutert werden:

„Fundamentally, a relationship is about ‚the state of being related; a condition or character based upon this' (OED2, XIII, 551). However, a definition that is based on empirical observations of human relationships provides further insight. According to Hinde, a ‚relationship implies first some sort of intermittent interaction between two people, involving interchanges over an extended period of time. [...] In addition, ‚relationship'... carries the... implication that there is some degree of continuity between the successive interactions.'[60] Human relationships are thus based on contact and communication, and as both vary in intensity and in character they give shape to the relationship.[61] In this study we will frequently refer to *close* or *intimate relationships*. We adopt the definition of Laurenceau and Kleinman who describe *intimacy* as ‚a

depiction assumes a thoroughly second-person understanding of the body as connecting believers to Christ."

[58] Diese Interdependenz kann deutlich anhand von 2Kor 3,18 gezeigt werden: „This verse... provides an answer to a tantalizing question that might be addressed to our relational model of the Spirit's work in Paul's ethics: Is it the *Spirit* that transforms and empowers, or is it the *relationships*, or is it those (i.e. *Ἀββα, Χριστός, ἀδελφοί*) with whom believers are brought into relation? The solution is that for Paul, these aspects cannot be set against one another. It is the *Spirit* (καθάπερ ἀπὸ κυρίου πνεύματος), the *relationships* (expressed by intimacy that is created by the unveiling of faces, as well as the beholding) and the one that ‚we all' are being related to (i.e. τὴν δόξαν *κυρίου*) who effect the transformation (μεταμορφούμεθα)" (RABENS, Spirit, 143). Zur Dynamik von Relationen und Relata in relationalen Ontologien vgl. die Diskussionen in J.J. SCHAAF, Beziehung und Beziehungsloses (Absolutes), in: D. HEINRICH/H. WAGNER (Hg.), Subjektivität und Metaphysik. FS W. Cramer, Frankfurt 1966, 277-289; P. SCHULTHESS, Relation I. History, in: H. BURKHARDT/B. SMITH (Hg.), Handbook of Metaphysics and Ontology, Analytica, Bd. 2, München 1991, 776-779, 778; T.L.S. SPRIGGE, Relation III. Internal Relations, in: H. BURKHARDT/B. SMITH (Hg.), Handbook, 782; H.A. HARRIS, Should We Say that Personhood is Relational?, SJT 51 (1998) 214-234, 224-226.234; MEYER ZU HÖRSTE-BÜHRER, Gott und Menschen, 74-77; KÜNKLER, Relationalität, 67-69.

[59] Vgl. Anm. 39.

[60] HINDE, Understanding Relationships, 14.

[61] Cf art. Beziehung, in: G. WENNINGER (Hg.), Lexikon der Psychologie, Bd. 1, Heidelberg 2000, 225. ‚Relation' may be differentiated from ‚relationship' in that the former is broader and does not primarily concern human relationships but also that of objects, data, ideas and events (and additionally holds other meanings like ‚narration').

personal, subjective... sense of connectedness that is the outcome of an interpersonal, transactional process consisting of self-disclosure and... responsiveness'.[62] It is further characterized by a ,warm, close and communicative exchange with others – an interpersonal interaction perceived as an end in itself rather than a means to another end'.[63] Accordingly, *close* or *loving relationships* are exemplified by intimacy, care, sensitivity, and mutual support.[64],Relationship' is not a Pauline word. However, there are sufficient grounds for employing this term for our focal theory because, as we will demonstrate ..., the notion of relationships, particularly that of fictive family relationships, is evidently present both in Paul and in his context."[65]

Das auf relationalen Dynamiken basierende Modell der Transformation kann mit dem folgenden Diagramm illustriert werden:

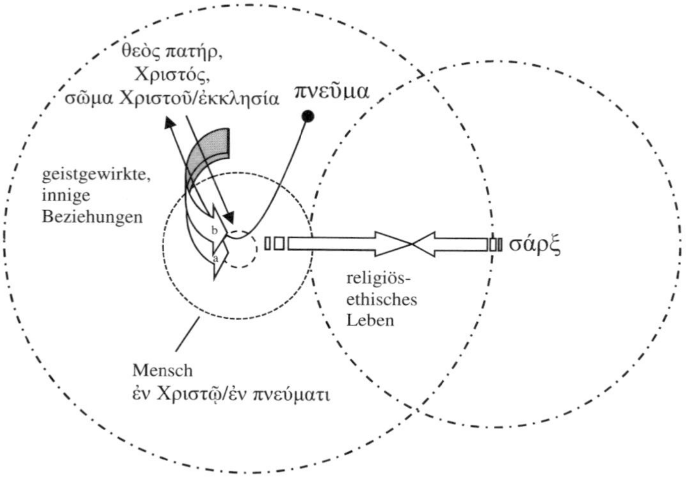

Diagramm 2: Das relationale Model: dynamische ,Transformation' (a) und ,Empowering' (b)

In Diagramm 2 wird der Mensch in einem Beziehungsfeld dargestellt – nach dem Transfer vom Leben „im Fleisch" zum Leben „im Geist",[66] einem Akt der

[62] J.-P. LAURENCEAU/B.M. KLEINMAN, Intimacy in Personal Relationships, in: A.L. VANGELISTI/D. PERLMAN (Hg.), The Cambridge Handbook of Personal Relationships, Cambridge 2006, 637-653, 638.

[63] D.P. MCADAMS, Motivation and Friendship, in: S. DUCK/D. PERLMAN (Hg.), Understanding Personal Relationships. An Interdisciplinary Approach, London 1985, 85-105, 87. Vgl. H.T. REIS/P. SHAVER, Intimacy as an Interpersonal Process, in: S.W. DUCK (Hg.), Handbook of Personal Relationships. Theory, Research and Interventions, Chichester 1988, 367-389, 367f. For further differentiations, see PRAGER, Psychology, 18-27.

[64] LAFOLLETTE, Relationships, 18.

[65] RABENS, Spirit, 124f. mit Verweis auf S.134-138.

[66] Das Pendant zu diesem Transfer in die göttliche Machtsphäre sind die paulinischen Texte zur Einwohnung Christi bzw. des Geistes in den Gläubigen. Vgl. dazu Anm. 56. Zur relationa-

Befreiung, der als ein Marker des Beginns der relationalen Transformation verstanden werden kann (weitere Motive dieses Beziehungsgeschehens sind „Versöhnung", „Adoption", etc., wie wir im ersten Abschnitt gesehen haben). Der große Pfeil „a" zeigt die Dynamik bzw. die Transformationskräfte an, die aus den geistgewirkten, innigen Beziehungen der Gläubigen zu Gott als Vater, Christus und dem Leib Christi (der Gemeinde) entstehen. Der Pfeil „a" (dynamische „Transformation") zielt auf das Personzentrum. Der Begriff „Transformation" wird in diesem Diagramm für die Texte verwendet, in denen Paulus μεταμορφόω benutzt (2Kor 3,18; vgl. Röm 12,2). Der große Pfeil „b" markiert den gleichen Prozess, nur veranschaulicht er solche Wirkungen der neuen, konstruktiven Beziehungen, die Paulus nicht explizit als „Transformation" kennzeichnet. Das Resultat dieser Beziehungsdynamik kann mit dem Terminus „Stärkung" („Empowering") beschrieben werden.[67]

len Dimension der paulinischen Christologie, auf die wir in dieser kurzen Studie nicht eingehen konnten, vgl. M. FATEHI, The Spirit's Relation to the Risen Lord in Paul. An Examination of Its Christological Implications, WUNT II/128, Tübingen 2000 und besonders C. TILLING, Paul's Divine Christology, WUNT II/323, Tübingen 2012.

[67] In diesem Aufsatz wird die Bezeichnung „Transformation" weitgehend zur Bezeichnung beider Aspekte verwendet, bzw. es wird nicht streng nach der paulinischen Verwendung der Begriffe getrennt, wie ich dies in meiner Monographie getan habe; vgl. RABENS, Spirit, 124-126: „The Greek verb μεταμορφόω means ‚to change in form' or ‚to change inwardly in fundamental character or condition' (BDAG, s.v., §2). In the same way as the English equivalent (‚transformation'), it thus leaves open the precise nature of the change (e.g. how ‚substantial' or complete it is, whether it refers to ‚inward' or ‚outward' change, etc.). This is also true for the way in which Paul employs μεταμορφόω in his letters. The fact that he uses the present passive and the formulation ἀπὸ δόξης εἰς δόξαν in 2 Corinthians 3:18, and the present imperative passive in Romans 12:2, suggests, for one thing, that the change is not yet complete. ‚Transformation' can be distinguished from ‚empowering' in so far as ‚empowering' has a more functional and temporary aspect, whereas ‚transformation' has a more lasting effect on the person. Nevertheless, one should use adjectives like ‚substance-ontological' (*substanzhaft* or *naturhaft*) with care precisely because Paul does not specify the exact nature of the transformation... The English ‚to empower' means ‚to impart or bestow power to an end or for a purpose; to enable' (*OED*^{2}, V, 192). It is equivalent to the Pauline terms for ‚strengthening': κραταιόω (1 Cor. 16:13; cf. Eph 3:16: ‚that you may be strengthened in your inner being with power through his Spirit'); στηρίζω (Rom. 1:11: ‚that I may share with you some spiritual gift to strengthen you'; 16:25; 1 Thess. 3:2, 13; cf. 2 Thess. 2:17; 3:3); οἰκοδομέω (1 Cor. 8:1; 14:4: ‚those who prophesy build up the church' [cf. 14:3, 26]; 1 Thess. 5:11; etc.); ἐνδυναμόω (Phil. 4:13; Rom. 4:20; cf. Eph 6:10; 1 Tim. 1:12; 2 Tim. 2:1; 4:17); βεβαιόω (1 Cor. 1:8; 2 Cor. 1:21; etc.); etc. ‚Empowering' includes the aspect of ‚receiving motivation' for moral life. However, its stereotypical meaning is broader in that it refers to the reception of power and enabling for a particular task in a more encompassing way. While there is some overlap with the idea of ‚transformation', we nonetheless do not use ‚empowering' where Paul appears to employ concepts which are better captured by ‚transformation' (as, e.g., in 2 Cor. 3:18 where a lasting change in character seems to be in view and Paul uses μεταμορφόω)."

Udo Schnelle meldet Bedenken an dem von mir vertretenen Konzept der relationalen Transformation an. „Nicht hinreichend ist die von V. Rabens vorgeschlagene Kategorie der ‚Relation', denn in ihr kommt die Effektivität des Geist-Wirkens nicht wirklich zum Ausdruck (DERS., The Holy Spirit and Ethics, 21: ‚Our model is relational in that it suggests that it is primarily through deeper knowledge of, and an intimate relationship with, God, Jesus Christ and with the community of faith that people are transformed and empowered by the Spirit for religious-ethical life.')."[68] Zunächst ist dazu grundsätzlich anzumerken, dass mein „relationales Modell" nicht deshalb relational ist, weil es sich um die „Relation zum Geist" drehen würde.[69] Ich spreche nicht von Relationen,[70] und in meiner These geht es nicht um „Beziehungen" im neutralen, abstrakten Sinne. Vielmehr steht die Frage im Zentrum, wie die Qualität bestimmter Beziehungen Menschen beeinflusst und verändert. Daher ist die Rede von innigen, partizipativen Beziehungen („intimate relationships"),[71] die vom Charakter der wirkmächtigen Identitäten (u.a. Versklavung durch die Sünde versus Adoption in die Familie Gottes) definiert werden. „Relational" beschreibt den Modus, nicht die Intensität des Resultats. Das Resultat des relationalen Geistwirkens hingegen wird durch die Termini (relational-ontologische) „Transformation" und „Empowering" zum Ausdruck gebracht.[72]

In eine ähnliche Richtung geht auch die Kritik in Schnelles kürzlich veröffentlichtem Aufsatz, in dem er sich u.a. vom Verständnis der paulinischen Soteriologie als einer Theosis des Christen im Sinne einer „Spirit-enabled transformative participation in the life and character of God revealed in the crucified and resurrected Messiah Jesus" distanziert.[73] In diesem Zusammenhang kritisiert er die Qualifizierungen der Transformation durch die Begriffe „infusion-

[68] SCHNELLE, Paulus, 532 Anm. 26.

[69] Vgl. die Differenzierungen in RABENS, Spirit, 144f.

[70] Vgl. Anm. 61.

[71] Vgl. die Definition im Exkurs oben. Siehe auch REHFELD, Ontologie, 45, 351, der den von Deissmann eingeführten Terminus „Christus-Innigkeit" präferiert.

[72] Vgl. die Einleitung und Anm. 67. Es handelt sich bei diesem Ansatz also nicht um eine Entmythologisierung der effektiven Wirksamkeit der Christusrelation.

[73] U. SCHNELLE, Ethik und Kosmologie bei Paulus, in: R. ZIMMERMANN/S. JOUBERT (Hg.), Biblical Ethics and Application. Purview, Validity, and Relevance of Biblical Texts in Ethical Discourse, Kontexte und Normen neutestamentlicher Ethik/Contexts and Norms of New Testament Ethics IX, WUNT 384, Tübingen 2017, 207-229, 223f. mit Referenz zu M.J. GORMAN, Becoming the Gospel. Paul, Participation, and Mission, Grand Rapids 2015, 4 sowie V. RABENS, The Holy Spirit and Deification in Paul. A „Western" Perspective, in: P. DRAGUTINOVIC u.a. (Hg.), The Holy Spirit and the Church according to the New Testament. Sixth International East-West Symposium of New Testament Scholars, Belgrade, August 25 to 31, 2013, WUNT 354, Tübingen 2016, 187-220.

transformation" und „relational" sowie die Verwendung „ontologischer Kategorien, die sich bei Paulus nicht finden."[74] Anstelle dessen präferiert Schnelle Begriffe, die allerdings sehr ähnlich gelagert zu sein scheinen: er redet von „effektiver Transformation" und „der wesenhaft neuen Existenz".[75] Beide Formulierungen beschreiben die Transformation im Hinblick auf ihr Resultat, und in dieser Hinsicht kommen wir zu sehr ähnlichen Ergebnissen.[76] Wie erwähnt, werden von mir die Termini „Infusion-Transformation" und „relational" benutzt, um den Modus der Transformation näher zu beschreiben. „Infusion-Transformation" bezeichnet dabei ein (oben problematisiertes) forschungsgeschichtliches Konstrukt,[77] das Schnelle übrigens selber inhaltlich kritisiert.[78] Während die stoffliche „Infusion-Transformation" von ihren Vertretern tendenziell als ein emischer Ansatz zur paulinischen Theologie auf dem Hintergrund der Stoa verstanden wird, ist das Konzept der „relationalen Transformation" eine etische Kategorie, die dem Verständnis der Dynamiken dienen soll, die das Sein und Werden des Menschen im Corpus Paulinum bestimmen.[79]

2. Relationale Theologie im Corpus Johanneum

Auch im Corpus Johanneum ist der Mensch in seinem Sein und Werden von relationalen Dynamiken bestimmt. Der Aspekt des „Werdens in Beziehungen"

[74] SCHNELLE, Ethik, 224.

[75] SCHNELLE, Ethik, 229.

[76] Vgl. SCHNELLE, Ethik, 207-229 z.B. mit RABENS, „Schon jetzt", 103-128. Hilfreich ist Schnelles Unterscheidung von drei Aspekten der Transformation: „Nicht nur ein neues Seinsverständnis, das neue Sein selbst hat im umfassenden Sinn bereits begonnen. Deshalb kann von einer dreifachen effektiven Transformation gesprochen werden: 1) einer kosmologischen, einer 2) individuellen und einer 3) sozialen Transformation (vgl. Gal 3,26-28), an der die Glaubenden und die Gemeinden partizipieren" (229). Wie sich in unserem Aufsatz gezeigt hat, sind diese drei Aspekte miteinander verwoben. Die individuelle Transformation ist zu einem großen Teil die Folge der kosmologischen Transformation. Sie steht außerdem in einem Wechselverhältnis mit der sozialen Transformation (vgl. zu dieser Interdependenz V. RABENS, Die verändernde Kraft des Geistes. Paulinische Perspektiven zur Gesellschaftstransformation, in: T. FAIX/T. KÜNKLER (Hg.), Die verändernde Kraft des Evangeliums, Transformationsstudien 4, Marburg 2012, 122-145, 122-124.140f.). Hinzu kommen weitere paulinische Aussagen zur individuellen Transformation, die im Rahmen des vorliegenden Aufsatzes nicht diskutiert werden konnten (z.B. Röm 2,29; 12,2; 2Kor 3,3; 4,16; 5,17).

[77] Zur detaillierten Definition und forschungsgeschichtlichen Verortung vgl. RABENS, Spirit, 2-20.

[78] SCHNELLE, Ethik, 224f.227.

[79] Vgl. den obigen Exkurs zu „Beziehung".

wird den Schwerpunkt unserer folgenden Analysen zum Johannesevangelium bilden, die durch einen Blick auf zentrale Texte aus den Johannesbriefen (v.a. 1Joh) ergänzt werden. Wir beginnen jedoch mit der Sichtung einiger Konturen des „Seins in Beziehungen" im Corpus Johanneum.[80]

2.1. „Sein in Beziehungen." Die relationale Matrix der johanneischen Anthropologie

Die relationale Bestimmung des Menschen wird im Johannesevangelium vor allem durch seine Zugehörigkeit zu bestimmten Entitäten angezeigt. Der Mensch gehört zu der Welt (8,23), die durch ihr Verharren in Dunkelheit und Blindheit gekennzeichnet ist (1,9f.; 3,19; 8,43ff.; 9,39ff.; 12,40; 1Joh 2,11). Der Mensch ist „Fleisch". „Fleisch" bildet einen Kontrapunkt zum göttlichen Geist (3,6), aber es wird nicht als kosmische Macht vorgestellt (wie teilweise bei Paulus), sondern als irdisch-menschlicher Bereich, der durch seine Begrenztheit charakterisiert ist (6,63).[81] In genau dieses Fleisch kommt Christus als Licht der Welt (1,4.14; 9,5). Er ist „von oben", die Menschheit hingegen „von unten" (8,23). Doch müssen sich die Menschen nicht von unten nach oben aufschwingen, sondern in der Begegnung mit Christus können ihnen die Augen geöffnet werden, so dass sie das Licht des Lebens erhalten (8,12; 9,32.39; 12,46; 14,19). Wie Christina Urban treffend beobachtet, ist eine „solche Inbeziehungsetzung… nur durch die dem Menschen wesenhaft eigene *Beziehungshaftigkeit* überhaupt möglich. Diese Beziehungsfindung zu Jesus kann nur aufgrund der menschlichen Wesensart der Beziehungshaftigkeit durch die geistgewirkte Erkenntnis bzw. worthafte Selbsterschließung des Sohnes überhaupt erlangt werden."[82] In seiner relationalen Veranlagung ist der Mensch also auf die gött-

[80] Ansätze eines relationalen Zugangs zum Johannesevangelium gibt es in der Forschung seit geraumer Zeit, selten basieren sie jedoch auf einer umfassenden Analyse. Vgl. zuletzt R.L. BRAWLEY, Jesus as the Middle Term for Relationships with God in the Fourth Gospel, in: R. ZIMMERMANN/S. JOUBERT (Hg.), Biblical Ethics and Application. Purview, Validity, and Relevance of Biblical Texts in Ethical Discourse, Kontexte und Normen neutestamentlicher Ethik/Contexts and Norms of New Testament Ethics IX, WUNT 384, Tübingen 2017, 121-137 und den Überblick zum Corpus Johanneum in B.E. REYNOLDS, The Anthropology of John and the Johannine Epistles. A Relational Anthropology, in: J. MASTON/B.E. REYNOLDS (Hg.), Anthropology and New Testament Theology, LNTS 529, London 2018, 121-139.

[81] In seiner Begrenztheit ist der Mensch jedoch verführbar durch den Teufel, den „Fürst der Welt", der aber bereits gerichtet ist (8,44f.; 12,31; 13,2.27; 16,11).

[82] C. URBAN, Das Menschenbild nach dem Johannesevangelium. Grundlagen johanneischer Anthropologie, WUNT II/137, Tübingen 2001, 447. Urban sieht die wesensmäßige Bezie-

liche Beziehungsinitiative angewiesen. Theißen nennt dies die „heterodynamische Tendenz" des johanneischen Menschenbildes: Der Mensch wird von außen bestimmt.[83] „Es kann niemand zu mir kommen, es sei denn, ihn ziehe der Vater, der mich gesandt hat" (6,44; vgl. 6,65; 18,37; etc.).

Das Motiv der Befreiung aus Sklaverei spielt bei Johannes in diesem Zusammenhang eine Rolle (wenn auch nicht so prominent wie bei Paulus): „Wer Sünde tut, der ist der Sünde Knecht (δοῦλός). ... Wenn euch nun der Sohn frei macht, so seid ihr wirklich frei" (8,34.36). Ohne dieses befreiende und erkenntnisstiftende Wirken Christi kann es nicht zur Christuserkenntnis und damit auch nicht zur Sündenerkenntnis kommen. Ähnlich wie in der autobiographischen Reflexion des Paulus (Phil 3,7-14) konstatiert der johanneische Jesus eine Bewegung von der Lösung zum Problem: „Wenn ich nicht gekommen wäre und hätte es ihnen nicht gesagt, so hätten sie keine Sünde" (15,22, vgl. 24). Sünde ist also die Verfehlung einer Beziehung, bzw. das Fehlen der Jesus-Beziehung.[84] Sie ist definiert als „Nichtglauben an Jesus" (16,9; vgl. 3,16-19).

Ähnlich wie bei Paulus ist πίστις für Johannes ein Beziehungsbegriff, der Glaube und Vertrauen (weniger jedoch Treue) bedeutet.[85] Anders als bei Paulus, wo der Prozess des Zum-Glauben-Kommens seltener thematisiert wird (vgl. jedoch Röm 10,17; 1Kor 2,4f.; Gal 3,2.5), spielt dieses Geschehen im johanneischen Narrativ eine große Rolle.[86] Glaube ist dabei ein relationaler Erkenntnishorizont, der sich in der Begegnung mit Christus durch den Geist konstituiert (14,26; 15,26; 16,13) und der propositionale bzw. inhaltliche (z.B. 16,27: „weil ihr... glaubt, dass [πεπιστεύκατε ὅτι] ich von Gott ausgegangen bin") wie

hungshaftigkeit des Menschen im Johannesevangelium besonders durch dessen Sprachhaftigkeit begründet. Entsprechend klassifiziert sie den johanneischen Gebrauch der Verben *glauben, hören, sehen, erkennen, finden, suchen, lieben, sprechen, wissen* und *bleiben* als die *relationale Terminologie* des 4. Evangeliums. „Denn diese Termini beschreiben je die Beziehungsfindung und/oder Beziehungskonstituierung der Menschen zu Jesus in den entsprechenden dialogischen Situationen ebenso wie in narrativen Einschüben in allen Quellenschichten des Evangeliums"; aaO., 450.

[83] G. THEIßEN, Erleben und Verhalten der ersten Christen. Eine Psychologie des Urchristentums, Gütersloh 2007, 74.

[84] Vgl. URBAN, Menschenbild, 449f.: „Sünde wird im Joh nicht als Machtbereich dargestellt (gegen Hasitschka), so daß hier durch die anthropologische Bestimmung der Sünde als Verfehlung einer Beziehung zugleich eine Annäherung an die Sünde als peccatum actuale, aber auch eine unüberwindbare Distanz zur Sünde, verstanden als peccatum originale, vorliegt."

[85] Vgl. MORGAN, Faith, 395-443 zu πίστις als Beziehungsgeschehen im Corpus Johanneum.

[86] Vgl. z.B. die narrative Heterogenität der konträren ‚Glaubens' Prozesse von Nikodemus und der Frau am Brunnen, die durch die Verwendung der Dunkelheit/Nacht–Licht/Tag-Metaphorik literarisch zusätzlich verstärkt wird (Joh 3-4). Siehe auch die Absichtserklärung des Evangelisten in 20,31.

partizipative Elemente (z.B. 2,11: „seine Jünger glaubten an ihn [ἐπίστευσαν εἰς αὐτὸν]“) umfassen kann. Anderson erklärt in Bezug auf Letzteres:

„To believe *in* (using the preposition *eis*, or ‚into‘) Jesus is to participate in Jesus believingly (3,18; 6,29, 40; 9,35-36; 11,25, 48; 12,36-37.; 14,1; 16,9; 17,20). It is like diving into a pool, or becoming immersed in God's saving/revealing initiative, and it is associated with ‚abiding‘ and ‚remaining‘ themes. To believe in Jesus involves a relationship of intimacy and knowledge, and for John, ‚knowing‘ is akin to the Hebrew understanding (*yada*) of intimate acquaintance. It begins with openness and continues with responsiveness. Ultimately, believing in Jesus leads to partnership with his redemptive mission, as one witnesses to that which one has witnessed and received.“[87]

Im Glauben nehmen Menschen die Einladung Jesu an und empfangen den Geist (7,37-39; 14,17f.), der sie lebendig und zu Kindern Gottes macht (1,12f.; 3,3-8; 6,63). Dieses (ewige) Leben ist die Erkenntnis Gottes und seines gesandten Sohnes (Joh 17,3; vgl. 1Joh 5,20). Die Jesusnachfolger gehören nun zu Christus und nicht mehr zur Welt, werden aber wie dieser in die Welt in göttlicher Mission gesandt (17,16-18). Sie sind vereint in Christus und sollen es auch untereinander sein (17,21ff.; vgl. 1Joh 1,3.7: Gemeinschaft mit dem Vater und dem Sohn und untereinander). Das Resultat dieser neuen Beziehungen kann als relational-ontologische Transformation begriffen werden, denn die „Geburt von oben“ macht den Menschen zum Kind Gottes (1,12f.; 3,3-8) und eröffnet eine Konstellation neuer Beziehungsdynamiken (zu Vater und Sohn, Paraklet und Glaubensgemeinschaft), wie wir im nächsten Abschnitt sehen werden. Urban spricht in diesem Zusammenhang von einer neuen Beziehungskonstituierung, denn

„mit der menschlichen Chance einer Beziehungskonstituierung zum Vater und zum Sohn geht die ebenso wesenhaft im Menschen angelegte Möglichkeit seiner *Neukonstituierung*, seiner Veränderbarkeit einher. ... Diese *Veränderbarkeit* der Menschen, die durch die geistgewirkte Erkenntnis, durch den Grunddualismus Verstehen und Nichtverstehen und so durch eine Inbeziehungsetzung zum Vater und zum Sohn geschieht, ... wird anthropologisch mit dem Terminus der *Gotteskindschaft* umschrieben. Der Begriff der Gotteskindschaft stellt den tiefsten Ausdruck der Beziehungskonstituierung im Joh dar. Denn ebenso wie der Mensch durch die Gotteskindschaft neu konstituiert wird, ist mit der Gabe der Gotteskindschaft die angemessene Sohnes- und Gottesbeziehung erreicht.“[88]

Im folgenden Abschnitt werden wir uns näher mit den durch diese Veränderungen initiierten Prozessen beschäftigen. Welches transformative Potential bergen die transformierten Beziehungen?

[87] P.N. ANDERSON, Navigating the Living Waters of the Gospel of John. On Wading With Children, and Swimming with Elephants, Pendle Hill Pamphlet 352, Wallingford 2000, 19. Vgl. J.G. VAN DER WATT, An Introduction to the Johannine Gospel and Letters, T&T Clark Approaches to Biblical Studies, London/New York 2007, 58f.

[88] URBAN, Menschenbild, 447f.

2.2. „Werden in Beziehungen." Transformierte und transformierende Beziehungen in der johanneischen Theologie und Ethik

Ein zentraler Text, dem die Bedeutung eines Dreh- und Angelpunktes der Relationalität der johanneischen Theologie und Ethik zukommt, ist Joh 13,34.[89] Hier werden sowohl Inhalt als auch Modus und Ermöglichung des johanneischen Ethos beschrieben: *„Ein neues Gebot gebe ich euch, dass ihr euch untereinander liebt. Wie/Weil ich euch geliebt habe, (so) sollt auch ihr einander lieben"* (Ἐντολὴν καινὴν δίδωμι ὑμῖν, ἵνα ἀγαπᾶτε ἀλλήλους, καθὼς ἠγάπησα ὑμᾶς ἵνα καὶ ὑμεῖς ἀγαπᾶτε ἀλλήλους, 13,34). In diesem Text wird deutlich, dass die gegenseitige Liebe der Jünger jene Liebe fortsetzt, mit der Jesus sie geliebt hat. Jesu Liebe ist sowohl Vorbild als auch die befähigende Kraft ihrer Liebe. Dieser zweite Aspekt des Verses, der καθὼς ἠγάπησα ὑμᾶς nicht nur als Komparativ, sondern auch als Kausativ versteht,[90] wurde in der Forschungsgeschichte häufig übersehen. Entsprechend wurde die Nachahmung Jesu (Mimesis) ausschließlich als ein ethischer Imperativ verstanden. Allerdings hatte bereits Bultmann die Wichtigkeit dieses Aspektes von 13,34 entdeckt. Bultmann erklärt, dass die unübertroffene, von Gott gegebene Liebe eine neue Zukunft eröffnet, in welcher die Jünger die Geschwister auf neue Weise lieben können und sollen. Die Erfahrung der Liebe Jesu ist Voraussetzung, Verwirklichungsmöglichkeit und Antrieb für die auf dieser Erfahrung beruhende Liebe und die damit neu gestiftete Relationalität.[91] „Mimesis" wird dementsprechend in diesem Aufsatz als

[89] Zum Folgenden vgl. die ausführlichere Erörterung in RABENS, Johannine Perspectives, 114-139. Zum Verhältnis des Liebesgebots zum Rest der johanneischen Ethik, die nicht auf dieses reduziert werden darf und das dementsprechend in unserer Diskussion pars pro toto für die johanneische Ethik in ihren diversen Aspekten steht, siehe besonders aaO., 114f.

[90] In 15,9 findet sich eine ähnliche Aussage, die sich aber auf den vergleichenden Aspekt beschränkt: „Wie mich mein Vater liebt, so liebe ich euch auch. Bleibt in meiner Liebe!" (καθὼς ἠγάπησέν με ὁ πατήρ, κἀγὼ ὑμᾶς ἠγάπησα). In 13,34 folgt auf καθώς ein ἵνα, das die Folge der Liebe Jesu anzeigt (καθὼς ἠγάπησα ὑμᾶς ἵνα καὶ ὑμεῖς ἀγαπᾶτε ἀλλήλους).

[91] R. BULTMANN, Das Evangelium des Johannes, KEK 2, Göttingen [20]1985, 403f. Bultmanns Auslegung wurde von mehreren Exeget*innen bestätigt; vgl. u.a. V.P. FURNISH, The Love Command in the New Testament, Nashville 1972, 138f.; R. SCHNACKENBURG, Das Johannesevangelium, HTKNT 4, Bd. 3: Kommentar zu Kap. 13-21, Freiburg 1977, 60; F.F. SEGOVIA, Love Relationships in the Johannine Tradition. Agapē/Agapan in I John and the Fourth Gospel, SBLDS 58, Chico 1982, 123; R.F. COLLINS, A New Commandment I Give to You, that You Love One Another ...' (John 13:34), in: R.F. COLLINS, These Things Have Been Written. Studies on the Fourth Gospel, LThPM 2, Louvain 1990, 217-256, 248; A. DETTWILER, Umstrittene Ethik. Überlegungen zu Joh 15,1-17, in: M. ROSE (Hg.), Johannes-Studien. Interdisziplinäre Zugänge zum Johannes-Evangelium, Zürich 1991, 175-189, 186; E.E. POPKES, Die Theologie der Liebe Gottes in den johanneischen Schriften. Zur Semantik der Liebe und zum Motivkreis des Dualismus,

mehrdimensional verstanden, weil sie neben dem „inhaltlichen" (Leben nach dem Vorbild Jesu) auch einen „befähigenden" Aspekt hat (persönliche Transformation durch die Erfahrung der vorbildlichen Liebe Jesu).[92]

Wie ist die von Bultmann angesprochene Erfahrungsdimension dieser Liebe näher zu fassen? Um uns dieser Frage zu nähern, wenden wir uns zunächst den exegetischen Ergebnissen Jan van der Watts zu, der die zentrale Bedeutung der Liebe für die johanneische Theologie und Ethik hilfreich erläutert. Van der Watt argumentiert, dass bei Johannes

> „the basis of love is not emotion but relationships that are expressed in actions. Love exists in activity. When God loves, he *gives* his Son (3,16), . . . When Jesus loves intensely he *washes* feet and *gives* his life for his friends (13,1ff.; 15,9ff.), when believers love they follow the example of Jesus of serving and caring, even if it means shifting their own interests aside in order to serve God and one another (13,12-20; 12,24-26)."[93]

Zur Unterstützung zitiert van der Watt Schrage und Larsson, die darlegen, dass die Liebe Gottes im Johannesevangelium „not an emotion or an affect . . . but simply living for others"[94] sei, denn „God is not viewed as filled with an affection, but God as love means God as giving life and sharing and desiring fellowship."[95] Da van der Watt konstatiert, dass „Geben und Gehorchen die zwei zentralen Elemente der Liebe sind",[96] können wir festhalten, dass er mit einem *funktionalen Konzept* von Liebe im Johannesevangelium arbeitet. Tatsächlich benutzt er selbst eine sehr ähnliche Formulierung: „The nature of love in this Gospel is found in the sustenance of functional relations, that means, relations in which members of a group care for and serve one another, according to the example given by the unique Son and Father of the family."[97]

Jan van der Watt bringt somit einen wichtigen Aspekt der Liebe im Johannesevangelium auf den Punkt: Für Johannes hat Liebe mit Handeln zu tun.

WUNT II/197, Tübingen 2005, 258; J. BEUTLER, Das Johannesevangelium. Kommentar, Freiburg 2013, 391.

[92] Vgl. den Text zu Anm. 47f. und Anm. 138f.

[93] J.G. VAN DER WATT, Ethics and Ethos in the Gospel According to John, ZNW 97 (2006) 147-176, 161 = DERS., Radical Social Redefinition and Radical Love. Ethics and Ethos in the Gospel According to John, in: J.G. VAN DER WATT (Hg.), Identity, Ethics, and Ethos in the New Testament, BZNW 141, Berlin/New York 2006, 107-133, 116f.

[94] W. SCHRAGE, Ethics of the New Testament, Philadelphia 1988, 318, zitiert in VAN DER WATT, Ethics and Ethos, 161.

[95] T. LARSSON, God in the Fourth Gospel. A Hermeneutical Study of the History of Interpretations, Stockholm 2001, 276, zitiert in VAN DER WATT, Ethics, 162 Anm. 77.

[96] VAN DER WATT, Ethics, 166.

[97] VAN DER WATT, Ethics, 165f.

„Obedience is love in action," wie es van der Watt ausdrückt.[98] Meines Erachtens ist es aber treffender, anstelle von funktionalen Relationen von *innigen Beziehungen* zu sprechen,[99] da dieses Konzept die Interaktionen und Transaktionen der Liebe im Johannesevangelium besser beschreibt (und deren emotionale und affektive Aspekte nicht ausschließt). Diese begriffliche Differenzierung kann dazu beitragen, die verschiedenen Dimensionen der Liebe Jesu im vierten Evangelium nuancierter wahrzunehmen. Liebe fungiert bei Johannes sowohl als Vorbild als auch als befähigende Kraft für die Liebe der Jünger. Dieser relationale Zugang zur johanneischen Theologie und Ethik wird im Folgenden exegetisch (und religionsgeschichtlich) begründet. Es sei an dieser Stelle aber auch auf die Ergebnisse moderner psychosozialer Studien (u.a. von Bowlby und LaFollette) hingewiesen, die im ersten Teil dieses Kapitel dargestellt wurden.[100] Die dort vermittelten Einblicke in ein umfassendes Forschungsfeld erhellen die positiven und transformierenden Auswirkungen inniger und liebevoller Beziehungen. In Übereinstimmung mit den oben angeführten Reflexionen (u.a. von D. Williams)[101] werden die folgenden Analysen des Corpus Johanneum zeigen, dass es ein zentrales Charakteristikum der Liebe im Kontext der mimetischen Beziehung zu Christus ist, dass sie Menschen verändert und ihrerseits zur Liebe befähigt.

Grundsätzlich gilt für Johannes: Gottes Wesen ist Liebe. In 1Joh 4,8 wird diese Grundlage ausdrücklich formuliert: „Wer nicht liebt, der kennt Gott nicht; denn Gott ist Liebe." Die Erklärung „Gott ist Liebe" scheint über die Aussage „Gott *handelt* liebevoll" hinauszugehen. Es ist der Charakter und das Sein Gottes selbst, das Liebe ist. Diese johanneische Grundwahrheit zeigt sich im vierten Evangelium in vielen Schattierungen; z.B. wenn man die Liebe des Vaters für den Sohn anschaut - der Ort, an dem alles seinen Ursprung hat. Zweimal schreibt Johannes, dass die Liebe des Vaters für den Sohn die Quelle all dessen ist, was der Sohn hat (3,35; 5,20). Aufgrund dieser Liebe ist der Sohn fähig, die Werke des Vaters zu tun. Die Mission des Sohnes ist das Ergebnis der Liebe des Vaters. Jesu Erfüllung seines Auftrages ist Ausdruck des Bleibens in der

[98] VAN DER WATT, Ethics, 160.

[99] Zur Definition von „Innigkeit" bzw. „Intimität" (intimacy) und „Beziehung(en)" siehe den Exkurs in 1.3. oben.

[100] Vgl. Abschnitt 1.2., u.a. Anm. 41-45.

[101] Vgl. besonders das zu Anm. 45 gehörende Zitat. Zur Entfaltung eines ganzheitlichen, Physis und Gefühl umfassenden Liebesbegriffs, vgl. auch M. MÜHLING, Resonanzen. Neurobiologie, Evolution und Theologie. Evolutionäre Nischenkonstruktion, das ökologische Gehirn und narrativ-relationale Theologie, RTN 30, Göttingen 2016, 203-206.

Liebe des Vaters (15,10). Die Formel μένειν (ἐν) zeigt hier die reziproke Immanenz von Sohn und Vater an.[102] Die Jünger werden zu dieser ‚mystischen' Dynamik der Liebe eingeladen, um an ihr zu partizipieren (15,10, et al.; vgl. 1Joh 1,3).[103] In der Ausübung gegenseitiger Liebe bekommen die Jünger so Anteil am Leben Gottes selbst.[104]

Die Beziehung Jesu zu seinen Jüngern gleicht der Beziehung, die der Vater zu ihm hat. Die Liebe des Vaters für den Sohn ist folglich das Paradigma der Liebe des Sohnes für seine Jünger: „Wie mich mein Vater liebt, so liebe ich euch auch" (15,9). Dazu hält Collins fest: „Were one to combine, more immediately than the evangelist has done, vv. 9 and 12 of John 15, the text would read: ‚As the Father has loved me, so have I loved you; as I have loved you, so you love one another.'"[105] Es ist klar, dass diese Liebe keine extrinsische Größe für die Jünger bleiben kann, denn die Liebe des Vaters, mit der die Jünger geliebt werden, ist *in* ihnen. Deshalb betet Jesus zum Vater, dass „die Liebe, mit der du mich liebst, in ihnen sei und ich in ihnen" (17,26). „In a very real sense, then, there is reciprocal intimacy between the Father and Jesus, between Jesus and his disciples, and between the Father and the disciples because of the reality of love."[106]

Wie oben dargelegt, wurzelt das hier vorgestellte, relationale Model des menschlichen „Werdens" (Transformation) in einem ganzheitlichen Konzept liebevoller (transformierender) Beziehungen, die nicht nur durch tätigen Gehorsam, sondern auch von Intimität, Wärme und Zuneigung charakterisiert sind. Gerade weil dieser emotionale Aspekt der Liebe bei Johannes in Frage

[102] Vgl. DETTWILER, Ethik, 180-182; COLLINS, New Commandment, 249; VAN DER WATT, Ethics, 163.

[103] Vgl. K. SCHOLTISSEK, Mystik im Johannesevangelium? Reflexionen zu einer umstrittenen Fragestellung, in: J. ECKERT u.a. (Hg.), Pneuma und Gemeinde. Christsein in der Tradition des Paulus und Johannes, FS J. Hainz, Düsseldorf 2001, 295-324, 318. Ich verwende den Terminus „Mystik" hier mit der weit gefassten Definition von Meier: „Mystik ist eine Form von Religiosität, in deren Zentrum die unmittelbare Erfahrung göttlicher Wirklichkeit steht. Diese Erfahrung, die das alltägliche Bewußtsein und die Erkenntnis der Vernunft übersteigt, ist zugleich *Erfahrung einer engen Verbundenheit mit der göttlichen Wirklichkeit*" (H.-C. MEIER, Mystik bei Paulus. Zur Phänomenologie religiöser Erfahrung im Neuen Testament, TANZ 26, Tübingen 1998, 20, Hervorhebung V.R.; zur Diskussion vgl. u.a. RABENS, *Pneuma* and the Beholding of God, 293-295).

[104] Dieser Prozess der Partizipation wurde kürzlich von Byers auf dem Hintergrund patristischer Auslegungen als Theosis interpretiert (A.J. BYERS, Ecclesiology and Theosis in the Gospel of John, SNTSM 166, Cambridge 2017).

[105] COLLINS, New Commandment, 250.

[106] COLLINS, New Commandment, 251.

gestellt wird, wird er in unserer eigenen Analyse von „Liebe" im Corpus Johanneum besondere Aufmerksamkeit bekommen.[107] Denn auf den ersten Blick scheint der Evangelist nicht explizit zu insistieren, dass Liebe eine emotionale Seite hat. Allerdings wird sie deutlich in einer ganzen Reihe johanneischer Texte impliziert. So erklärt Jesus beispielsweise im Kontext des Gebotes zum Verbleib in der Liebe des Vaters und des Sohnes (15,10.12): „Das habe ich euch gesagt, auf dass meine Freude in euch sei und eure Freude vollkommen werde" (15,11). Von Liebe geprägte Beziehungen bringen dementsprechend die (auferbauende[108]) Emotion der Freude hervor. Diese Beobachtung wird durch die Analyse von Attridge zum Johannesevangelium im Dialog mit einer stoischen Sichtweise von Emotionen gestützt:

> „However much liberating truth plays a role in the soteriology of the Fourth Gospel, what initially causes the disciples' joy does not seem to be the calm assurance that one is, according to the basic Stoic formula, ‚living in conformity' with nature. It is rather the joy that arises from the intimacy of personal relation, the fellowship of Father, Son, and Spirit-guided believers. It is a joy that appears in the narrative when the disciples come to see the resurrected one (20,20). The relationship may lack what the Stoics called passions, but it displays an intimate interpersonal dimension and suggests an intensity that the Stoics might have found problematic."[109]

Diese emotionale Beziehungsnähe wird im Johannesevangelium als Teil der metaphorischen Welt des *Familien-* und *Freundschaftsethos* entfaltet. Die Wichtigkeit des Familienethos wurde zurecht von van der Watt in seiner Monographie *Family of the King* hervorgehoben. Familienethik bedeutet für van der Watt

[107] Bei der Verwendung des Begriffs „Emotion(en)" ist eine gewisse Vorsicht geboten, denn es handelt sich dabei nicht um einen antiken sondern um einen modernen Begriff, der diversen geistesgeschichtlichen Deutungsmustern unterliegt (Spencer nennt u.a. den „emotive", „cognitive" und „affective turn": F.S. SPENCER, Getting a Feel for the „Mixed" and „Vexed" Study of Emotions in Biblical Literature, in: F.S. SPENCER [Hg.], Mixed Feelings and Vexed Passions. Exploring Emotions in Biblical Literature, RBS 90, Atlanta 2017, 1-41, 19-28). Dennoch kann der Emotionsbegriff als etische Kategorie bei der Analyse neutestamentlicher Literatur Dynamiken in den Fokus rücken, die andernfalls unterbelichtet bleiben würden. So resümiert Spencer seine terminologische und konzeptionelle Studie zu Emotionen in der biblischen Literatur mit der Beobachtung, man sei „on the right track in granting that we moderns, with due openness and diligent study, can still have a reasonable cross-cultural exchange with our ancient brothers and sisters about emotions, that we can truly, though not fully, sympathize - feel with - them. As Konstan avers, ‚The *pathē* thus appear to correspond broadly to the kinds of sentiments that we typically or at least sometimes classify as emotions. Often, however, the context will demand some variation.' A nice, balanced working hypothesis, it seems to me" (aaO., 32, mit Zitat aus D. KONSTAN, The Emotions of the Ancient Greeks. Studies in Aristotle and Classical Literature, RCL, Toronto 2006, 4).

[108] Zum Konzept von „Stärkung" bzw. „Auferbauung" („empowerment") vgl. Anm. 67.

[109] Vgl. H.W. ATTRIDGE, An „Emotional" Jesus and Stoic Tradition, in: T. RASIMUS u.a. (Hg.), Stoicism in Early Christianity, Grand Rapids 2010, 77-92, 89. Vgl. auch S. VOORWINDE, Jesus' Emotions in the Fourth Gospel. Human or Divine?, LNTS 284, London 2005, 226-265.

„doing what the Father requires".[110] In der Tradition zahlreicher anderer Exeget*innen interpretiert er die biblische Tradition einer Familienethik im Kontext des antiken *pater familias*. „Children of a family were taught what was expected of them and were then required to act and behave according to what they were taught. For instance, in 8,31 Jesus says to his disciples: ‚If you continue in my word, you are truly my disciples.'"[111] Dieser Gehorsamsaspekt des antiken und des johanneischen Familienethos sollte gewürdigt werden (vgl. 8,39). Darüber hinaus möchte ich in diesem Kapitel das Entwicklungspotential des konstruktiven „Werdens" in Familienbeziehungen für das Johannesevangelium herausstellen. Entsprechend der oben angezeigten, ganzheitlichen (und damit auch emotionalen) Natur des Liebesverständnisses bei Johannes versuche ich zu zeigen, dass „Familie" für Johannes auch ein Ort der Identitätsstiftung, der Befähigung und der positiven Transformation ist.[112]

Wie bereits besprochen (1.2.), weisen zahlreiche antike Quellen zur Familienethik darauf hin, dass die Familie als ein Ort der Zuneigung und des emotionalen Wohlergehens verstanden wurde.[113] Zudem ist die Vorstellung von Gott als liebendem und gütigem Vater und seine väterliche Beziehung zu den Menschen (sowohl gemeinschaftlich als auch individuell)[114] eine Tradition, die in der Hebräischen Bibel und der frühjüdischen Literatur tief verankert ist (siehe u.a. Ex 4,22; Jes 43,6; Sir 51,10; Tob 13,5; Philo, Conf. 145; Jub 2.20; 19.29; L.A.B. 16.5; T. Job 40.2). Es ist eine Beziehung, die von der Liebe JHWHs zu seinen

[110] J.G. VAN DER WATT, Family of the King. Dynamics of Metaphor in the Gospel according to John, BJS 47, Leiden 2000, 284.

[111] VAN DER WATT, Family, 284. Vgl. BURKE, Adopted, 144-148; O.L. YARBROUGH, Parents and Children in the Jewish Family of Antiquity, in: S.J.D. COHEN (Hg.), The Jewish Family in Antiquity, BJS 289, Atlanta 1993, 39-59, 48-53; M.M. THOMPSON, The Promise of the Father. Jesus and God in the New Testament, Louisville 2000, 45: „Fathers require obedience and honor, and a father was also accorded the task of discipline and correcting his children (Prov. 1:8; 4:1; 6:20; 15:5; 30:17)."

[112] Diesen Erkenntnissen würde van der Watt entsprechend seiner Ausführungen in VAN DER WATT, Family, 316-319; DERS., Ethics, 165 sicher nicht widersprechen. Vgl. nun auch DERS., The Ethos of Being Like Jesus. Imitation in 1 John, in: J. FLEBBE/M. KONRADT (Hg.), Ethos und Theologie im Neuen Testament, FS M. Wolter, Neukirchen-Vluyn 2016, 415-440, 427.

[113] So zum Beispiel Plutarch, Am. Prol. 496C; Frat. Amor. 480G; Philo, Spec. Leg. 1.137; 2.236, 239f.; Abr. 168-70; Ios. 4; Seneca, Clem. 1.14.1-3 (Préchac: 3.12.1-3). Weitere Beispiele werden u.a. diskutiert in C.S. KEENER, Family and Household, in: G.F. HAWTHORNE u.a. (Hg.), Dictionary of Paul and his Letters, Downers Grove 1993, 353-368, 357f.; D.G. CHEN, God as Father in Luke-Acts, SBL 92, New York 2006, 28f. und A. REINHARTZ, Parents and Children. A Philonic Perspective, in: S.J.D. COHEN (Hg.), The Jewish Family in Antiquity, BJS 289, Atlanta 1993, 61-88, 81; RABENS, Spirit, 219-224.

[114] Gott wird als Vater der Nation (z.B. 4Q504 frags. 1-2 col. 3.5-7) und von Patriarchen und Königen, etc., dargestellt (z.B. Ps 27; vgl. CHEN, God, 131-135).

Kindern charakterisiert ist (so z.B. Dtn 32,6.8-14; Jes 63,8-10, 16; Sir 4,10; 4 Esra 6.58; PsSal 18.3f.; SapSal 16.26). Drei Textpassagen wurden hierzu im ersten Teil des Kapitels ausführlich zitiert (Hos 11,1.3f.; 1QHa 17.35f. und JosAs 12,8.15; siehe 1.2. oben).

Das Johannesevangelium scheint sich diese kognitiv-emotionalen Aspekte des antiken Familienethos zu eigen gemacht zu haben. Zum einen haben wir die neue Identität als Kinder Gottes bereits in 2.1. kurz beleuchtet (vgl. 1,12f.: ἔδωκεν αὐτοῖς ἐξουσίαν τέκνα θεοῦ γενέσθαι; 3,3-8). Zum anderen kamen diese Dimensionen der Familienidentität in unseren Ausführungen zur reziproken Immanenz von Vater, Sohn und Gläubigen in den Blick. Die kognitiv-emotionalen Aspekte treten auch in den Abschiedsreden deutlich hervor, wo u.a. Trost eine wichtige Funktion hat.[115] Jesu Fürsorge für die Jünger drückt sich hier sowohl in seinem (vorausgesagten) Handeln als auch grundsätzlich in Zuspruch und Zuwendung aus:

„Euer Herz erschrecke nicht! Glaubt an Gott und glaubt an mich! In meines Vaters Hause sind viele Wohnungen. Wenn's nicht so wäre, hätte ich dann zu euch gesagt: Ich gehe hin, euch die Stätte zu bereiten? Und wenn ich hingehe, euch die Stätte zu bereiten, will ich wiederkommen und euch zu mir nehmen, auf dass auch ihr seid, wo ich bin. (14,1-3) ... Frieden lasse ich euch, meinen Frieden gebe ich euch. . . Euer Herz erschrecke nicht und fürchte sich nicht." (14,27)

Als die Jünger Angst vor dem Zerfall der Familie und der daraus folgenden Verwaisung haben, versichert sie Jesus seiner Fürsorge und ihres dauerhaften Platzes in der Familie.

Kurz vor Jesu Weggang spielt nun der Geist-Paraklet eine entscheidende Rolle bei der Erhaltung der Familienbande - und ihrer Vertiefung (16,6f.). Die innige Gegenwart Jesu durch den Parakleten ist ein gewichtiger Grund, weshalb die Jünger fähig sind, nach Jesu Rückkehr zum Vater an den Geboten festzuhalten:

„Liebt ihr mich, so *werdet ihr meine Gebote halten*. Und ich will den Vater bitten und er wird euch einen anderen *Beistand geben, dass er bei euch sei in Ewigkeit*: den Geist der Wahrheit, den

[115] Vgl. M. LANG, Johanneische Abschiedsreden und Senecas Konsolationsliteratur. Wie konnte ein Römer Joh 13,31-17,26 lesen?, in: J. FREY/U. SCHNELLE (Hg.), Kontexte des Johannesevangeliums. Das vierte Evangelium in religions- und traditionsgeschichtlicher Perspektive, WUNT 175, Tübingen 2004, 365-412; G.L. PARSENIOS, Departure and Consolation. The Johannine Farewell Discourses in Light of Greco-Roman Literature, NovTSup 117, Leiden 2005, 77-109; P. VON GEMÜNDEN, Der Umgang mit Angst und Aggression im Johannesevangelium. Ein Beitrag zur Psychologie des Urchristentums, in: P. VON GEMÜNDEN, Affekt und Glaube. Studien zur Historischen Psychologie des Frühjudentums und Urchristentums, NTOA/StUNT 73, Göttingen 2009, 279-306.

die Welt nicht empfangen kann, denn sie sieht ihn nicht und kennt ihn nicht. Ihr kennt ihn, denn er bleibt bei euch und wird in euch sein."(14,15-17; vgl. 16,6f.)

In diesem Abschnitt fällt auf, dass Jesus sich direkt dem relationalen Wirken des Parakleten zuwendet, nachdem er das Liebesgebot an seine Jünger adressiert hat. Die Fürsorge des johanneischen Jesus für das Wohlergehen seiner Jünger (inklusive ihrer emotionalen Stabilität)[116] untermauert unsere auf 13,34 gestützte Hauptthese, nämlich, dass die Jünger durch das Vorbild und die Erfahrung der Liebe Jesu selbst zur Liebe befähigt werden. Das Wirken des Parakleten als Jesu vertraute Gegenwart wird diese Erfahrung der Liebe trotz seiner physischer Abwesenheit weiterführen.[117] Wenn der Geist also die intime Gegenwart von Vater und Sohn vermittelt, die Jünger ein tieferes Verstehen Gottes lehrt und sie in alle Wahrheit führt, so erfahren die Jünger dadurch weitere, mimetische Befähigung zum Gehorsam gegenüber dem Liebesgebot.

Neben der Familienmetaphorik zeigt auch das *Freundschaftsethos* deutlich die facettenreiche Komplexität der Liebe im Johannesevangelium. Die Erfahrungsdimension der Liebe tritt hier in der Art und Weise hervor, wie Jesus seine Jünger als Freunde bezeichnet und entsprechend mit ihnen umgeht (Identität und Erfahrung). Wäre Liebe mit Gehorsam gleichzusetzen, dann müsste Jesus die neue Beziehung der Jünger zum Vater und zum Sohn nicht von Knechtschaft abgrenzen. Jesus erklärt jedoch: „Ich nenne euch hinfort nicht Knechte; denn der Knecht (δοῦλος) weiß nicht, was sein Herr tut. Euch aber habe ich Freunde genannt; denn alles, was ich von meinem Vater gehört habe, habe ich euch kundgetan" (15,15). Diese neue Beziehung ist von Offenheit und Vertrautheit gekennzeichnet. In Übereinstimmung mit dem antiken Ideal der Freundschaft, schließt Freundschaft bei Johannes παρρησία ein.[118] Jesus gibt

116 14,18: „Ich will euch nicht als Waisen zurücklassen; ich komme zu euch"; vgl. 16,20-22; etc. Zur Interpretation vgl. V. RABENS, The Spirit and Living Water in John's Gospel, in: J.T.K. LIM (Hg.), Holy Spirit. Unfinished Agenda, Singapore 2015, 57-61, 60f.

117 Vgl. C. BENNEMA, The Power of Saving Wisdom. An Investigation of Spirit and Wisdom in Relation to the Soteriology of the Fourth Gospel, WUNT II/148, Tübingen 2002, 223.

118 Konstan zeigt, dass φιλία in allen Epochen der antiken griechischen Geschichte verwendet wurde, um „an intimate relationship predicated on mutual affection and commitment" zu beschreiben (D. KONSTAN, Friendship in the Classical World, KTAH, Cambridge 1997, 19). Fitzgerald benennt Gemeinschaft (κοινωνία), Innigkeit (συνθήσεια), Einigkeit (ὁμόνοια), Gleichheit (ἰσότης) und zuversichtliches Vertrauen auf einander (παρρησία) als zentrale Komponenten des griechischen Konzepts einer liebevollen φιλία-Beziehung (J.T. FITZGERALD, Paul and Friendship, in: J.P. SAMPLEY [Hg.] Paul in the Greco-Roman World. A Handbook, Harrisburg/London 2003, 319-343, 325-327). Vgl. Aristoteles, Rhet. 2.4.3; Seneca, Ep. 2.2-7; 48.2f.; D. WINSTON, The Wisdom of Solomon. A New Translation with Introduction and Commentary, AB 43, Garden City/New York 1981, 188f.; M. NUSSBAUM, The Therapy of Desire. Theory and Practice in Hellenistic Ethics, Princeton 1994, 341-345; P.A. HARLAND, Familial Dimensions of Group

seinen Jüngern an allen Dingen Anteil, die er vom Vater empfangen hat. Es gibt nichts, was er vor ihnen zurückhalten würde – zwischen ihnen gibt es keine Geheimnisse. Er teilt alles mit ihnen, inklusive seines Besitzes. „Inhaltlich bezieht sich die Gütergemeinschaft, die der johanneische Jesus seinen Freunden anbietet, auf die reziproke Güter- und Besitzgemeinschaft von Vater und Sohn (vgl. 10,14; 16,14f.; 17,9f.), auf das heilvolle ‚Wissen' vom Vater, das Jesus den Seinen offenbart und mit ihnen teilt, letztlich auf die Aufnahme in die personale Communio zwischen Vater und Sohn."[119] Diese Initiation bedeutet eine neue Identität (als Freunde Jesu und des Vaters), einen neuen, egalitären Status[120] und eine neue Form der Lebensgemeinschaft (in echter κοινωνία mit Vater und Sohn und dem Geist-Parakleten). Dies transformiert und befähigt das Leben der Jünger, sodass es ihnen möglich ist, in Einklang mit dem Freundschaftsethos des Evangeliums zu leben (wie es in der Fußwaschung in 13,1-17 als einem Beispiel par excellence für das johanneische Mimesis-Konzept zum Ausdruck kommt).[121]

Johannes sagt ausdrücklich, dass Jesus seine Freunde liebt (z.B. 11,3; 5,11). „Wie er [Jesus] die Seinen geliebt hatte, die in der Welt waren, so liebte er sie bis ans Ende" (13,1). Das bedeutete Leid und Lebenshingabe. Für den johanne-

Identity. „Brothers" (Ἀδελφοί) in Associations of the Greek East, JBL 124 (2005) 491-513; R.R. COX, By the Same Word. Creation and Salvation in Hellenistic Judaism and early Christianity, BZNW 145, Berlin/New York 2007, 84-87; M.M. CULY, Echoes of Friendship in the Gospel of John, NTM 30, Sheffield 2010, 34-86. Zur παρρησία vgl. auch B. REPSCHINSKI, SJ, Freundschaft mit Jesus. Joh 15,12-17, in: K. HUBER/B. REPSCHINSKI (Hg.), Im Geist und in der Wahrheit. Studien zum Johannesevangelium und zur Offenbarung des Johannes sowie andere Beiträge. FS M. Hasitschka, NTA 52, Münster 2008, 155-167, 165.

[119] K. SCHOLTISSEK, „Eine größere Liebe als diese hat niemand, als wenn einer sein Leben hingibt für seine Freunde" (Joh 15,13), in: J. FREY/U. SCHNELLE (Hg.), Kontexte des Johannesevangeliums. Das vierte Evangelium in religions- und traditionsgeschichtlicher Perspektive, WUNT 175, Tübingen 2004, 413-439, 435.

[120] Siehe dazu auch CULY, Echoes of Friendship, 186-188; J. FREY, „Ethical" Traditions, Family Ethos, and Love in the Johannine Literature, in: J.W. VAN HENTEN/J. VERHEYDEN (Hg.), Early Christian Ethics in Interaction with Jewish and Greco-Roman Contexts, STAR 17, Leiden/Boston 2013, 167-204. Zur johanneischen Freundschaftsethik siehe zuletzt M. ZIMMERMANN/R. ZIMMERMANN, Freundschaftsethik im Johannesevangelium. Zur öffentlichen und politischen Reichweite eines ethischen Konzepts, in: R. ZIMMERMANN/S. JOUBERT (Hg.), Biblical Ethics and Application. Purview, Validity, and Relevance of Biblical Texts in Ethical Discourse, Kontexte und Normen neutestamentlicher Ethik/Contexts and Norms of New Testament Ethics IX, WUNT 384, Tübingen 2017, 163-183.

[121] Zum mimetischen Aspekt der Fußwaschung vgl. VAN DER WATT, Ethics and Ethos, 172-174; C. BENNEMA, Mimesis in John 13. Cloning or Creative Articulation?, NovT 56 (2014) 261-274.

ischen Jesus haben solche Freundschaft und Liebe auch eine emotionale Dimension. In dem Zusammenhang gibt die johanneische Erzählung interessante Einblicke in das Verständnis von Liebe und Freundschaft des Evangelisten: Jesus weint am Grab seines Freundes Lazarus (11,35; vgl. 33-38). Das Weinen wird von der Menge als Ausdruck seiner intensiven Liebe interpretiert: „Und Jesus weinte. Da sprachen die Juden: Siehe, wie hat er ihn so lieb gehabt!" (11,35f.).[122] Zu weinen (und das eigene Leben für einen Freund hinzugeben) kann Ausdruck einer innigen, Emotionen umfassenden Beziehung sein. Dies anzuerkennen bedeutet nicht, auf den Corpus Johanneum eine sentimentale Liebesromantik zu projizieren. Vor einer solchen Herangehensweise warnt Hays zurecht.[123] Emotionen sind nicht die Grundlage der Liebe. Liebe ist im Wesen, im Charakter verankert (vgl. 1Joh 4,8). Sie schließt Identität und Emotionen ein und drückt sich in Taten aus, die wiederum Emotionen anregen, wie wir es im Fall des um Lazarus weinenden Jesus gesehen haben (vgl. 15,10f.; 17,13).

In unserer Analyse konnten wir bislang feststellen, dass Johannes ein ganzheitliches Konzept von Liebe hat, das Kognition und Emotion einschließt und sich in innigen Beziehungen ausdrückt. Wir haben außerdem gesehen, dass Johannes das Vorbild und die Erfahrung von Liebe als Befähigung zu einer ethischen Existenz, also der Liebe für andere, versteht. Diesen letzteren Aspekt der transformierenden Beziehungen wollen wir nun im abschließenden Teil genauer beleuchten. Dabei werden wir auf weitere Anhaltspunkte im Corpus Johanneum stoßen, die das hier vorgestellte, relationale Modell der Liebe untermauern. Liebe, die in der innigen Beziehung zu Jesus (bzw. in der „himmlischen Familie") erlebt wird, verändert und befähigt die Jünger Jesu, ihrerseits diese Liebe zu leben.

Das grundlegende Prinzip der mimetisch befähigenden Liebe ist, wie wir bereits gezeigt haben, deutlich in Joh 13,34 formuliert. Aber es kommt auch in

[122] Vgl. ATTRIDGE, „Emotional" Jesus, 77-92 und VOORWINDE, Jesus' Emotions, 139-186. Zur Trauer und Trauerkultur im kulturellen Kontext des Neuen Testaments vgl. S.C. BARTON, Eschatology and the Emotions in Early Christianity, JBL 130 (2011) 571-591, 578-586. Anders jedoch S.D. MOORE, Why the Johannine Jesus Weeps at the Tomb of Lazarus, in: F.S. SPENCER (Hg.), Mixed Feelings and Vexed Passions. Exploring Emotions in Biblical Literature, RBS 90, Atlanta 2017, 287-309, 303: „the electrifying affect that has been rippling across the surface of the narrative all along and generating its innumerable folds … is disgust."

[123] R.B. HAYS, The Moral Vision of the New Testament. Community, Cross, New Creation. A Contemporary Introduction to New Testament Ethics, Edinburgh 1997, 145. Vgl. Anm. 107. Siehe auch die Kritik an Hays' Zurückhaltung bezüglich der Zentralität von Liebe im Neuen Testament in V. RABENS, The Bible and Ethics. Pathways for Dialogue, In Luce Verbi 51 (2017) 1-12, 10.

1Joh 4,19 zum Ausdruck. Nach der Vergewisserung der positiven emotionalen Wirkungen von Liebe in 4,18 („Furcht ist nicht in der Liebe, sondern die vollkommene Liebe treibt die Furcht aus“), ermutigt der Autor: „Lasst uns lieben, denn er hat uns zuerst geliebt“ (ἡμεῖς ἀγαπῶμεν, ὅτι αὐτὸς πρῶτος ἠγάπησεν ἡμᾶς, 4,19). Göttliche Liebe ist folglich die Grundlage des Aufrufs und der Fähigkeit, Gott und andere Menschen zu lieben (vgl. 4,8).[124] Das Johannesevangelium liefert weitere Details, wie Gottes Liebe eine Quelle menschlicher Liebe werden kann. Durch die Entfaltung der Weinstockmetapher in Kapitel 15 wird klar, dass die Jünger nur in ihrer Einheit mit Christus Frucht bringen können.[125] „Bleibt in mir und . . . Bleibt in meiner Liebe!“ sagt Jesus (15,4-10). Μένειν ἐν ist hier Beziehungssprache. Sie sollte nicht im Sinne individueller Taten der Liebe funktional verkürzt werden. Es ist bemerkenswert, dass Jesus nicht den Imperativ „bringt viel Frucht“ gebraucht, sondern „bleibt in mir“ sagt. In Jesus und seiner Liebe zu bleiben befähigt zur Liebe. Nur in dieser Liebe sind die Jünger fähig, „etwas zu tun“ („denn ohne mich könnt ihr nichts tun“, 15,5). „Bleiben“ wird später auch in direkteren Bezug zum Halten der Gebote gesetzt (15,10: „wenn ihr meine Gebote haltet, bleibt ihr in meiner Liebe“). Dennoch macht sowohl die Weinstock-Symbolik insgesamt als auch Jesu klare Aussage „ohne mich könnt ihr nichts tun“ (15,5) deutlich, dass die mystische bzw. relationale Dimension zuerst kommt (am Weinstock/in Jesus sein) und die funktionale Dimension auf diese aufbaut (Frucht bringen/Jesu Gebote halten).

Auch wenn diese Symbolik abstrakt erscheinen mag, so zeigt ein erweiterter Blick auf das Johannesevangelium, dass die Motivik der innigen Beziehungen in der Entfaltung des Narrativs sehr konkrete Ausdrucksformen findet.[126] Dies wird auch von neueren Charakterstudien zum Johannesevangelium untermauert. Die samaritanische Frau, der geliebte Jünger, Simon Petrus und andere

[124] Vgl. I.H. MARSHALL, The Epistles of John, NICNT, Grand Rapids 1978, 225. Liebe kann in den Johannesbriefen auch als Identitäts- und Abgrenzungsmerkmal fungieren (z.B. in 2Joh 5-6). Zur Situation der Adressaten siehe u.a. H.-U. WEIDEMANN, „Was von Anfang an war …“: Der Streit um Christus und die Taufe in den Gemeinden der Johannesbriefe, TQ 191 (2011) 223-241, bes. 223.

[125] Zum ethischen Aspekt des „Früchtebringens“ siehe R. BORIG, Der wahre Weinstock. Untersuchungen zu Jo 15, 1-10, München 1967, bes. 238-242; DETTWILER, Ethik, 175-189; et al.

[126] Vgl. besonders ATTRIDGE, „Emotional“ Jesus, 89: „The principles by which one overcomes the stirrings of grief and fear, and on which positive emotions are based, are ultimately not abstract theories about the simple truth that virtue is the only good and all else is indifferent. Those principles are relationships, with the one who is ‚the way, and the truth, and the life‘ (14:6) and with all those who find Spirit-guided access to the Father through him.“

zeigen teilweise überraschende, positive Veränderungen durch ihre Begegnung mit Jesus.[127] Natürlich sind Persönlichkeitsveränderungen in dieser Beziehungsdynamik kein Automatismus und die Entwicklung ist nicht zwangsläufig linear (siehe z.B. die negative Entwicklung des Judas).[128] Die neue Identität als „Familie" und „Freunde" ist nicht nur eine konzeptionelle Konstruktion, die lediglich der kognitiven Assimilation bedurfte, sondern die Jünger erfuhren in ihrem alltäglichen Leben mit Jesus, was „Familie" und „Freundschaft" bedeutet.[129] Dementsprechend sollte das Liebesgebot nicht in Isolation interpretiert werden, sondern als Teil dieses breiteren Erzählrahmens von Ausdrucksformen der Liebe, also innerhalb der johanneischen „dramaturgischen Christologie der Liebe Gottes".[130]

2.3. Systematische Reflexionen zur Relationalität im Corpus Johanneum

Der von mir vertretene Ansatz der relationalen Transformation im Corpus Johanneum kann mit dem Schlüsselsatz *Liebe bildet die Grundlage des Gehorsams der Jünger* zusammengefasst werden. Im Dialog mit van der Watt und anderen wurde deutlich, dass es möglich ist, Gehorsam als die Grundlage der Liebe zu verstehen. So sagt van der Watt: „Obedience... seems to form the basis on which love functions. If the believers obey what Jesus says, they remain obedient to the Father (14,24). Consequently, they deserve and will receive the love of the Father."[131] Die Liebe wird hier als Ergebnis eines Lernprozesses der Kinder Gottes verstanden, angeregt durch die Lehre, die sie von Jesus erhalten. Während van der Watt an anderer Stelle auch von dem weiß, was ich in meiner

[127] Siehe u.a. C. BENNEMA, A Theory of Character in the Fourth Gospel with Reference to Ancient and Modern Literature, BI 17 (2009) 375-421, 403-405; DERS., Encountering Jesus. Character Studies in the Gospel of John, Minneapolis ²2014. Vgl. SCHOLTISSEK, Söhne, 313f.

[128] Vgl. z.B. S. HYLEN, Imperfect Believers. Ambiguous Characters in the Gospel of John, Louisville 2009. – In Übereinstimmung mit unserem relationalen Modell haben dysfunktionale Beziehungen einen negativen („disempowering") Effekt auf Menschen. Vgl. 13,21: „Als Jesus das gesagt hatte, wurde er betrübt im Geist (ἐταράχθη τῷ πνεύματι) und bezeugte und sprach: Wahrlich, wahrlich, ich sage euch: Einer unter euch wird mich verraten."

[129] Zur identitätsstiftenden Wirkung symbolischer Handlungen im Johannesevangelium vgl. u.a. W.A. MEEKS, The Ethics of the Fourth Evangelist, in: R.A. CULPEPPER/C.C. BLACK (Hg.), Exploring the Gospel of John. In Honor of D. Moody Smith, Louisville 1996, 317-326, 323; VAN DER WATT, Redefinition, 128f.

[130] So die Formulierung von POPKES, Theologie, 355.

[131] VAN DER WATT, Family, 307; vgl. aaO., 311. Der von mir formulierte Leitsatz setzt einen entgegengesetzten Akzent: „Love forms the basis on which obedience functions."

untenstehenden Graphik „initiierende Liebe" nenne,[132] scheint er dennoch stärker die „resultative Liebe" zu betonen („Keeping these [Jesus'] words will lead to an intimate familial relationship between the believer and the Father and the Son."[133]). Und tatsächlich ist diese resultative Liebe ein wichtiger Aspekt der Dynamik der Liebe bei Johannes. Dieser Aspekt wurde in unserer Untersuchung oben nicht ausdrücklich erwähnt, er wird aber in der Grafik unten illustriert, die mein Modell relationaler Transformation systematisiert und mit weiteren Details ausgestaltet. Es beginnt bei der (göttlichen) initiierenden Liebe, auf die idealerweise (d.h. im Fall des Gehorsams) die (menschliche) responsive Liebe folgt.[134] Diese resultiert in weiterer (göttlicher) Liebe. Auch diese dritte Ebene hat eine explizite Erfahrungsdimension: „... ich werde ihn lieben und mich ihm offenbaren" (ἀγαπήσω αὐτὸν καὶ *ἐμφανίσω* αὐτῷ ἐμαυτόν, 14,21), und: „mein Vater wird ihn lieben, und wir werden zu ihm kommen und Wohnung bei ihm nehmen" (14,23).

[132] Vgl. Anm. 112.

[133] VAN DER WATT, Family, 301. Dies zeigt sich auch in der graphischen Illustration seines Modells zum ethischen Verhalten im Johannesevangelium: aaO., 292, Diagramm 34.

[134] Anders als Jochen Krautz in seiner in der Einleitung zitierten Definition verstehe ich hier „responsiv" nicht als passivische Relationalität (KRAUTZ, Relationalität, 16). Vielmehr geht es bei der responsiven Liebe der Jünger im Johannesevangelium um Ausdrücke aktiver Beziehungsgestaltung, die allerdings auf die „passive" Dimension der erfahrenen Liebe zurückgehen (vgl. die ebenfalls in der Einleitung erwähnte Weiterführung von KÜNKLER, Lernen in Beziehung, 536f.541).

Die „Dynamik der Liebe“ als relationales Modell

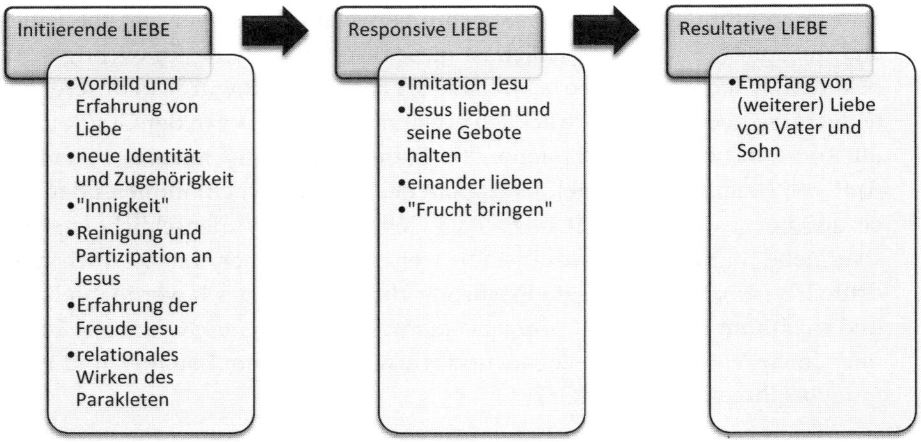

1. Initiierende Liebe

- Vorbild und Erfahrung von Liebe (vom Vater: 17,26; 1Joh 4,8.11.19; von Jesus: 13,1.34; 15,9.12; 1Joh 3,16; etc.). → 13,34 Ἐντολὴν καινὴν δίδωμι ὑμῖν, ἵνα ἀγαπᾶτε ἀλλήλους, καθὼς ἠγάπησα ὑμᾶς ἵνα καὶ ὑμεῖς ἀγαπᾶτε ἀλλήλους.
- Vorbild/Beispiel (ὑπόδειγμα) Jesu (12,26; 13,14f.34; 14,12; 15,10.12; 17,21-24)
- neue Identität und Zugehörigkeit (Familie: 14,2-3.18; Freunde: 15,14f.; „Sein eigen“ sein: 13,1; göttliche/königliche Familie: 3,3-5; Kap. 18f.)
- Innigkeit (Jesus, den Vater und seinen Willen kennen: 14,8-14; 15,15; 17,26; gegenseitige Einwohnung, reziproke Immanenz: 14,20; 17,21, 26)
- Reinigung durch und Partizipation an Jesus (15,3-6) → in ihm sein und bleiben
- die Erfahrung von (Jesu) Freude (15,11)
- relationales Wirken des Parakleten (14,15-18.26; 15,26; 16,6f.)

2. Responsive Liebe

- Imitation/Nachahmung Jesu (12,26; 13,14f.34; 14,12; 15,10.12; 17,21-24; 1Joh 2,6; 3,3.16)
- Jesus lieben und seine Gebote tun (14,15.21.23)
- einander lieben (13,34f.; 15,12.17)
- „Frucht bringen“ (15,1-17)

3. Resultative Liebe

- Empfang weiterer Liebe von Vater und Sohn (14,21.23)

Meine Analyse hat gezeigt, dass *das Vorbild und die Erfahrung* der Liebe im Kontext *inniger Beziehungen* die Quelle des spirituellen und ethischen Lebens bei Johannes darstellen. Die persönliche Begegnung mit Jesus als Beispiel der Liebe (vgl. Joh 13,34; etc.) und das Wissen um Gottes Liebe (vgl. 1Joh 4,7-9; etc.) befähigt die Jünger, diese Liebe an andere weiterzugeben. Ethisches Verhalten wird also sowohl durch Vorbild und Nachfolge als auch durch Gehorsam begründet,[135] diese sind aber grundlegend in der Erfahrungsdimension liebevoller Beziehungen verankert. *Liebe als Vorbild und Erfahrung bildet die Grundlage des Gehorsams der Jünger.* Wir haben auch gesehen, dass diese Form der Transformation und Befähigung sowohl von antiken als auch modernen psychologischen und soziologischen Untersuchungen weitgehend bestätigt wird. Bei Johannes kommt diese Dynamik der Transformation und Befähigung vor allem in dem von ihm ausgestalteten Ethos von Familie und Freundschaft zum Ausdruck. Darüber hinaus spielt der Geist-Paraklet eine wichtige Rolle, die Jünger in dieser befähigenden Beziehung zu Jesus und seiner Liebe, in der sie bleiben sollen, zu erhalten.

Das von mir vertretene, relationale Modell des menschlichen Seins und Werdens im Corpus Johanneum wurde kürzlich von Cornelis Bennemas Monographie zur Mimesis im Johannesevangelium bekräftigt. Sein Konzept baut unter dem gleichen Titel („Relational Empowerment") auf die oben dargestellten Säulen der Familien- und Freundschaftsidentität sowie das relationale Wirken des Parakleten.[136] Bennema unterscheidet seinen Ansatz von meinem primär dadurch, dass er Mimesis und nicht Liebe als das übergeordnete Prinzip bzw. die Struktur der johanneischen Ethik definiert.[137] Mimesis ist ein wichtiger Teil meines Modells der relationalen Dynamiken im Johannesevangelium, in dem Liebe pars pro toto für die verschiedenen Ausdrucksformen der johanneischen Ethik steht.[138] Bennemas Studie offeriert jedoch eine willkommene Ergänzung,

[135] Vgl. COLLINS, New Commandment, 246.

[136] C. BENNEMA, Mimesis in the Johannine Literature. A Study in Johannine Ethics, LNTS 498, New York 2017, 171-177.152-165.186-192.

[137] BENNEMA, Mimesis, 175f.

[138] Vgl. Anm. 89 sowie den Text zu Anm. 130 bzw. RABENS, Johannine Perspectives, 114.131f. Die Dynamiken der Liebe und der Mimesis sind im Johannesevangelium miteinander verwoben. Das wird auch in (dem Subtext) der obigen Grafik deutlich, in der sich mehrere johanneische Texte unterschiedlichen Kategorien zuordnen lassen (z.B. passt 13,34 zu „Erfahrung" der Liebe, sowie auch zu „Vorbild [Jesu]" und „Imitation"; ebenso umfasst die Weinstockrede in 15,1-17 verschiedene Elemente, die unter der pars pro toto Überschrift „2. Responsive Liebe" gelistet sind – inklusive der Imitation Jesu).

da sie das mimetische Element der relationalen Transformation und Befähigung deutlicher konturiert – als einen der ‚Verbindungsmechanismen' zwischen „1. Initiierende Liebe" und „2. Responsive Liebe".[139]

Eine andere Leseart der johanneischen Theologie schlagen hingegen Gitte Buch-Hansen und Troels Engberg-Pedersen vor.[140] Ich habe mich mit Buch-Hansens Interpretation an anderer Stelle ausführlich auseinandergesetzt,[141] daher soll hier ein Zitat von Engberg-Pedersen einen kurzen Einblick in (s)eine von der Stoa inspirierte Interpretation der johanneischen Anthropologie und Ethik geben:

> „The disciples will literally and substantively receive the *pneuma* within their bodies (thereby becoming able literally to remain *in* the ‚Jesus-vine' just as he remains *in* them, 15,4), and this is what explains that they will henceforth ‚bear much fruit' and act on the love command. … When the *pneuma* has been infused into and taken over their bodies, they *cannot but* act on their knowledge."[142]

Engberg-Pedersens Modell der menschlichen Transformation bei Johannes entspricht seiner Paulusinterpretation, die wir oben „Infusion-Transformation" genannt haben. Sie setzt voraus, dass von Paulus und Johannes einige Weiterentwicklungen der stoischen Pneumatologie vorgenommen wurden (das Pneuma kann im wörtlichen Sinne empfangen werden, obwohl es nach stoischem Denken alles durchwebt; etc.),[143] die von den Leser*innen verstanden und akzeptiert wurden. Es ist keineswegs ausgeschlossen, dass das Johannesevangelium von einigen Leser*innen so rezipiert wurde. Vor allem die Logos-Terminologie des Prologs scheint zunächst eine Interpretation auf dem Hintergrund philosophischer Kategorien nahezulegen (auch wenn hier die Parallelen zu jüdisch-weisheitlichen und biblischen Traditionen deutlicher sind).[144] Allerdings setzt sich diese Gattung des philosophischen Diskurses nur teilweise in den weiteren Episoden der johanneischen Narration fort. Es bleibt also unsicher, ob Johannes den Parakleten auf dem Hintergrund eines physikalisch wirkenden Stoffes verstanden wissen will. Da dieser als „ein anderer

[139] Vgl. dazu auch Bennemas Darstellung kognitionspsychologischer Studien zur Erinnerung (BENNEMA, Mimesis, 180-183), die die obige Diskussion von relationalen Dynamiken aus Psychologie und Soziologie sinnvoll ergänzt (vgl. den Text zu Anm. 41-45).

[140] Vgl. Anm. 14.

[141] RABENS, Johannine Perspectives, 115-120.

[142] ENGBERG-PEDERSEN, John, 274.

[143] Vgl. RABENS, Spirit and Deification, 192-195.

[144] Vgl. u.a. J. FREY, Between Torah and Stoa. How Could Readers Have Understood the Johannine Logos?, in: J.G. VAN DER WATT u.a. (Hg.), The Prologue of the Gospel of John. Its Literary, Theological, and Philosophical Contexts. Papers read at the Colloquium Ioanneum 2013, WUNT 359, Tübingen 2016, 189-234.

Paraklet" (von derselben Art wie Jesus: ἄλλος παράκλητος, 14,16) beschrieben wird und in seinem Wirken Jesus ähnelt bzw. an diesen erinnert,[145] scheint sich das Konzept einer stofflichen Infusion mit automatischer Transformation nicht aufzudrängen. Vielmehr trägt der Paraklet personhafte Züge, und die Transformation der Jesusnachfolger zeigt neben dem initialen Transfer in die neuen Beziehungszusammenhänge (göttliche Familie, etc.) auch Charakteristika einer offenen Entwicklung, wie wir anhand des Verlaufs des johanneischen Narrativs sehen können.[146] Dieser Prozess kann als relational-ontologische Transformation verstanden werden (vgl. 2.1.), denn die durch Christus und Geist transformierten Beziehungen haben einen transformierenden Charakter (2.2.). Fragt man jedoch nach dem religionshistorischen Kontext dieses johanneischen Konzeptes, so zeigen sich neben den allgemeineren, in 1.2. aufgezeigten Traditionslinien, v.a. deutliche Parallelen zu den mystischen Aspekten des Geistwirkens bei Philo von Alexandrien, wie ich an anderer Stelle sowohl für Paulus als auch Johannes zu zeigen versucht habe.[147] Damit sind wir auf eine weitere Parallele zwischen Paulus und Johannes gestoßen. Der letzte Abschnitt soll nun einem kurzen Vergleich der Grundzüge relationaler Theologie in den Schriften der beiden Autoren dienen.

3. *Vergleichendes Fazit zur relationalen Theologie bei Paulus und Johannes*

Dieser Aufsatz hat sich der Erforschung der „Relationalität" im Corpus Paulinum und Corpus Johanneum gewidmet. „Relationalität bedeutet – neben einem allgemeinen Denken-in-Relationen, einem Verständnis von relationaler

[145] Vgl. u.a M. TURNER, The Holy Spirit and Spiritual Gifts – Then and Now, Carlisle ^{2}1999, 79-81; DERS., „Trinitarian" Pneumatology in the New Testament? – Towards an Explanation of the Worship of Jesus, ATJ 57/58 (2002/2003) 167-186, 170-177; H.-C. KAMMLER, Jesus Christus und der Geistparaklet. Eine Studie zur johanneischen Verhältnisbestimmung von Pneumatologie und Christologie, in: O. HOFIUS/H.-C. KAMMLER (Hg.), Johannesstudien. Untersuchungen zur Theologie des vierten Evangeliums, WUNT 88, Tübingen 1996, 87-190, 183; J. FREY, Vom Windbrausen zum Geist Christi und zur trinitarischen Person. Stationen einer Geschichte des Heiligen Geistes im Neuen Testament, JBTh 24 (2009) 121-154, 146-151.

[146] Allerdings ist an dieser Stelle auch zu bedenken, dass – im Gegensatz zur stoischen Pneumatologie – der Geist zur Zeit von Jesu irdischem Wirken „noch nicht war" (οὔπω γὰρ ἦν πνεῦμα, Joh 7,39; vgl. 20,22) und sein Wirken als Paraklet erst nach Jesu Rückkehr zum Vater beginnen konnte (16,7; vgl. C. BENNEMA, The Giving of the Spirit in John 19-20. Another Round, in: I.H. MARSHALL u.a. (Hg.), The Spirit and Christ in the New Testament and Christian Theology. Essays in Honor of Max Turner, Grand Rapids 2012, 86-104).

[147] RABENS, *Pneuma* and the Beholding of God, 293-329; DERS., Johannine Perspectives, 134-139.

Subjektivität sowie dem Primat der Anderenbeziehung in intersubjektiver Genese wie grundlegender Verfasstheit, das die beiden Momente der Eingebundenheit bzw. Verflochtenheit und Bezogenheit enthält - zudem, den Analysefokus auf *das relationale Zwischen* auszurichten."[148] Unsere Analyse dieses „Dazwischen" hat ergeben, dass das Sein und Werden des Menschen bei Paulus und Johannes wesentlich von („innigen") Beziehungen bestimmt ist. Wir haben diverse Beziehungsfelder untersucht und das dynamische Potential transformierter und transformierender Beziehungen in ausgewählten Texten umrissen. Wie im Titel angezeigt, sollten so einige Grundzüge relationaler Theologie bei Paulus und Johannes dargestellt werden. Dementsprechend haben wir unseren Fokus auf solche Texte gelenkt, in denen Beziehungsdynamiken eine Rolle spielen. Dabei wurde betont, dass das präsentierte Modell der relational-ontologischen Transformation die persönliche Veränderung des Einzelnen inkludiert (siehe v.a. Einleitung und 1.3.). Nicht untersucht werden konnte hingegen das Verhältnis von den hier betrachteten Aussagen, die die relationale Bestimmtheit des Menschen aufzeigen, und solchen, die von einer Bestimmtheit des Menschen durch seine jeweilige (transformierte) Natur („Substanz") auszugehen scheinen, ohne dass deren relationaler Charakter explizit erwähnt würde.[149] Eine solche Untersuchung soll an anderer Stelle fortgesetzt werden. Erklärtes Ziel des vorliegenden Aufsatzes war es hingegen, die Bedeutung transformierter und transformierender Beziehungen bei zwei zentralen neutestamentlichen Theologen, Paulus und Johannes, herauszuarbeiten und mit der Verarbeitung der Ergebnisse Schneisen für den interdisziplinären Dialog zu schlagen.[150] Dabei wurde nicht behauptet, dass die beiden Autoren reflektiertermaßen mit dem Konzept der „Beziehung" operiert hätten. Anders als die Vertreter*innen des in 1.3. und 2.3. diskutierten „Infusion-Transformation"-Ansatzes, die der Meinung sind, dass Paulus und Johannes den Geist Gottes/Christi als eine stofflich-transformierende Substanz verstehen, behaupte ich nicht, dass die beiden Autoren ihre Anthropologie und Theologie bewusst an der von mir heuristisch verwendeten Konzeption der transformierten und

[148] KÜNKLER, Lernen in Beziehung, 541. Vgl. meinen Aufsatz(-titel) „Power from In Between", und EASTMAN, Paul, 181f.

[149] So u.a. Röm 1,21; 2,15.29; 12,2; 2Kor 3,3; 4,16; 5,17; Joh 1,13; 2,25; 3,19; 12,40; 15,3f.

[150] Vgl. dazu auch den Rezensionsartikel zu RABENS, Spirit aus systematisch-theologischer Perspektive: M. SAUCY, How Does the Holy Spirit Change Us? – A Review Essay, JBPR 4 (2012) 109-122 sowie A.M. GLAW, The Holy Spirit and Christian Ethics in the Theology of Klaus Bockmuehl, Eugene 2013, 201-238.

transformierenden Beziehungen orientiert haben. Vielmehr sollte gezeigt werden, dass solche Prozesse in beiden Textkorpora eine zentrale Bedeutung haben, die wir heute als *Beziehungsdynamiken* bezeichnen würden.

Das Konzept der Relationalität hat sich als hilfreich herausgestellt, um verschiedene Aspekte der paulinischen und johanneischen Anthropologie, Theologie und Ethik (im Titel als „Theologie" zusammengefasst) nuancierter darstellen und durchdringen zu können. Dies betrifft zunächst ganz grundsätzlich die relational konturierte anthropologische Grundbestimmung des Menschen. Der Mensch wird nicht als unabhängiges Individuum, sondern als zugehörig zu bestimmten Entitäten verstanden. Er gehört zur Welt, die bei Johannes durch ihr Verharren in Dunkelheit und Blindheit gekennzeichnet ist. Bei Paulus und Johannes ist der Mensch „Fleisch" und damit vergänglich und begrenzt. Bei beiden ist „Fleisch" ein Kontrapunkt zum göttlichen Geist, aber bei Paulus agiert σάρξ auch als kosmische Macht, bzw. als Machtbereich, in dem man entweder gefangen sein kann (Normalzustand) oder aus dem man durch Christus befreit wurde (Röm 8,2.9). Auch von der versklavenden Macht der Sünde muss der Mensch befreit werden, wie Paulus sehr prominent u.a. in Röm 7 darlegt und Johannes zumindest an einer Stelle deutlich herausstellt (Joh 8,34.36). Dieser prekäre Zustand steht dem Menschen aber erst in Folge der Begegnung mit Christus vor Augen. Erst durch die Eröffnung dieses neuen Erkenntnishorizonts in der Ansprache durch Christus „hat" der Mensch bei Johannes Sünde (Joh 9,41; 15,22.24; anders jedoch Paulus in Röm 3,23; 5,8.20f.; etc.). Sünde ist das „Nichtglauben an Jesus". Paulus jedoch redet im Rückblick auf sein Leben im Rahmen des jüdischen Gesetzes ohne Christus nicht von Sünde (Phil 3,6; anders allerdings das „Ich" in Röm 7). Vielmehr wurde alles in seinem vorherigen Leben „wertlos" (ζημία, wörtl. Schaden, Verlust; σκύβαλον, Müll, Kot) im Angesicht der überschwänglichen Erkenntnis Christi, seines Herrn (Phil 3,8). Christus ist also die Lösung für ein Problem, das erst im Angesicht dieser großartigen Begegnung mit ihm sichtbar wird. Schuppen (bzw. Schleier) fallen von den Augen, der Mensch ist nicht länger der Dunkelheit und Blindheit ausgeliefert, sondern er kann sehen. Das ist ein prominentes Motiv für die Eröffnung eines neuen, relationalen Erkenntnishorizonts bei Johannes (8,12; 9,32.39; 12,46; 14,19) und Paulus (2Kor 3,16.18; 4,4.6; 1Kor 13,12; vgl. die Parallele von Phil 3,8ff. in Apg 9,9.17f.).

Paulus beschreibt seine Begegnung mit Christus als Ergriffenwerden und den (noch nicht vollendeten) Prozess des Ergreifens. Im Ergriffenwerden wird dem Menschen bei Paulus und Johannes durch Jesu Tod und Auferstehung neues Leben geschenkt (u.a. Röm 1,16f.; 2Kor 5,15; Joh 6,51; 11,25), er ist nach

Paulus mit Gott durch Christus versöhnt und darf diese Versöhnung ergreifen (2Kor 5,19ff.; Röm 5,10f.). Πίστις drückt dieses Ergriffenwerden und Ergreifen aus. Für beide Autoren ist πίστις ein Beziehungsbegriff, der Glaube und Vertrauen bedeutet (bei Paulus auch Treue). Dem Prozess des Zum-Glauben-Kommens kommt im johanneischen Narrativ dabei eine deutliche Rolle zu. Im Glauben nehmen Menschen die Einladung Jesu an und empfangen den Geist (Joh 7,37-39; 14,17f.; Gal 3,2.5), der sie lebendig und zu Kindern Gottes macht.

Die Aufnahme in die Familie Gottes wurde in unserer Untersuchung als ein zentrales Moment der Relationalität der beiden Textcorpora herausgearbeitet. Sie drückt zum einen die Dimension der transformierten Beziehungen aus, denn der Mensch wird aus einem destruktiven Beziehungsgefüge in ein konstruktives versetzt und gehört nun zur göttlichen Familie. Paulus hat für diesen Transfer den Begriff der „Adoption als Söhne" (υἱοθεσία) geprägt. Zwar wird dieser nicht von Johannes verwendet,[151] aber auch er gestaltet die Metaphorik der Kindschaft kreativ aus. So redet er beispielsweise davon, dass die Jünger nicht von Jesus als „Waisen" zurückgelassen werden, sondern dass er zurückkommen wird (14,18). Die neue Zugehörigkeit bedeutet eine neue Identität und eine neue Erfahrungswelt. Wir haben die Bedeutung beider Dimensionen durch Einblicke in die Traditionsgeschichte vertiefen können, in denen die formierende („empowering") und transformierende Natur von Familienbeziehungen zum Ausdruck kam. Neben der Verpflichtung, der neuen Identität und dem vorgelebten Familienethos gemäß zu leben, wurde auf die verändernde Kraft der Liebe und der „Innigkeit" („intimacy") von Beziehungen auch auf dem Hintergrund sozialpsychologischer Studien hingewiesen. So wurde zum anderen deutlich, dass bei Paulus und Johannes die transformierten auch transformierende Beziehungen sind.

Durch den Geist des Sohnes bzw. der Sohnschaft werden die Adoptierten mit in eine innerfamiliäre Dynamik hineingenommen. Diese umfasst nach Paulus eine „vertikale" (der Geist des Sohnes ruft „Abba" in den Gläubigen und bezeugt zusammen mit ihnen ihre Kindschaft, Röm 8,15f.) wie eine „horizontale" Beziehungsdimension (die Gemeinschaft der Glaubensgeschwister, in der durch die geistgewirkten Gottesdienststrukturen neue Beziehungsdynamiken entstehen, u.a. im Hören und Warten aufeinander, 1Kor 14; 2Kor 13,13; Phil 2,1f.). So konstituiert sich eine reziproke Immanenz (u.a. Gal 2,20; Röm 8,9; vgl. 2 Kor 5,17; Röm 6,11.23; 14,7-9; etc.), die auch die Gläubigen untereinander als

[151] Es ist unsicher, ob der Autor des vierten Evangeliums bzw. des 1Joh die entsprechenden Texte aus dem Corpus Paulinum (Gal 4, Röm 8, Eph 1) kannte. Vgl. Anm. 155.

„Leib Christi“ umfasst (Röm 12,5; 1Kor 12,12.27; Eph 3,6; 4,12). Im Johannesevangelium ist es der Paraklet, der als Jesu vertraute Gegenwart in dessen physischer Abwesenheit die Freundschafts- und Familienbande weiterführt und vertieft. Diese innige Verbindung des wechselseitigen ineinander Seins und Bleibens bzw. der In-Existenz von Christus, dem Vater und den Glaubenden (Joh 3,15; 6,56; 15,1-16 [Weinstock-Metaphorik]; 1Joh 2,24) hat auch bei Johannes eine „horizontale Dimension“: an die Jünger wird die Herrlichkeit weitergegeben, die Jesus vom Vater empfangen hat, „auf dass sie eins seien, wie wir eins sind“ (17,22; vgl. 17,11.21ff.). So haben sie Gemeinschaft untereinander und mit dem Vater und mit seinem Sohn Jesus Christus (1Joh 1,3). Die Integration in die familiäre Relationsdynamik wird so zu einer kontinuierlichen Erfahrung der Christusnachfolger*innen, die ihr Sein und Werden bestimmt. Diese Partizipation kann nach der Meinung einiger Exeget*innen auf dem Hintergrund patristischer Theologie als Theosis („Vergöttlichung“) verstanden werden. Dabei wird nicht behauptet, dass der Mensch Gott wird, sondern dass er am göttlichen Leben Anteil bekommt im Sinne der reziproken Immanenz.[152]

Neben der reziproken Immanenz hatten wir im Hinblick auf die paulinische Soteriologie auch von einer reziproken Imitation gesprochen. Für die paulinische und die johanneische Ethik ist die Imitation Christi von großer Bedeutung, wie wir u.a. anhand von zwei paradigmatischen Texten gesehen haben (Phil 2,5-11 und Joh 13,34). Allerdings scheint das von Eastman vorgeschlagene Konzept der *reziproken* mimetischen Partizipation besser zur paulinischen Theologie zu passen, denn dort wird von Christus gesagt, dass er die Geschichte Adams „imitiert“ bzw. am menschlichen Schicksal partizipiert, es auf sich nimmt, um es schließlich durch Tod und Auferstehung zu transformieren (Röm 5,12-21; Gal 3,10.13f.). Der Mensch wiederum wird Teil dieses Prozesses, indem er mit Christus stirbt und aufersteht (Röm 6,3-11; mit der Taufe scheint hier auch ein ekklesiologisches Geschehen im Blick zu sein). Dieser soteriologischen Partizipation an Jesu Tod und Auferstehung soll eine ethische folgen, indem die Gläubigen die Gesinnung Jesu, die in seinem Falle die Erniedrigung bis zum tiefsten Punkt bedeutete, in ihrem Leben zur Anwendung bringen (Phil 2,5-11). Das johanneische Mimesis-Konzept verläuft dazu parallel. Denn Mimesis ist bei beiden Autoren kein ausschließlich kognitiv-behavioristischer Prozess. Vielmehr geht die Partizipation an der Geschichte Jesu bzw. das Erleben seines Vorbildes der Aufforderung zur Imitation voraus. Wie wir v.a. anhand von Joh 13,34 gesehen haben, sollen die Jünger nicht nur lieben *wie* Jesus,

[152] Vgl. Anm. 73 und 103f.

sondern (sie können es), *weil* sie erlebt haben, dass er sie zuerst geliebt hat. Die deutlichste Gemeinsamkeit mit diesem Motiv findet sich im Corpus Paulinum in Eph 5,1f.: „So ahmt nun Gott nach als geliebte Kinder und wandelt in der Liebe, wie/weil (καθώς) auch Christus uns geliebt hat und hat sich selbst für uns gegeben als Gabe und Opfer" (vgl. 3,14-4,3; 5,25; Röm 8,37; 2Kor 5,14f.; 1Thess 4,9).[153] Das Vorbild und die Erfahrung von Jesu Liebe ist die formative und transformative Kraft im Leben der Gläubigen.

Die Proexistenz Christi wird von Paulus imitiert und bietet in der Beziehung zu den Gemeinden somit eine weitere transformative Beziehungsdynamik (vgl. Gal 4,12 mit 4,4-7 und 3,10-14; siehe auch 1Kor 4,9-13; 11,1; 2Kor 1,4f.; 4,10ff.; 1Thess 1,6-9).[154] Wir haben gesehen, dass Paulus auf diese „horizontale" Dimension der relationalen Energie baut, wenn er über die Formation und Transformation seiner Gemeinde(glieder) schreibt. „Liebe baut auf" (1Kor 8,1; vgl. 2Kor 1,3-5; 1Thess 3,12f.). Im Corpus Johanneum ist diese Dimension weniger ausgeprägt aber ebenfalls vorhanden, wenn auch teilweise negativ formuliert, wie z.B. in 1Joh 2,10: „Wer seinen Bruder liebt, der bleibt im Licht, und durch ihn kommt niemand zu Fall."

Auch wenn die Differenzen zwischen Paulus und Johannes an anderer Stelle ausführlicher herausgearbeitet werden könnten, so hat unser kurzer Vergleich fundamentaler Grundzüge relationaler Theologie im Corpus Paulinum und Corpus Johanneum deutlich gezeigt, dass es zahlreiche Parallelen zwischen beiden Corpora gibt. Diese Parallelen könnten die Konsequenz eines Traditionsaustauschs paulinischer und johanneischer Theologie z.B. in Ephesus sein,[155] oder in dem Rückgriff auf ähnliche (frühjüdische) Traditionen begründet liegen.[156] Für den in diesem Aufsatz intendierten Vergleich theologischer Konzeptionen ist die Frage einer geographischen Zuordnung paulinischer und johanneischer Traditionen allerdings sekundär und wird daher offengelassen. In unserem konzeptionellen Vergleich wurde in jedem Fall deutlich, dass Relationalität in der paulinischen und johanneischen Literatur jeweils eigene Me-

[153] Siehe dazu u.a. G. SELLIN, Der Brief an die Epheser, KEK 8, Göttingen 2008, 380-389; V. RABENS, Ephesians, in: M.D. COOGAN (Hg.), The Oxford Encyclopedia of the Books of the Bible, Bd. 1, New York/Oxford 2011, 237-243, 242.

[154] Vgl. Anm. 49.

[155] Vgl. neuerdings die hilfreiche Diskussion verschiedener entwicklungsgeschichtlicher, kanonisch-traditionsgeschichtlicher, geographischer und konzeptioneller Zuordnungen von Paulus und Johannes in N. UEBERSCHAER, Theologie des Lebens bei Paulus und Johannes. Ein theologisch-konzeptioneller Vergleich des Zusammenhangs von Glaube und Leben auf dem Hintergrund ihrer Glaubenssummarien, WUNT 389, Tübingen 2017, 3-37.

[156] Vgl. den Text zu Anm. 147.

taphorik und Ausdrucksformen gefunden hat, aber dass selbst auf der sprachlichen Ebene eine große Konvergenz festzustellen ist (z.B. in der Familien-Metaphorik). Als Resultat unserer vergleichenden Analyse der Grundzüge relationaler Theologie in beiden Textcorpora lässt sich festhalten: Sein und Werden des Menschen sind bei Paulus und Johannes wesentlich von den Dynamiken transformierter und transformierender Beziehungen bestimmt.

Jan Dietrich

RESPONSIVE ANTHROPOLOGIE

Zum Bild des Menschen im Alten Testament am Beispiel der Tugend-Epistemologie

Einheit und Vielfalt der alttestamentlichen Texte verhalten sich zueinander wie Musik, die immer wieder neu um Themen kreist, die ihr wichtig sind.[1] Auch wenn die Frage nach der Einheit der alttestamentlichen Schriften eine durchaus offene Frage ist, die unterschiedliche Antworten hervorgebracht hat, so scheint die Beziehungshaftigkeit allen Seins in der Symphonie der Texte stets mitzuschwingen. Vielleicht ist auch die Frage nach der Einheit des Alten Testaments gar nicht mit dem Hinweis auf eine konkrete Entität wie ein bestimmtes Buch oder ein bestimmtes Thema zu beantworten, sondern eher mit dem Hinweis auf die erhöhte Aufmerksamkeit und Sensibilität, die das Alte Testament für die Relationen mitbringt, in denen Mensch, Welt und Gott stehen. Ich meine damit natürlich nicht, dass Relationalität eine Besonderheit im alten Israel wäre – tatsächlich handelt es sich hierbei wohl um eine anthropologische Konstante in je unterschiedlichen individuellen und kulturhistorischen Ausprägungen. Doch mir scheint, dass das alte Israel eine größere Aufmerksamkeit und Sensibilität für die Relationalität des Menschen mitbringt als manch moderne Kulturen.[2]

Über die Bedeutung von Israels Relationalität und Sozialität habe ich 2015 in der *Zeitschrift für die alttestamentliche Wissenschaft* publiziert und möchte mich

[1] Das Bild von der Musik ist schon häufiger verwendet worden, um die Einheit und Vielfalt der alttestamentlichen Texte zu beschreiben, vgl. beispielsweise in Bezug auf die Weisheitsbücher R. O'DOWD, A Chord of Three Strands. Epistemology in Job, Proverbs and Ecclesiastes, in: M. HEALY/R. PARRY (Hg.), The Bible and Epistemology. Biblical Soundings on the Knowledge of God, Milton Keynes u.a. 2007, 65-87, 84.

[2] Mit dem Hinweis auf die altisraelitische Aufmerksamkeit und Sensibilität für Relationalität beziehe ich mich auf meinen Austausch mit Herrn Professor Bernd Janowski zu dieser Frage, vgl. B. JANOWSKI, Wie spricht das Alte Testament von „Personaler Identität"? Ein Antwortversuch, in: E. BONS/K. FINSTERBUSCH (Hg.), Konstruktionen individueller und kollektiver Identität (I). Altes Israel / Frühjudentum, griechische Antike, Neues Testament / Alte Kirche. Studien aus Deutschland und Frankreich, BThSt 161, Neukirchen-Vluyn 2016, 31-61, 34.

zu den Phänomenen, auf die ich dort hingewiesen habe, nicht ausführlich wiederholen.[3] In jenem Aufsatz habe ich versucht zu zeigen, dass gerade im Alten Testament eine erhöhte Sensibilität dafür besteht, dass Relationalität nichts dem Menschen akzidentiell Hinzukommendes, sondern ihm wesentlich ist und der Mensch nur aus den Formen der Bezogenheit heraus verstanden werden kann, in denen er steht. Schon die beiden Schöpfungserzählungen bringen die umfassende Bezogenheit des Menschen zu Gott, Welt und Umwelt auf je ihre Weise zum Ausdruck. Darüber hinaus habe ich versucht zu zeigen, dass auch die sogenannten hebräischen Körperbegriffe den Menschen nicht als Monade fassen, sondern als relationales Leibwesen, und dass diese Körperbegriffe selbst immer schon relational konnotierte Begriffe sind. Unter dem Terminus „mutuelle Sozialidentität" habe ich versucht, die soziale Eingebundenheit des Menschen im alten Israel zu fassen. Diese Eingebundenheit geht so weit, dass der Mensch für seine eigene Identitätsbildung von der Anerkennung der Anderen abhängig ist, und hierbei vor allem auf die Deutungsmuster von Ehre und Schande zurückgreift. Kollektive Identitätsbildung geschieht durch Identifikationsprozesse, mit Hilfe derer die Menschen ein Gemeinschaftsgefühl entwickeln, das die Eingebundenheit in die Gemeinschaft stärkt. Zu den im alten Israel typischen Identifikationsprozessen zählen meiner Ansicht nach dabei vor allem die folgenden:

1. das kulturelle Gedächtnis, das Gemeinschaftlichkeit durch überindividuelle Tradierung von Erinnerungen schafft (mnemonische Gemeinschaftlichkeit),
2. die Ausbildung eines Gesellschaftscharakters, bei dem die Mitglieder der Gemeinschaft typische Einstellungen, Haltungen und Überzeugungen miteinander teilen (rationale und emotionale Gemeinschaftlichkeit),
3. gemeinsame rituelle Praktiken, die den Zusammenhalt der Gesellschaft stärken (rituelle Gemeinschaftlichkeit) sowie
4. korporatives Rechtsdenken, das die Gemeinschaft insgesamt zu bestimmten Rechtsformen verpflichtet (rechtliche Gemeinschaftlichkeit).

Im Folgenden möchte ich meinen Blick auf die relationalen Erkenntnisweisen richten, die für die alttestamentlichen Schriften typisch sind, und versuchen zu zeigen, dass sich die Bedeutung der Relationalität im Alten Testament auch am Denken und Erkennen deutlich machen lässt.

[3] Vgl. J. DIETRICH, Sozialanthropologie des Alten Testaments. Grundfragen zur Relationalität und Sozialität des Menschen im alten Israel, ZAW 127 (2015) 224-243.

1. Relationale Erkenntnis

Erkenntnis ist im Alten Testament ein relationaler Begriff. Gerne wird auf die sexuelle Bedeutung hingewiesen, die das Verb ידע „erkennen" auch enthalten kann, so wenn Adam seine Frau Eva „erkennt" und sie daraufhin schwanger wird (Gen 4,1). Ilse Müllner spricht sogar, merkwürdigerweise ohne Platon zu nennen, „vom Erkennen als einem erotischen Vorgang", der „im Horizont der Beziehungsaufnahme" geschieht und „Erkennen als erotisches Verhältnis zur Welt" ausweist.[4] Insbesondere im Buch Deuteronomium und in den Weisheitsschriften kommt der erotische Charakter alttestamentlichen Erkennens zum Ausdruck.

Die Weisheit des Alten Testaments zeigt sich, um Bezeichnungen von Aleida Assmann aufzugreifen,[5] als die Weisheit des Salomo und die Weisheit des Polonius. Beides sind eminent soziale Weisheitsformen, die auf Bezogenheit angelegt sind. Salomonische Weisheit bezeichnet die Weisheit des Herrschers, der sein Land in Recht und Gerechtigkeit zu regieren hat. Salomo bittet in 1Kön 3,9 um ein „hörendes Herz" (לב שמע), das es ihm ermöglicht, mit Einsicht und Weisheit Recht und Gerechtigkeit im Land durchzusetzen, was vor allem bedeutet, die Schwachen gegen die Gewalttat der Starken zu schützen. In Jes 11 dient die gottgeschenkte Erkenntnisfähigkeit des Königs dazu, nicht nur eine gerechte Gemeinschaft, sondern in umfassender Weise harmonische Sozial- und Naturbeziehungen im Land durchzusetzen:

Jes 11,1-9:
(1) Und hervorgehen wird ein Spross aus dem Stumpf Isais, und ein Schössling aus seinen Wurzeln wird Frucht tragen.

[4] I. MÜLLNER, Das hörende Herz. Weisheit in der hebräischen Bibel, Stuttgart 2006, 152. Relationalität wird typischerweise auch bei den hebräischen Begriffen für Wahrheit und Wahrhaftigkeit (*'æmæt* und *'æmûnāh*) angenommen, auch wenn Diethelm Michel zeigen konnte, dass *'æmæt* zunächst die Richtigkeit einer Aussage bezeichnet (vgl. D. MICHEL, 'Ämät. Untersuchung über „Wahrheit" im Hebräischen, ABG 12 [1968], 30-57). Allerdings haben viele Forscher etwas Richtiges darin gesehen, dass dieses „Richtige" im Alten Testament oftmals eben nicht allein eine objektive Aussage bezeichnet, die unabhängig von Menschen und Umständen besteht, sondern häufig ein Objekt (einschließlich der Rede), das in Relation zum Menschen eine Aufgabe zu erfüllen hat, so etwa wenn der Zeltpflock an einem „wahren Ort" eingeschlagen wird (Jes 22,23). Hier wird wohl ein relationales Verständnis der Verlässlichkeit dem alttestamentlichen am ehesten gerecht: Zelt und Zeltpflock stehen auf „wahrem Grund", wenn das Zelt für den Menschen verlässlich steht, auch bei Wind und Wetter. In einem ähnlichen Sinne können wir von „wahrer Freundschaft" und „wahrer Liebe" sprechen (vgl. dazu nun ausführlich Y. HAZONY, The Philosophy of Hebrew Scripture, Cambridge 2012, 193-218).

[5] Vgl. A. ASSMANN, Was ist Weisheit? Wegmarken in einem weiten Feld, in: DIES., Weisheit, Archäologie der literarischen Kommunikation 3, München 1991, 15-44.

(2) Und ruhen wird auf ihm der Geist Jhwhs (רוח יהוה), der Geist der Weisheit und der Einsicht (רוח חכמה ובינה), der Geist des Rates und der Kraft (רוח עצה וגבורה), der Geist der Erkenntnis und der Jhwh-Furcht (רוח דעת ויראת יהוה).

(3) Und sein Wohlgefallen wird er an der Jhwh-Furcht haben, sodass er nicht nach dem Augenschein richtet und nicht nach dem Hörensagen entscheidet,

(4) sondern richtet in Gerechtigkeit Geringe und entscheidet in Geradheit für Elende des Landes. Ja, schlagen wird er das Land mit dem Stab seines Mundes und mit dem Hauch seiner Lippen Frevler töten.

(5) Und Gerechtigkeit wird der Schurz seiner Lenden sein und die Wahrhaftigkeit der Schurz seiner Hüften.

(6) Dann wird der Wolf mit dem Lamm umherziehen und der Leopard beim Böckchen lagern. Ja, Kalb und Junglöwe und Mastvieh werden beisammen sein, und ein kleiner Junge wird sie führen.

(7) Auch Kuh und Bär werden weiden – zusammen lagern ihre Jungen. Und der Löwe wird wie das Rind Stroh fressen.

(8) Und spielen kann der Säugling am Loch der Kobra, und nach der Höhle der Viper das Kleinkind seine Hand ausstrecken.

(9) Nicht werden sie böse oder zerstörerisch handeln auf meinem ganzen heiligen Berg, denn erfüllt sein wird das Land von Jhwh-Erkenntnis, wie die Wasser, die das Meer bedecken.

Erkenntnis und Einsicht sind relational konnotiert und dienen der Sozialität des Menschen. Mit der Weisheit des Polonius bezeichnet Aleida Assmann die väterliche Erfahrungsweisheit, die der Vater an den Sohn weitergibt. Diese Weisheit ist traditionsgebunden und in das kulturelle Gedächtnis des alten Israel eingebettet. Jeder Hörer und Leser der Schrift ist ein Sohn, der die Tradition aufnehmen und als Vater an seinen Sohn weitergeben soll. Auch hier handelt es sich um eine relationale Weisheit. Schon zu Beginn des Sprüchebuches wird deshalb die Weisheit gleich zweifach relational eingeholt: Zum einen indem sie im Erzählkontext als eine Weisheit erscheint, die vom Vater bzw. von den Eltern[6] an den Sohn weitergegeben wird, zum anderen indem sie vor unsozialem Verhalten warnt:

Spr 1,10f.:

(10) Mein Sohn, wenn Sünder dich locken – sei nicht willig!

(11) Wenn sie sagen: Geh mit uns! Wir wollen auf Blut lauern, wollen dem Unschuldigen grundlos nachstellen.

Die Konstellation Vater-Sohn bzw. Eltern-Sohn weist auf die Familie als den „Ort der Sozialisation, hier wird die Einweisung in die Gesellschaft vorbereitet und unterstützt. Das Wissen, das von einer Generation an die andere weitergegeben wird, umfaßt eben solche Punkte, die für eine erfolgreiche Sozialisation wesentlich sind.“[7]

[6] Zum Zusammenhang zwischen Spr 1,8f. und Spr 1,10-19 vgl. K. FINSTERBUSCH, Weisung für Israel. Studien zu religiösem Lehren und Lernen im Deuteronomium und in seinem Umfeld, FAT 44, Tübingen 2005, 87-90.

[7] ASSMANN, Weisheit, 33.

Die Internalisierung des traditionsgebundenen Wissens läuft über das Hören. So wie das Denkorgan des Salomo ein hörendes Herz ist, das für die Weisung Gottes und die gesellschaftlichen Probleme offen ist, so soll in der traditionsgebundenen Weisheit das Denkvermögen eines jeden Menschen ein hörendes Herz sein, das sich die Gebote der Erziehung einverleibt. Dieses relationale Herz ist aus der Sicht der alttestamentlichen Weisheit ein im besten Sinne außengeleitetes Herz:

> Spr 23,26:
> Gib, mein Sohn, dein Herz mir,
> und deine Augen mögen meine Wege bewahren.

Entsprechend nimmt im Buch der Sprüche das Hören die entscheidende erkenntnisleitende Funktion ein. Die traditionsgebundene, sozial orientierte Weisheit basiert auf einem „hörenden Denken",[8] das die Dimensionen des Zuhörens und Gehorchens gemeinsam umfasst.[9] Der Epilog der ägyptischen *Lehre des Ptahhotep* bringt die Verbindung zwischen Hören und Gehorchen durch ein Sprachspiel mit dem Wort *sḏm* („hören") zum Ausdruck,[10] was auf ähnliche Weise auch mit dem hebräischen שׁמע („hören") denkbar wäre.

> Lehre des Ptahhotep:
> (534) Vorteilhaft ist das Hören (*sḏm*) für einen Sohn, der hört (*sḏmw*),
> (535) denn das Hören (*sḏm*) dringt ein in den Hörer (*sḏmw*),
> (536) und so wird aus dem Hörer (*sḏmw*) ein Gehorsamer (*sḏmj*).[11]

In der Geistesgeschichte ist häufig ein epistemologischer Gegensatz zwischen dem Sehen und dem Hören aufgemacht und Athen das Sehen, Jerusalem das Hören zugeordnet worden. Aufbauend auf den Arbeiten von Bruno Snell,

[8] Vgl. D. BARBARIĆ, Hörendes Denken, in: G. FIGAL/H.-H. GANDER (Hg.), Dimensionen des Hermeneutischen. Heidegger und Gadamer, Schriftenreihe der Martin-Heidegger-Gesellschaft 7, Frankfurt 2005, 37-57.

[9] Vgl. etwa U. RÜTERSWÖRDEN, Art. שׁמע, ThWAT 8 (1995) 255-279, 276f.; N. SHUPAK, Where can Wisdom Be Found?, OBO 130, Fribourg/Göttingen 1993, 51-55; DIES., Learning Methods in Ancient Israel, VT 53 (2003) 416-426, 417f.; J. DIETRICH, Individualität im Alten Testament, Alten Ägypten und Alten Orient, in: A. BERLEJUNG u.a. (Hg.), Menschenbilder und Körperkonzepte im Alten Israel, in Ägypten und im Alten Orient, ORA 9, Tübingen 2012, 77-96, 81f.

[10] G. BURKARD/H.J. THISSEN, Einführung in die altägyptische Literaturgeschichte I. Altes und Mittleres Reich, Einführungen und Quellentexte zur Ägyptologie 1, Berlin ³2008, 100.

[11] Übersetzung nach H. BRUNNER, Die Weisheitsbücher der Ägypter, Zürich/München 1991, 129. Für das Ägyptische *sḏm* vgl. auch SHUPAK, Wisdom, 51-57; H. BRUNNER, Das hörende Herz, in: DERS., Das hörende Herz. Kleine Schriften zur Religions- und Geistesgeschichte Ägyptens, OBO 80, hg.v. W. RÖLLIG, Fribourg/Göttingen 1988, 3-5, 3f.

der die Griechen als „Augenmenschen" kennzeichnete,[12] beschrieb vor allem Thorleif Boman das Denken der Griechen als ein visuelles und das Israels als ein auditives.[13] Auch Heidegger und Gadamer beschreiben das Denken als ein Hörendes.[14] Für Martin Heidegger ist das Hören „*vernehmender* als das ‚Sehen'".[15] Hans-Georg Gadamer betont „gegenüber der griechischen Okularität":[16] „Hören können heißt verstehen können."[17]

Die strikten Gegenüberstellungen zwischen Athen und Jerusalem sind letztlich weder historisch noch typologisch überzeugend, und die neuere alttestamentliche Forschung betont zu Recht die epistemologische Bedeutung des Sehens im Alten Testament.[18] Wie die angeführten Beispiele jedoch zeigen, nimmt zumindest in der traditionellen Weisheit sowie im Deuteronomium und in deuteronomistisch geprägten Texten das Hören auf die Gebote und Traditionen eine hervorragende Stellung ein. Im Alten Orient und im Alten Testament ist hörendes Denken ein im positiven Sinne außengeleitetes Denken, das sich die vorgegebenen Traditionen hörend aneignet. „Die erste Erfordernis dafür, daß die Lehren fruchtbar werden, ist das Hören, das zu einem Gehorchen wird."[19] Der Mensch ist ein responsives Wesen, das sich diese Traditionen aktiv aneignen und nach ihnen leben soll. Der responsive Charakter dieses Geschehens wird beispielsweise an dem Grundgebot Dtn 6,4-9 deutlich:

(4) Höre, Israel: Jhwh, unser Gott, Jhwh ist einer![20]

[12] Vgl. B. SNELL, Die Ausdrücke für den Begriff des Wissens in der vorplatonischen Philosophie (sophia, gnōmē, synesis, historia, mathēma, epistēmē), Philologische Untersuchungen 29, Berlin 1924.

[13] Vgl. T. BOMAN, Das hebräische Denken im Vergleich mit dem Griechischen, Göttingen 1952.

[14] Vgl. zum Folgenden BARBARIĆ, Denken.

[15] „Das Hören – nicht von Ohr und Ton her, nicht vom Gehör – sondern von *Horchen und Gehorchen*. Das *Wesentliche im Vernehmen* beim Menschen: das ‚Hören' *vernehmender* als das ‚Sehen'." M.HEIDEGGER, Gesamtausgabe, Band 85, Frankfurt 1999, 113.

[16] H.-G. GADAMER, Gesammelte Werke, Band 8. Ästhetik und Poetik I. Kunst als Aussage, Tübingen 1993, 403 (=GW).

[17] GADAMER, GW, 8, 272.

[18] Vgl. in neuerer Zeit Y. AVRAHAMI, The Senses of Scripture: Sensory Perception in the Hebrew Bible, LHB/OTS 545, London 2012; M. CARASIK, Theologies of the Mind in Biblical Israel, SBLit 85, Frankfurt u.a. 2006; B. JANOWSKI, Konfliktgespräche mit Gott. Eine Anthropologie der Psalmen, Neukirchen-Vluyn ²2003, 87f.; G. SAVRAN, Seeing is Believing: On the Relative Priority of Visual and Verbal Perception of the Divine, BibInt 17 (2009) 320-361.

[19] H. BRUNNER, Altägyptische Erziehung, Wiesbaden 1957, 131, in Bezug auf die altägyptischen Erziehungsideale.

[20] Es gibt für diesen Vers unterschiedliche Übersetzungsmöglichkeiten mit entsprechend unterschiedlichen Verständnisnuancen (vor allem monolatrisch, monotheistisch, zentralistisch, das heißt gegen andere lokale Erscheinungsformen Jhwhs gerichtet), vgl. etwa

(5) Und du sollst Jhwh, deinen Gott, lieben mit deinem ganzen Herzen (לב) und mit deiner ganzen Seele (נפש) und mit deiner ganzen Kraft (מאד).

(6) Und diese Worte, die ich dir heute gebiete, sollen auf deinem Herzen (לב) sein.

(7) Und du sollst sie deinen Kindern einschärfen, und du sollst über sie reden,[21] wenn du in deinem Haus sitzt, und wenn du auf dem Weg gehst, und wenn du dich niederlegst und wenn du aufstehst.

(8) Und du sollst sie als Zeichen auf deine Hand binden, und sie sollen als Merkzeichen zwischen deinen Augen sein,

(9) und du sollst sie auf die Pfosten deines Hauses und an deine Tore schreiben.

Auf das Gebot des Hörens folgt eine Aussage über die Einzigartigkeit Gottes, die in der heutigen alttestamentlichen Forschung unter dem Begriff der Monolatrie gefasst wird. Damit endet nicht die Aufforderung zum Hören, sondern diese umschließt auch die folgenden Gebote, mit denen der Mensch auf die Gottesaussage antworten soll. Diese Gebote sind nicht einfach ethisch-religiöse Gebote im luftleeren Raum, sondern sie greifen anthropologische Körper- und Sozialbegriffe auf, um die geforderte Responsivität anthropologisch zu verankern: das „Herz", die „Seele" und die „Kraft", die Zeichen an der Hand und zwischen den Augen sowie das Reden und das Lehren. Gleichzeitig wird diese Responsivität auch umfassend in Konstellationen des lokalen Raumes eingebettet: das Haus und der Weg sowie, als liminale Bereiche, die Türpfosten und das Stadttor. Ziel ist es, diese Form der Responsivität des Menschen umfassend zu verankern.[22]

2. *Responsive Anthropologie*

Responsivität scheint eine anthropologische Konstante zu sein: Alle Menschen sind immer schon, geschichts- und kulturübergreifend, antwortende Wesen. Insbesondere relational orientierte Denker wie Martin Buber, Maurice Merleau-Ponty, Emmanuel Levinas und Bernhard Waldenfels haben den immer schon antwortenden Charakter des Menschen beschrieben: So lange der

N. MACDONALD, Deuteronomy and the Meaning of „Monotheism", FAT II/1, Tübingen ²2012, 59-75; E. OTTO, Deuteronomium, HThK.AT, Freiburg u.a. 2012-2016, 794-803.

21 Oder: „und du sollst sie rezitieren", vgl. die Diskussion bei FINSTERBUSCH, Weisung, 241-245.

22 Auch die „Israelerkenntnis Gottes" ist relational-responsiv, und beide Formen entsprechend aufeinander bezogen, vgl. MACDONALD, Deuteronomy, 136: „Whatever may or may not be said about the extent of divine knowledge, there is a basic congruence between the knowledge YHWH seeks and the knowledge he desires for Israel, for both may be described as relational." Vgl. auch R. O'DOWD, Memory on the Boundary: Epistemology in Deuteronomy, in: M. HEALY/R. PARRY (Hg.), The Bible and Epistemology: Biblical Soundings on the Knowledge of God, Milton Keynes u.a. 2007, 3-22, 10.

Mensch Mensch ist, ist er auf Antwort festgelegt. Er muss und kann nicht anders, als auf Welt und Umwelt antwortend zu reagieren, wie auch immer die einzelne Antwort konkret aussehen mag. Maurice Merleau-Ponty beispielsweise schrieb in dem Aufsatz *Das Metaphysische im Menschen*:

> „Von dem Augenblick an, in dem ich erkannt habe, daß meine Erfahrung, gerade insofern sie die meine ist, mich dem öffnet, was ich nicht bin, daß ich für die Welt und die Anderen *empfindsam* bin, nähern sich mir in einzigartiger Weise alle Wesen, die das objektive Denken auf Distanz hielt. Oder umgekehrt: Ich erkenne meine Verwandtschaft mit ihnen, ich bin nichts als ein Vermögen, ihnen Widerhall zu geben, sie zu verstehen, ihnen zu antworten. Mein Leben erscheint mir absolut individuell und absolut universell."[23]

Empfindsamkeit für die Welt und Respons auf die Welt sind anthropologische Konstanten insofern, als der Mensch vom Mutterleib an auf die Umwelt bezogen ist und antwortend auf sie reagiert. Vor allem im Anschluss an Emmanuel Levinas entwirft Bernhard Waldenfels eine Theorie der Responsivität. Responsivität ist dem Menschen unausweichlich gegeben. Egal, wie sich der Mensch verhält, nicht nur jedes Verhalten, sondern jede Form der Bezogenheit auf die Welt – auch die ausweichende oder abweisende, auch die, die keine Antwort geben will, auch die solipsistische – ist immer schon eine antwortende Weise. Geworfen in die Welt muss der Mensch auf sie antworten, und egal wie er sich verhält, jedes Verhalten ist ein immer schon respondierendes: „Man kann nicht nicht antworten".[24] Bernhard Waldenfels spricht deshalb von einem *„Grundzug der Responsivität* […], der auf gewisse Weise alles prägt, was in unserem Reden und Tun und in unserem sonstigen Verhalten vor sich geht."[25]

Nun geht es bei diesen phänomenologischen Beschreibungen um anthropologische Grundgegebenheiten. Die Frage, wie sich im Einzelnen Responsivität individuell oder kultur- und sozialhistorisch äußert, ist damit nicht beantwortet. Kulturhistorisch kann es zu ganz unterschiedlichen Formen der Responsivität kommen. Erich Fromm beispielsweise entwirft eine soziodynamische Theorie des Gesellschafts-Charakters und spricht von unterschiedlichen Formen der Bezogenheit, die für verschiedene Gesellschaften jeweils prägend

[23] M. Merleau-Ponty, Das Metaphysische im Menschen, in: Ders., Das Auge und der Geist. Philosophische Essays, hg.v. C. Bermes, Hamburg 2003, 47-69, 63. Vgl. auch H. Rosa, Resonanz. Eine Soziologie der Weltbeziehung, Berlin 2016, 67.

[24] B. Waldenfels, Antwortregister, Frankfurt 1994, 358. Vgl. etwa auch G. Unterthurner, Responsivität, in: H. Vetter (Hg.), Wörterbuch der phänomenologischen Begriffe, Hamburg 2004, 463-464, 463.

[25] Waldenfels, Antwortregister, 320. Hervorhebung von mir, J.D.

sind.[26] Hartmut Rosa entwirft eine Theorie der Resonanz und beschreibt unterschiedliche Formen der Resonanzbeziehungen, mit denen Menschen, Gesellschaften und Kulturen ihre Verhältnisse zur Welt einrichten.[27] Die Frage nach der jeweils spezifischen Form der Bezogenheit, nach der jeweils typischen Resonanzbeziehung und der jeweils besonderen Weise der Responsivität, die von den meisten Mitgliedern einer Gesellschaft geteilt wird, kann nur mit kulturhistorischer Aufmerksamkeit für die Eigenarten der zu beschreibenden Phänomene gelingen.

Für die alttestamentlichen Texte generell und die weisheitlichen Texte der Hebräischen Bibel im Besonderen scheint eine erhöhte Sensibilität für die Responsivität des Menschen leitend.[28] Klassischerweise kann auf das konnektive Gerechtigkeitsverständnis im Alten Testament verwiesen werden.[29] Recht und Gerechtigkeit (משפת und צדקה), Wahrhaftigkeit und Treue (אמונה und חסד) sind auf ein „respondierendes Verhalten"[30] gerichtet, das nicht nur Gott und dem Mitmenschen antwortet, sondern auch den Tieren:[31]

> Spr 12,10:
> Ein Gerechter kennt die Bedürfnisse seines Viehs,
> aber das Gefühlsleben der Frevler ist grausam.

Das „Kennen" der Bedürfnisse impliziert hier ein „respondierendes Kennen", ein Sich-Kümmern und Sorgen. Auf die respondierende „Gemeinschaftstreue" im Alten Testament ist schon häufig hingewiesen worden.[32] Im Folgenden soll das menschliche Denken und Erkennen im Rahmen einer responsiven Anthropologie behandelt werden.

[26] Vgl. die Beiträge in E. FROMM, Analytische Sozialpsychologie, Gesamtausgabe 1, Stuttgart 1980.

[27] Vgl. ROSA, Resonanz.

[28] Susan Niditch hat zwar ihr neues Buch *The Responsive Self* betitelt, bezeichnet damit jedoch eher neu aufkommende Formen der Individualität in den spätbiblischen Texten, vgl. S. NIDITCH, The Responsive Self: Personal Religion in Biblical Literature of the Neo-Babylonian and Persian Periods, AYBRL, New Haven/London 2015.

[29] Vgl. etwa JANOWSKI, Konfliktgespräche, 138 (Lit.).

[30] D. MICHEL, *ḥæsæd wæ'ᵆmæt*, in: A. WAGNER (Hg.), Studien zur hebräischen Grammatik, OBO 156, Fribourg/Göttingen 1997, 73-82, 74.

[31] Vgl. auch A. MEINHOLD, Zur weisheitlichen Sicht des Menschen (vornehmlich nach dem Sprüchebuch, speziell Spr 20,2-30), in: DERS., Zur weisheitlichen Sicht des Menschen. Gesammelte Aufsätze, ABG 6, Leipzig 2002, 177-187, 179.

[32] Vgl. zuletzt DIETRICH, Sozialanthropologie, 237-242.

3. *Responsive Tugend-Epistemologie im Alten Testament*

Die Relationalität des Erkennens kommt nicht nur implizit in den alttestamentlichen Texten zum Ausdruck und kann entsprechend rekonstruiert werden, sondern es wird auf ihr aufbauend das Gottes- und Weltverhältnis des Menschen selbst zum Thema gemacht und darüber reflektiert. Dabei überschneiden sich in der Regel die deskriptive und präskriptive Ebene. Beide Zugänge können durchaus Hand in Hand gehen und werden auch von aktuellen Theoriekonzepten gleichermaßen einbezogen. Für die Soziologie beispielsweise führt Hartmut Rosa aus:

> „Resonanz ist zunächst als ein menschliches Grundbedürfnis und eine Grundfähigkeit zu verstehen. Daraus ergeben sich zwei deskriptive Konsequenzen zugleich: *Erstens* bilden sich menschliche Subjektivität und soziale Intersubjektivität grundsätzlich über die Etablierung von basalen Resonanzbeziehungen heraus. [...] *Zweitens* aber sind Menschen existentiell vom Verlangen nach Resonanzbeziehungen geprägt. Menschliches Begehren lässt sich deshalb schlechthin als Resonanzbegehren interpretieren. In dieser Feststellung behandelt die Soziologie der Weltbeziehung Resonanz noch immer als einen deskriptiven Begriff: Sie stellt einfach fest, dass Menschen ein Verlangen nach Resonanz haben, das dem nach Nahrung oder nach Anerkennung ähnelt. [...] Resonanz wird indessen zum *normativen* Konzept, wenn und wo sie als Maßstab des gelingenden Lebens und damit als Kriterium einer normativ orientierten Sozialphilosophie etabliert werden soll."[33]

Das zentrale Gebot der Gotteserkenntnis in Dtn 6,4-9 baut auf der grundlegenden Resonanzfähigkeit des Menschen auf, indem es eine Ethik des Hörens und Antwortens entwirft: Hören soll der Mensch, und antworten soll er auf eine Weise, die dem Gehörten auf umfassende Weise Rechnung trägt: mit Herz, Seele, Kraft, Hand, Augen und an allen Plätzen und Orten, an denen sich der Mensch des alten Israel in seiner kleinräumigen Welt zumeist befindet. In diesem Text wird demnach die grundsätzliche Resonanzfähigkeit des alttestamentlichen Menschen wahrgenommen und darauf aufbauend eine kulturhistorisch bahnbrechende religiöse Responsivität entworfen.

Über diese Form der Responsivität ist durchaus noch mehr zu sagen. Sie ist eine zielgerichtete, die den ganzen Menschen auf allein einen Gott an allein einem Ort ausrichtet. Sie sagt nicht nur etwas über eben dieses Gottesbild und den Gottesort aus, sondern auch über den Menschen, der auf den Ausruf „Höre!" antworten soll. Das weisheitlich geprägte Buch Deuteronomium entwirft eine eigene Epistemologie der Responsivität, sodass der Ausspruch „Ein Gott an einem Ort" epistemologisch durch das Motto „Ein Gott, ein Tempel, ein Geist"[34] erweitert werden muss. Dieser eine Geist, der im Deuteronomium

[33] ROSA, Resonanz, 293f.

[34] S. GELLER, Fiery Wisdom: Logos and Lexis in Deuteronomy 4, Prooftexts 14 (1994) 103-139, 105: „one god, one shrine, one mind".

weht und jeden Leser und Hörer prägen und leiten soll, macht aus der Responsivität eine Tugend. „Hören" bezeichnet hier nicht nur Gehorchen, sondern schließt die beständige Einübung in das Hören und Gehorchen ein. Nicht erst bei Aristoteles,[35] sondern schon in den Weisheitstexten des Alten Orients[36] und dann vor allem im Deuteronomium und anderen Texten der hebräischen Bibel wird eine Tugend-Epistemologie entworfen,[37] die, anders als bei Aristoteles, der Responsivität weiten Raum gibt.

Epistemische Tugenden gelten ebenso wie moralische Tugenden als Charaktereigenschaften, durch die sich ein tugendhafter Mensch auszeichnet. Achtsamkeit, Aufgeschlossenheit, Lernbereitschaft, Umsicht, Sorgfältigkeit und Wachsamkeit sind epistemische Tugenden, die das Denken prägen, das im Deuteronomium, in den Weisheitsschriften und auch bei den Propheten[38] auf je unterschiedliche Weise entworfen und eingefordert wird. Andere epistemische Tugenden wie intellektueller Mut, Offenheit und Vorurteilsfreiheit können einigen Schreibern der biblischen Texte zugesprochen werden (wenn auch nicht allen) und werden auch in manchen Fällen (wenn auch nicht in allen) vom Hörer/Leser erwartet. Sie können einigen biblischen Gestalten wie Hiob oder Kohelet zugesprochen und anderen wie Hiobs Freunden abgesprochen werden. Epistemische Tugenden sagen erst einmal nichts über den kognitiven Gehalt von Erkenntnissen aus, sondern bezeichnen relationale Größen, Einstellungen und Haltungen des erkennenden Charakters, gelingende Formen der epistemischen Bezogenheit zur Welt. Sie sind damit Teil einer responsiven Anthropologie:

> „To be intellectually virtuous is not just to have a good score in terms of cognitive endeavours that come out right. It is much more a matter of orientation toward the world, and

[35] Vgl. zur Tugend-Epistemologie des Aristoteles etwa L.T. ZAGZEBSKI, Virtues of the Mind: An Inquiry into the Nature of Virtue and the Ethical Foundations of Knowledge, Cambridge 1996, 137-158; A. KOSMAN, Virtues of Thought: Essays on Plato and Aristotle, Cambridge, 2014, 280-297. Vgl. etwa auch J. KRAJCZYNSKI, Art. Tugend, in: C. RAPP/K. CORCILIUS (Hg.), Aristoteles Handbuch. Leben – Werk – Wirkung, Stuttgart 2011, 361-366, 365f.

[36] Weisheit selbst gilt bei Aristoteles als tugendhafte Charaktereigenschaft und bezeichnet demnach eine Haltung, vgl. etwa O. HÖFFE, Art. sophia/Weisheit, Aristoteles-Lexikon (2005) 527-529, 527f.

[37] Zur Theorie der Tugend-Epistemologie vgl. etwa J.S. BAEHR, The Inquiring Mind: On Intellectual Virtues and Virtue Epistemology, Oxford 2011; ZAGZEBSKI, Virtues. Der Ansatz Zagzebskis wird aufgenommen und kritisch diskutiert bei D. JOHNSON, Biblical Knowing: A Scriptural Epistemology of Error. With a Foreword by Craig Bartholomew, Eugene 2013, 171-173, der sich selbst an Michael Polanyi orientiert.

[38] Vgl. hierzu etwa G. VALL, An Epistemology of Faith: The Knowledge of God in Israel's Prophetic Literature, in: M. HEALY/R. PARRY (Hg.), The Bible and Epistemology: Biblical Soundings on the Knowledge of God, Milton Keynes u.a. 2007, 24-42; HAZONY, Philosophy, 161-192.

toward one's knowledge-seeking self, and other such selves as part of the world. Virtues, both moral and intellectual, have much more to do with the manner of relation to the world than with the ‚content' of particular actions or knowledge claims."[39]

Der Abschnitt Dtn 6,4-9 wird in Vers 3 mit der Forderung nach respondierendem Verhalten eingeleitet, nämlich wachsam zu sein, um die Gebote zu bewahren. Die Tugend der Wachsamkeit, ursprünglich vor allem eine Tugend des Wächters,[40] wird hier metaphorisch im epistemischen wie ethischen Sinne zur Bewahrung der Gebote von allen Israeliten eingefordert.[41] In Dtn 6,4-5 kommt sodann das ganzheitliche Menschenbild des Alten Testaments zum Tragen, um zu einer Tugend der Umsicht anzuleiten, die ganzheitlich mit mehreren Sinnes- und Erkenntnisorganen betrieben wird. Vers 6 betont die beständige Übung, derer es bedarf, um sich die neue Gotteserkenntnis dauerhaft anzueignen und zwischen den Generationen lehrend und lernend zu verankern.[42] Vers 7-8 rekurrieren auf mnemotechnische Hilfsmittel der epistemischen Einübung, spezifische körper- und raumsymbolische Zeichen, die die religiöse Identität dauerhaft festigen und auch öffentlich anzeigen sollen. So gilt die Aussage Zagzebskis nicht nur für die griechisch geprägte Tugend-Epistemologie, sondern – wenn auch auf andere Weise – für die resonanz-orientierte Tugend-Epistemologie der hebräischen Bibel: „Knowledge is a state of true belief arising out of acts of intellectual virtue."[43]

Umgekehrt haben auch die Untugenden einen epistemischen-respondierenden Gehalt. Es ist kein Zufall, wenn im Buch der Sprüche „immer wieder eine bestimmte Kennzeichnung der Frevler als die schlimmste angeführt wird, nämlich die, daß sie nicht wissen (4,19; 5,6; 7,23; 9,13.18; 19,2; 23,35b; 24,12;

[39] L. CODE, Toward a „Responsibilist" Epistemology, PPR 45 (1984) 29-50, 41. Peter Sloterdijk kritisiert den Habitus-Begriff von Pierre Bourdieu unter Bezugnahme auf Aristoteles und Thomas „im Rahmen einer aretologischen Anthropologie" (P. SLOTERDIJK, Du musst dein Leben ändern. Über Anthropotechnik, Frankfurt 2012, 288). Deren Habitus-Konzept möchte er durchaus im Sinne seiner „Trainingstheorie" lesen (aaO., 290).

[40] Vgl. etwa G. LÓPEZ, Art. שׁמר ThWAT 8 (1995) 280-306.

[41] Der epistemische Gehalt des respondierenden Bewahrens kommt auch in Dtn 4,6 sehr schön zum Ausdruck.

[42] Nicht nur die Tugendethik des Aristoteles, auch diejenige des Deuteronomiums ließe sich durchaus im Sinne Sloterdijks als „Anthropotechnik" und „Trainingslehre" interpretieren, vgl. SLOTERDIJK, Leben, 290.

[43] ZAGZEBSKI, Virtues, 271.

28,22)."[44] Gemeint ist damit weniger, dass sie einfach einer Täuschung unterliegen,[45] sondern dass es ihnen an einer Grundhaltung fehlt, die durch epistemische Tugenden wie Offenheit und Einsichtswille als „Fähigkeit zur Belehrbarkeit"[46] geprägt ist. Im Alten Ägypten bezeichnet Taubheit keinen organischen Fehler, sondern eine grundsätzliche Haltung, nämlich die generelle Unwilligkeit zu einem respondierenden Verhalten gemäß der Kunst des Zuhörens.[47] Diese Kunst baut auf den Tugenden Offenheit und Einfühlungsvermögen sowie „Geduld, Freundlichkeit, aufmerksame Zuwendung"[48] auf und entspricht dem Prinzip der konnektiven Gerechtigkeit (Ma'at), das durch respondierendes Aneinander-Denken, Aufeinander-Hören und Füreinander-Handeln gekennzeichnet ist. Wenn es in Dtn 10,16 heißt: „So beschneidet die Vorhaut eures Herzens und euren Nacken verhärtet nicht länger!", dann wird der verhärtete Nacken als Metapher für eine epistemische Verweigerungshaltung verwendet und der Beschneidung der Vorhaut des Herzens als epistemische Annahme des Glaubens gegenübergestellt. Fehlende Resonanz ist hiernach keine genuin moralische Kategorie, sondern eine epistemische, die für ein „törichtes und unweises Volk" (Dtn 32,6) und eine Nation „ohne Rat und Einsicht" (Dtn 32,28) typisch ist.[49] Diese weisheitlich geprägten Aussagen im Deuteronomium zeigen, dass Israels Unglaube keine anthropologische Notwendigkeit ist, sondern epistemischer Torheit und einem entsprechenden Verhalten entspringt.

Wenn im Exodusbuch stets hervorgehoben wird, dass Pharao die Wunder Gottes ebenso sieht wie die Israeliten, führt dies bei ihm keineswegs zu respondierender Erkenntnis und Einsicht, sondern zur „Verstockung als Wahrnehmungsblockade"[50] – und zwar deshalb, weil sich sein Herz, also sein Denkvermögen, „verhärtet" hat:

[44] MEINHOLD, Sicht, 180.

[45] So MEINHOLD, Sicht, 180.

[46] J. HAUSMANN, Studien zum Menschenbild der älteren Weisheit (Spr 10ff.), FAT 7, Tübingen 1995, 15.

[47] „,Taubheit' meint in diesem Fall die Unfähigkeit, nicht: zu hören, sondern: zuzuhören." (J. ASSMANN, Ma'at. Gerechtigkeit und Unsterblichkeit im Alten Ägypten, München 1990, 70). In den Weisheitstexten des Alten Ägypten und Alten Testaments enthält diese Unfähigkeit immer auch ein Element der respondierenden Unwilligkeit.

[48] ASSMANN, Ma'at, 75.

[49] Für den epistemischen Gehalt dieser Aussagen vgl. auch R. O'DOWD, The Wisdom of Torah: Epistemology in Deuteronomy and the Wisdom Literature, FRLANT 225, Göttingen 2009, 104.

[50] H. UTZSCHNEIDER/W. OSWALD, Exodus 1-15, IEKAT, Stuttgart 2013, 196. Mit כבד Hifil deutet der Text an, dass der Pharao seinem eigenen Herzen „Gewicht verliehen" hat. „Es hat

Ex 9,34:
Als der Pharao sah, dass der Regen und der Hagel und die Donner aufgehört hatten, da fuhr er fort zu sündigen und verhärtete sein Herz, er und seine Diener.

Alttestamentliche Kritik an fremdgläubigem Resonanzverhalten zückt deshalb nicht nur moralische, sondern gerne auch epistemische Waffen: Fremder Götterglaube ist Ausdruck grundlegender epistemischer Verkehrtheit, nicht nur religiösen oder moralischen Fehltritts. Inmitten der großen Götterpolemik von Jesaja 44 fällt der gehäufte Gebrauch von auf Erkenntnis bezogenen Vokabeln auf. Hier heißt es über den Handwerker, der ein Gottesbild macht:

Jes 44,18-20a:
(18) Weder erkennen (ידע) noch verstehen (בין) sie, denn zu verblendet ist man, als dass ihre Augen sehen, ihre Herzen verstehen (מהשׂכיל לבתם).
(19) Und man nimmt es sich nicht zu Herzen (לב). Weder Erkenntnis (דעת) noch Einsicht (תבונה) sind da, um (kritisch) zu sagen: Seine Hälfte habe ich im Feuer verbrannt, und auf seinen Kohlen habe ich auch Brot gebacken. Ich brate Fleisch und esse, aber seinen Rest will ich zu einem Gräuel machen, vor einem Holzklotz verbeuge ich mich!
(20) Wer Asche hütet, hat ein getäuschtes Herz, es führt ihn irre (רעה אפר לב הותל הטהו).

Die hier vorliegende Verschränkung von Weisheit und Götterpolemik hat den Effekt, „dass der Fehler des Götterverehrers ganz auf das *Sprechen* und damit auf das *Denken* konzentriert wird. Im Unterschied zu älterer Polemik wird das Sprechen des Götterverehrers nicht mehr nur als kultische Handlung thematisiert. Vielmehr drückt das Sprechen des Herstellers eine Erkenntnis über das Götterbild aus, die richtig (das Götterbild als שקר, V.20) oder falsch (was eigentlich בול עץ/תועבה ist, wird als אלי angesprochen) sein kann, wobei die richtige Erkenntnis aus der Reflexion empirischer Tatsachen gewonnen wird.“[51]

Religiöse Kritik bedient sich hier epistemischer Argumente.[52] Diese wollen primär keine rituellen Handlungen und auch keine vereinzelten Denkurteile kritisieren, sondern ähnlich einer Gesellschafts- und Kulturkritik grundlegende, kulturell vorherrschende Charaktereigenschaften. Diese Charaktereigenschaften werden nach den hier vorgestellten Texten nicht als moralisch falsche, sondern als epistemisch verkehrte Haltungen in den Blick genommen. Wahr und falsch, klug und töricht sind epistemische Größen in relationaler Perspek-

etwas Unheimliches an sich, wenn diesem Herzen sein totales Eigengewicht gegeben wird. Nur eine kritische anthropologische Sicht kann so formulieren.“ (E. KELLENBERGER, Die Verstockung Pharaos. Exegetische und auslegungsgeschichtliche Untersuchungen zu Exodus 1-15, BWANT 171, Stuttgart 2006, 47).

51 S. AMMANN, Götter für die Toren. Die Verbindung von Götterpolemik und Weisheit im Alten Testament, BZAW 466, Berlin/Boston 2015, 102f.

52 Zu diesem Aspekt bei Hosea vgl. VALL, Epistemology, bes. 31.

tive. So entwirft die Hebräische Bibel in weiten Teilen ihrer Schriften eine responsive Anthropologie nicht nur religiösen, rechtlichen und moralischen, sondern auch epistemischen Gehalts.

Friedhelm Hartenstein

RELATIONALITÄT ALS SCHLÜSSEL ZUM VERSTÄNDNIS JHWHS

Zur Beziehungslogik alttestamentlicher Gotteskonzepte

1. Hermeneutische Klärungen

Das Thema dieser Tagung, „relationale Erkenntnishorizonte", soll der Verständigung zwischen den historisch-exegetischen Fächern und der systematischen Theologie dienen. Indem man Relationalität bewusst als ein „Bindeglied" identifiziert, welches das immer stärker isolierte Arbeiten und Nachdenken innerhalb der theologischen Teildisziplinen aufeinander verweist, stärkt man den enzyklopädischen Zusammenhalt und die Plausibilität der evangelischen Theologie als Wissenschaft. Das Thema ist also nicht nur zu begrüßen, sondern vermutlich heute auch (wieder) notwendig – jedenfalls angesichts der in den vergangenen Jahren neu entfachten Frage nach der Bedeutung der zweiteiligen christlichen Bibel für Theologie und Kirche. Mit der Metapher der „Erkenntnishorizonte" drückt das Tagungsthema ferner die Überzeugung aus, dass theologische Einsichten nicht nur aus der Sortierung und Verwaltung von „musealisierten" Traditionsbeständen einschließlich der jüngeren Theologiegeschichte bestehen, sondern, dass wir immer noch Entdeckungen und Begründungen dafür erwarten dürfen, was uns heute unbedingt angeht. Diese Erwartung liegt auch in der Konsequenz des historischen Denkens, das die Kriterien und Maßstäbe für die Verortung evangelischer Theologie in Wissenschaft und Kirche und ihre gesellschaftliche Verantwortung einschließen muss. Dass daraus keine Relativierung theologischer Arbeit, sondern eine Ermutigung folgen kann, hat mit dem produktiv-spannungsreichen Verhältnis von Tradition und Innovation, von Verbindlichkeit und Pluralität zu tun, das den Protestantismus kennzeichnet. „Relationale Erkenntnishorizonte" gehören dabei an die Schnittstelle solcher Probleme, die den Konflikt der Interpretationen erfordern: Sie gehören aber auch genuin ins seinerseits spannungsreiche christliche Selbstverständnis, das zugleich Welt- und Gottesverständnis ist, weil seine Erschließungsstruktur relational ist.

Meine skizzenhaften Überlegungen aus der Sicht eines Alttestamentlers mit gesamttheologischen Interessen wollen drei Gesichtspunkte zur Diskussion beitragen: Den größten Teil bilden zunächst theologisch-hermeneutische Klärungen zur relationalen Struktur des Nachdenkens über die Personalität Gottes im Blick auf die Aufgabe einer „Theologie des Alten Testaments" (1.). Anschließend werde ich viel knapper eine entsprechende Struktur für eine „Theologie des Alten Testaments" vorstellen (2.) und am Ende anhand von Ps 139 die Leitgedanken zusammenfassen (3.).

1.1 Relationalität und Personalität

In einflussreichen deutschsprachigen Theologien und Religionsphilosophien des vergangenen Jahrhunderts stellt Relationalität im Sinne von Personalität eine entscheidende Beschreibungsform für menschliches, vor allem religiöses Selbstbewusstsein dar. Anders als im traditionell substanzhaften Konzept der Person, für das die berühmte Definition des Boethius steht, obgleich auch in ihr die Ebenen des Allgemeinen (Vernunftnatur) und des Besonderen (konkrete Personen) unterschieden sind, entwirft eine relationale Personkonzeption personales Leben als zukunftsoffenen Vollzug von Beziehungen zu sich, zur Welt und zu Gott. Damit wird ein wichtiges Element christlicher Traditionsbildung fruchtbar gemacht: Die vor allem durch die kappadozische Trinitätstheologie des 4. Jh. entfaltete Einheit des Wesens Gottes in seinen internen und externen Bezügen einer lebendigen Wechselseitigkeit zwischen Vater, Sohn und Geist. In den relationalen Denkformen von Personalität bewährt sich somit vermutlich auch die einst von Ernst Cassirer formulierte Intuition, wonach konkrete Formen der Symbolisierung des menschlichen Selbst – etwa als Person – nicht einfach nur in *einer* Richtung auf Gottesvorstellungen projiziert werden, sondern vielmehr umgekehrt in der Religions- und Kulturgeschichte gerade Gotteskonzepte erschließungskräftige Medien für das Selbstverstehen darstellen: „sondern die Gestalt seiner Götter ist es, an der er [sc. der Mensch] dieses Selbstbewußtsein erst *findet*."[1]

[1] E. CASSIRER, Philosophie der symbolischen Formen. Zweiter Teil: Das mythische Denken, Darmstadt [8]1987, 253 (Hervorhebung im Original); vgl. zu dieser Stelle M. MOXTER, Über den Grund unseres Glaubens an Personalität. Gottes Personsein aus der Perspektive systematischer Theologie, in: W. HÄRLE/W. PREUL (Hg.), Personalität Gottes, MThSt 101 = MJTh 19, Leipzig 2007, 77-98, 97.

So fehlt im theologischen Relationalitätsdenken, für das im Folgenden – in sich sehr verschieden akzentuierend – W. Härle/E. Herms, H. Deuser, M. Moxter, E. Jüngel und C. Schwöbel herangezogen wurden, nie der Hinweis auf die Komplementarität einer relational-prozesshaften Personkonzeption zu christologischen und trinitätstheologischen Figuren. Letztere stehen als altkirchliche Lehrbildungen auch in einem Verhältnis produktiver Aneignung zum christlichen Kanon Alten und Neuen Testaments. Die im Folgenden erwähnten relational denkenden Theologen folgen zugleich überwiegend der reformatorischen und neuzeitlichen Umkehrung des Begründungszusammenhangs von der Theologie hin zur Anthropologie. Es geht dann nicht mehr nur um die Analyse des „Glaubens, dass“, sondern um die Erhellung der Struktur religiöser Erfahrung als einem Sonderfall von Erfahrung überhaupt. Mit der Reflexion auf das religiöse Selbstbewusstsein werden auch die Bedingungen der Möglichkeit von Erfahrung an sich und damit der „Letztgrund“ leibhaft-personaler Existenz in der Welt thematisch. Das meint präzise der Begriff „Personalität“ im Unterschied zu dem der Person: Er bezeichnet im transzendentalen Sinn den für das Selbstbewusstsein unverfügbaren und opaken Ermöglichungsgrund personalen Lebens, das sich immer schon in vielfältiger Beziehung auf Anderes (Personen und Gegenstände) vorfindet:

> „Der Begriff ‚Personalität‘ bezeichnet hier nicht die Persönlichkeit im Sinne der einmaligen Ausprägung und Entfaltung individueller Anlagen, sondern die Personhaftigkeit im Sinne derjenigen Struktur von (personal) Seiendem, aufgrund deren dieses sich von anderem (nichtpersonalem) Seienden unterscheidet – also dasjenige, was Personen zu Personen macht. ‚Personalität‘ ist demzufolge als Strukturbegriff und zwar als Relationsbegriff zu denken.“[2]

Wilfried Härle und Eilert Herms haben in ihrer Programmschrift von 1979 damit zunächst den auf Paulus gegründeten reformatorischen Rechtfertigungsglauben bzw. dessen spezifisches Wirklichkeitsverständnis im Sinne einer relationalen Ontologie reformuliert. Demnach bedingt die Erschließung der christlichen Existenz in der Welt eine kosmologische wie anthropologische Verweisstruktur auf den Letzthorizont der Wirklichkeit – eine Argumentation, die sich zuvor auch bei Schleiermacher und Tillich findet. Den letzten Grund personalen Lebens als aller konkreten Beziehung vorgängige Bezogenheit „Gott“ zu nennen, ist aber – das bleibt gerade in einer zutiefst pluralistischen Situation festzuhalten – ein zwar unbeliebiger, aber nicht zwingender Akt der Symbolisierung. Einer wie auch immer konstruierten Theologie der Offenbarung legt er sich mit guten Gründen nahe, eben weil sie sich vor allem in der

[2] W. HÄRLE/E. HERMS, Rechtfertigung. Das Wirklichkeitsverständnis des christlichen Glaubens, Göttingen 1979, 79f.

Verpflichtung und Verantwortung vor der Tradition des Kanons, des Credos und des Gottesdienstes der Kirche weiß: In diesem Sinn sucht der Glaube immer noch das Verstehen und liegt jeder Analogie in Bezug auf eine „Nennung Gottes" die Doxologie, die preisende und dankende Anrede Gottes durch bereits auf Gott hin „angesprochene" bzw. für Gott sensitive Personen voraus.

Anders als der (notwendig) spekulative Überschritt von der Analyse der formalen Struktur des Selbstbewusstseins hin zu „Gott", operiert eine religionsphilosophisch orientierte Theologie, für die ich stellvertretend Hermann Deuser zitiere, zunächst indirekter. Sie interpretiert vor allem existentielle „Zeugnisse" religiöser Erfahrung (z.B. Kierkegaard) oder nimmt phänomenologische Betrachtungen des Menschen zum Ausgangspunkt und hebt, statt der Selbstvergewisserung bzw. der Gewissheit des Glaubens, im Sinn einer Epoché vor allem die Alterität und Entzogenheit des Letztgrundes von Personalität hervor: „Aufgrund ihrer genuinen Unzugänglichkeit lässt sich Personalität nur indirekt ansprechen, mitteilen und verstehen."[3] In diesem Sinne fasst H. Deuser z.B. das sich durch alle Phasen seines Denkens durchhaltende anthropologische Projekt Paul Ricœurs zusammen:

> „Die Relationalität des Selbst beruht auf internen und externen Verhältnisbildungen; und darunter ist entscheidend das Selbstempfinden der eigenen ‚Unverfügbarkeit', die so (auch im Wechselverhältnis von Selbst und Anderen) für alle Selbsterfahrungen als fundierend angenommen werden muss, die als ‚Passivität' charakterisiert und auf die nur in ebenso besonderer Weise reagiert werden kann. Schon das Leib-Sein-Müssen, das Allereigenste hat auch Züge des Anderen, erst recht wird Fremdes nicht aus der Eigenaktivität des Selbst heraus erfahren, sondern z.B. als ‚Verpflichtung'."[4]

1.2 Das Problem der Personalität Gottes und die Hermeneutik der Symbole

Die Unverfügbarkeit und Alterität in der Selbsterfahrung, lässt, mit Ricœur, konkrete Identität als narrativ in der Zeit vermittelt und immer nur näherungsweise beschreibbar verstehen.[5] Für eine solche Anthropologie des leibhaften Selbst sind nach Ricœur Akte des „Bezeugens" eines „Ich" gegenüber Anderen entscheidend für die Anerkennung als Person, der man Glauben schenkt. Diese auch fragile und prozesshafte Weise des Selbsterweises hat im Denken Ricœurs eine wichtige Entsprechung in seiner Hermeneutik des (Glaubens-) Zeugnisses: Mit Hilfe der empirischen, juridischen und martyriologischen Aspekte an den Zeugnissen eines Ereignisses, das als Offenbarung gedeutet wird

[3] H. DEUSER, Religionsphilosophie, Berlin/New York 2009, 479 (zu Kierkegaard).
[4] DEUSER, Religionsphilosophie, 484.
[5] P. RICŒUR, Das Selbst als ein Anderer, Übergänge 26, München 1996.

(biblisch dem Exodus aus Ägypten oder der Auferstehung Jesu), wird die unaufhebbare Vermitteltheit religiöser Erfahrung im Horizont des Unvermittelten beschrieben.[6] Offenbarung „Gottes" ist zugleich geprägt von Selbsterschließung *und* Selbstentzogenheit, sie kann nur retrospektiv in Symbolen erfasst werden. Diese verleihen dem „Mehr" jener zuletzt auch undurchsichtig bleibenden Erfahrung eine sprachliche oder bildliche Form: Insofern bedarf die exegetisch wie systematisch argumentierende Theologie einer kritischen Hermeneutik der Symbole auf allen Ebenen der Symbolbildung. Dazu Michael Moxter:

> „Das Verhältnis zwischen Begriff und Bild, zwischen Gottesgedanken und religiösem Symbol, in der Folge dann auch zwischen Theologie und Metaphorologie, bildet den Hintergrund für die Programmformel einer ‚systematischen Hermeneutik'. Mit ihr wird bestritten, daß eine strikte Differenzierung und Distanzierung zwischen Begriff und Vorstellung möglich ist, und im Gegenzug wird auf die ungenauen Ränder und metaphorischen Horizonte unserer Begriffe Bezug genommen. Gerade weil sich Bilder und Metaphern dem rationalen Zugriff immer wieder entziehen, sind sie ein herausforderndes Gegenüber für das, was hier ‚Hermeneutik' genannt wird."[7]

Die theologisch rekonstruierende Entfaltung von Selbst- wie Gotteskonzeptionen wäre so als Symbolgeschichte und als reflektierende „Arbeit am Mythos" im Sinne Blumenbergs angelegt:[8]

> „Die Frage nach der Personalität Gottes läßt sich daher nur so bearbeiten, daß die Rede von Gott als ein nachvollziehbares Selbstverständnis menschlicher Erfahrung einsichtig wird und darin die allem Selbstverständnis vorgängige Differenz gewahrt wird, ohne die wir nur von uns selbst sprechen würden. Selbstverhältnis und Andersheit werden also gleichursprünglich zu berücksichtigen sein, wenn Gott und Mensch als subjectum theologiae in der Bearbeitung unserer Leitfrage [sc. der Personalität Gottes] gelten sollen."[9]

Die religionsgeschichtlich vorgegebene Rede von Göttern als Personen und ihre alttestamentlich-jüdische sowie christlich-theologische Reformulierung als Personalität Gottes – dem transzendenten schöpferischen Grund der Wirklichkeit – ist uns vorgegeben und stellt vor eine unabschließbare Aufgabe. Diese unterliegt dem Wandel der Sprach- und Denkformen und gilt dem narrativ-doxologischen wie reflektiert-begrifflichen Symbolbestand, den sie interpretierend bearbeitet. In der vielstimmigen, aber nicht beliebigen Sinngeschichte des Christentums stellt das Denken von Gott in Beziehung und als Grund aller Beziehung einen sich durchhaltenden „Identitätsmarker" dar: Im

[6] Vgl. P. RICŒUR, Die Hermeneutik des Zeugnisses, in: DERS., An den Grenzen der Hermeneutik. Philosophische Reflexionen über die Religion, Freiburg/München 2008, 7-40.

[7] MOXTER, Über den Grund, 83.

[8] Vgl. H. BLUMENBERG, Arbeit am Mythos, Frankfurt 1979; DERS., Paradigmen zu einer Metaphorologie, stw 1301, Frankfurt [6]1997.

[9] MOXTER, Über den Grund, 83.

ersten Johannesbrief wird das besonders deutlich in der Spannung zwischen Unverfügbarkeit („niemand hat Gott jemals geschaut" 1Joh 4,12) und dem starken Hinweis auf dynamische Identität *als* Liebe: „Wer nicht liebt, hat Gott nicht (sc. im Erscheinen des Sohnes) erkannt; denn Gott ist Liebe" (1Joh 4,8). Dies hat Wilfried Härle in seiner Dogmatik als zentrale Aufgabe theologischer Metaphorologie benannt:

> „Daß Gott, dessen Wesen Liebe ist, der Grund alles Personhaften ist, ist jedoch eine metaphorische Aussage, die sich *nicht* in eine angemessenere oder genauere begriffliche Aussage übersetzen läßt, zu deren Verständnis es aber unverzichtbar ist, daß sie *als* metaphorische Aussage verstanden und gebraucht wird. Dabei erweist es sich nun auch in dieser Hinsicht als erhellend, daß Liebe als ein Beziehungsgeschehen zu verstehen ist. Nur von einer solchen *relationalen und dynamischen* Wirklichkeit kann sinnvollerweise gesagt werden, sie sei der *schöpferische Grund* alles Personhaften."[10]

Es gilt also in der Zusammenarbeit der theologischen Disziplinen vor allem auf die zentralen und als solche langzeitig bewährten Symbole des christlichen Glaubens zu achten und diese immer wieder neu zu bearbeiten. Hier stellt sich – gerade unter den gegenwärtigen Bedingungen eines christlichen Substanz- und gesellschaftlichen Bildungsverlusts – m.E. die dringende Aufgabe einer produktiven Neuinterpretation personaler Gottesaussagen. W. Härle verweist dazu auf die oben bereits berührte Problematik, dass die neuzeitliche Fassung des Gottesgedankens als Letztgrund von Personhaftem – auch im Licht klassischer Anthropomorphismus-Kritik – keine bruchlosen Metaphorisierungen mehr ermöglicht:

> „Die Frage nach der Personalität, also dem Personsein Gottes gehört zu den drängendsten und schwierigsten Fragen einer Dogmatik. Drängend ist die Frage, weil das biblische, kirchliche und religiöse Reden von Gott *durch und durch personal* ist, während es starke theologische Gründe dafür gibt, Gott *nicht* als Person zu denken und zu bezeichnen."[11]

Härles Umgang mit dem Problem verfolgt die Strategie, die Ebenen primär- und begriffssprachlicher Symbole – in seinen Worten: metaphorisch und transzendental – zu unterscheiden, aber unlöslich aufeinander zu beziehen:

> „Beide Redeformen bilden keinen Gegensatz, sondern ergänzen sich. Die metaphorische Rede, in der von Gott *als* von einer Person gesprochen wird, *konkretisiert* und *veranschaulicht* das (für sich genommen abstrakte) transzendentale Reden. Dieses wiederum *präzisiert und interpretiert* das (für sich genommen mißverständliche) metaphorische Reden von Gott, und zwar genau dadurch, daß es *als metaphorisches Reden* bewußtgemacht wird. Ja, man könnte sogar davon sprechen, daß die Rede von Gott als *Person* so etwas wie eine *potenzierte Metapher* sei."[12]

[10] HÄRLE, Dogmatik, Berlin/New York 1995, 252.
[11] HÄRLE, Dogmatik, 248.
[12] HÄRLE, Dogmatik, 251f.

Eine „potenzierte Metapher" verstehe ich im Sinne Eduard Schweizers (Jesus als einzigartiges „Gleichnis Gottes"[13]) so, dass im Licht der Christologie (und der Trinitätslehre) Gott niemals „weniger" als eine Person, sondern vielmehr gerade „Mehr" als das zu sein beansprucht - er erscheint insofern als ein personaler Horizont religiöser (Glaubens-)Erfahrung.[14] In der aufgrund des Inkarnationsgedankens naheliegenden Zuspitzung auf Jesus Christus, in dem Gott „Person *wird*", so dass von ihm gesagt werden kann: „Er ist die göttliche Liebe in Person",[15] trifft sich Härle mit Eberhard Jüngel. In seinem Aufsatz zum Anthropomorphismus-Problem wirbt Jüngel ausgehend von Spinoza für eine biblische *und* systematische Hermeneutik. Dafür müssten aber die „Historisch-Kritischen", die von Spinoza die Aporien des Umgangs mit der biblischen Person-Metaphorik für Gott „geerbt" haben - mit Barth - „kritischer", und das heißt bei Jüngel vor allem theologisch sachkritischer werden. Er verlangt vom Zusammenspiel der Fächer „eine positive hermeneutische Einstellung zur anthropomorphen Rede von Gott", um der historisch-kritischen Methode „zu jener hermeneutischen Vitalität zu verhelfen, die nicht durch ein Weniger, sondern nur durch ein Mehr an historisch-kritischem Problembewusstsein erreicht werden kann."[16]

Wichtig ist mir dabei, dass Jüngel, der offenbarungstheologisch auf der Konkretheit der in Christus erschlossenen Wahrheit beharrt, mit Rückgriff auf Kant zwischen einem „dogmatischen" (vorkritischen) und einem notwendigen „symbolischen" (und kritischen) Anthropomorphismus unterscheidet. Letzterer ist nach Kant unverzichtbar,

> „wenn wir unser Urteil blos auf das Verhältniß einschränken, welches die Welt zu einem Wesen haben mag, dessen Begriff selbst außer aller Erkenntniß liegt, deren wir innerhalb der Welt fähig sind. Denn allsdann eignen wir dem höchsten Wesen keine von den Eigenschaften *an sich selbst* zu, durch die wir uns Gegenstände der Erfahrung denken, und vermeiden dadurch den *dogmatischen* Anthropomorphismus; wir legen sie aber dennoch dem Verhältnisse

[13] E. SCHWEIZER, Jesus, das Gleichnis Gottes. Was wissen wir wirklich vom Leben Jesu?, KVR 1572, Göttingen 1995, bes. 39f.

[14] Vgl. HÄRLE, Dogmatik, 252: „Deswegen kann man sagen: Die Aussage ‚Gottes Wesen ist Liebe' ist eine die Ebene der Personalität umfassende und übersteigende, also *über-personale Aussage* und entspricht insofern dem *Wesen* Gottes."

[15] HÄRLE, Dogmatik, 253.

[16] E. JÜNGEL, Anthropomorphismus als Grundproblem neuzeitlicher Hermeneutik, in: DERS., Wertlose Wahrheit. Zur Identität und Relevanz des christlichen Glaubens. Theologische Erörterungen III, BevTh 107, München 1990, 110-131, 124f.

desselben zur Welt bei und erlauben uns einen *symbolischen* Anthropomorphism[us], der in der That nur die Sprache und nicht das Object selbst angeht."[17]

Auch vonseiten des einflussreichsten Transzendentalphilosophen gibt es also den Hinweis auf notwendige Schemata der Symbolisierung im Blick auf personhafte Metaphern für den Letztgrund, „dessen Begriff selbst außer aller Erkenntniß" liegt. Mir liegt daran, die hier benannte Erkenntnisgrenze ernst zu nehmen und im oben bereits benannten Sinn auch als eine „Unterbrechung" oder Epoché festzuhalten (das Denken der Differenz als Andersheit), bevor man sie – wie es Jüngel selbstverständlich tut – dem christliches Wirklichkeitsverständnis anverwandelt:

„Dafür aber [sc. für eine Hermeneutik des zur Welt kommenden Gottes] ist die Einsicht in den *relationalen* Charakter anthropomorpher Rede von Gott, durch die wir Gott ‚respectiv auf die Welt und mithin auf uns' bestimmen, ein hermeneutischer Gewinn."[18]

Kant müsse hier nämlich – so Jüngel – auch gegen Kant gewendet werden, denn der Mensch ist im Sinne des entfalteten christlichen Wirklichkeitsverständnisses immer schon auf Gott hin und darin auch durch ihn „angesprochen":

„Die Tatsache, daß der sich sprachlich äußernde Mensch alles, was er sagt, seinem eigenen Fassungsvermögen entsprechend sagt, ist kein Mangel, sondern die Bedingung dafür, daß er überhaupt zu reden und so der Tatsache, daß er das angesprochene Wesen ist, zu entsprechen vermag."[19]

Schließlich schlägt Jüngel eine theologische Sprachreflexion und Sprachbildung vor, die auf allen Ebenen die Differenz zum Gegenstand mit realisiert, zu dem sie in einem unaufhebbar vorgängigen Verhältnis steht. Ein vergleichbares Bewusstsein für die Grenzbegrifflichkeit und Horizontstruktur religiöser Sprache sollte man mit Gründen, so Jüngel, der ja auch neutestamentlicher Exeget ist, bereits einschlägigen biblischen Aussagen zutrauen und eine entsprechend ausgerichtete theologische Exegese müsste das – um ihrer enzyklopädischen Aufgabe willen – freilegen:

„Man wird also zu bedenken haben, daß wie jedes von Gott redende Wort, so auch jeder Anthropomorphismus *metaphorische* bzw. *analoge* Geltung hat. Insofern will die Wahl der Wörter wohl bedacht sein. Man darf davon ausgehen, daß sich die in den biblischen Texten zu Worte meldenden Autoren dessen auf ihre Weise durchaus bewußt waren."[20]

[17] I. KANT, Prolegomena zu einer jeden künftigen Metaphysik, die als Wissenschaft wird auftreten können, Akademie-Textausgabe IV, Berlin 1911, 253-383, 357 (nach JÜNGEL, Anthropomorphismus, 127).

[18] JÜNGEL, Anthropomorphismus, 128.

[19] JÜNGEL, Anthropomorphismus, 130.

[20] JÜNGEL, Anthropomorphismus, 126.

Dies führt zu dem nun noch an wenigen Punkten zu entfaltenden Aufgabenspektrum für die Darstellungsform einer Theologie des Alten (und in dieser Hinsicht: auch des Neuen) Testaments bzw. von biblischer Theologie in „relationalen Erkenntnishorizonten".

1.3 Die Aufgabe einer „Theologie des Alten Testaments" im Gespräch mit der Systematischen Theologie

Am ausdrücklichsten hat in letzter Zeit Christoph Schwöbel in einem an dieser Stelle ins Gedächtnis zu rufenden Artikel „Erwartungen an eine Theologie des Alten Testaments aus der Sicht der Systematischen Theologie" formuliert.[21] Auch er tut das aus einer bestimmten theologischen Position heraus, für die relationales Denken im Licht einer trinitätstheologischen Ontologie - auch der Geschichte - leitend ist.[22] Seine Grunderwartung als Systematiker ist zunächst, „daß die alttestamentliche Wissenschaft ihre Pointe in einer *Theologie* des Alten Testaments findet."[23] Das ist deshalb zu betonen, weil tatsächlich die beste Begründung für das durch Exegeten zu leistende Unternehmen von ordnenden (Gesamt-)Darstellungen exegetischer Arbeit pragmatisch ist (eine intrinsische Begründung kann, muss aber nicht, in einer in der Literatur- und Theologiegeschichte der alttestamentlichen Texte selbst angelegten bewussten „Theologisierung" gesehen werden). Schwöbels Erwartungen betreffen das „Kerngeschäft" der Theologie:

> „Der gemeinsame Gesprächsraum zwischen der Systematischen Theologie und der Theologie des Alten Testaments besteht darin, daß beide in ihrer Aufgabenstellung explizit Theologie treiben, d.h. das Wirklichkeitsverständnis aus dem Gottesverständnis zu erschließen versuchen. Das entspricht nicht nur dem Wirklichkeitsverständnis des christlichen Glaubens [...], sondern zugleich auch dem Wirklichkeitsverständnis der Texte des Alten Testaments in ihrer ganzen Verschiedenheit."[24]

Indem auch Schwöbel unausdrücklich der oben an Ernst Cassirer benannten Einsicht in die Verschränkung zwischen Gotteskonzept und Selbstverständnis folgt, erläutert er weiter:

[21] C. SCHWÖBEL, Erwartungen an eine Theologie des Alten Testaments aus der Sicht der Systematischen Theologie, in: B. JANOWSKI (Hg.), Theologie und Exegese des Alten Testaments/der Hebräischen Bibel. Zwischenbilanz und Zukunftsperspektiven, SBS 200, Stuttgart 2005, 159-185.

[22] Vgl. etwa die Beiträge in: C. SCHWÖBEL/C.G. GUNTON (Hg.), Persons. Divine and Human, King's College Essays in Theological Anthropology, Edinburgh 1991.

[23] SCHWÖBEL, Erwartungen, 169.

[24] SCHWÖBEL, Erwartungen, 169.

„Diese theologische Fokussierung kann nicht gegen die Anthropologie oder die Kosmologie ausgespielt werden, sie ist vielmehr als Zugang zu der spezifischen Form des Verständnisses des Menschseins oder der Welt zu verstehen. Die theologische Frage erschließt den Raum, in dem alle weiteren Fragen zur Erörterung kommen."[25]

Dem stimme ich zu, weise aber gleichzeitig darauf hin, dass man heute mit einer (wie auch immer strukturierten) Theologie des Alten Testaments, die sich rein auf das innertheologische Gespräch beschränkt, nur einen Teil der Aufgabe erfüllen kann – unter Umständen sogar lediglich als „biblischer Stichwortgeber" oder „Stellenlieferant" für die Systematische Theologie fungiert.[26] Aus meiner Sicht kann das wechselseitige Gespräch nur dann wirklich Früchte tragen, wenn die von Schwöbel avisierte theologische Aufgabe so angegangen wird, dass die exegetisch *und* religionsgeschichtlich arbeitende Disziplin des Alten Testaments ihre spezielle Stellung in der Theologie *und* in den Altertumswissenschaften hermeneutisch reflektiert und zur Darstellung bringt. Theologie ist heute – so meine Überzeugung – vor allem auch ein spannungsreicher Versuch eines „Verstehens über Grenzen hinweg"[27]. Im Konflikt von Interpretationen und im konstruktiv kritischen Dialog über Methoden und Zugänge kann wissenschaftlich-theologische Identität glaubwürdig im oben an Ricœurs Begriff der „Bezeugung" benannten Sinn gebildet und behauptet werden. Mit diesem Vorgriff auf das gleich zu skizzierende Konzept einer Theologie des Alten Testaments (s.u. 2.) seien nun noch die von Schwöbel angeführten materialen Hinsichten für das Gespräch zwischen Altem Testament und Systematischer Theologie benannt, die ich für sehr bedenkenswert halte:[28]

1. *Identität und Identifikation Gottes*: Das Alte Testament antwortet auf seine Weise auf die Grundfrage nach dem „Wer", nach der „Identität Gottes" (170): „Es gibt zwei hervorragende Weisen der Identitätsbestimmung: durch die Mitteilung des Namens und durch identitätsbeschreibende Erzählungen" (171). Hier beleuchten die Zeugnisse der alttestamentlichen Texte eine „konstitutive Interrelation der Identifikation Gottes durch seinen Namen und durch identitätsbeschreibende Geschichten" (171). Deren „Nacherzählung" hat dann einen „referentiellen Sinn", bei dem „die erzählte Geschichte von JHWHs großen Taten [...] nicht von den Ereignissen der einen Geschichte getrennt werden darf"

[25] SCHWÖBEL, Erwartungen, 169f.

[26] Vgl. dazu F. HARTENSTEIN, Autorität der Religionsgeschichte – Polyphonie der Theologien, in: DERS., Die bleibende Bedeutung des Alten Testaments. Studien zur Relevanz des ersten Kanonteils für Theologie und Kirche, BThSt 165, Göttingen 2016, 131-161, 150-159.

[27] Vgl. W. HÄRLE/R. PREUL (Hg.), Verstehen über Grenzen hinweg, MThSt 94 = MJTh 18, Marburg 2006.

[28] In der folgenden Zusammenfassung von SCHWÖBEL, Erwartungen, 169-179, stehen die Seitenangaben der Zitate immer in Klammern im Text.

(172). Es gelte, die ‚Selbigkeit Gottes' (W. Zimmerli) als „Referenzsubjekt [...] in der Pluriformität seines Redens und Handelns und der Pluralität seiner Bezeugungen" herauszuarbeiten (172). Das Alte Testament gewinne seine theologische Einheit im Blick auf das Reden von Gott „in allen seinen Differenzen und Spannungen" (172), d.h. seine umstrittene „Mitte" sei ebenso „exzentrisch" wie „relational" (172f.).

2. *Relation*: Für die im Alten Testament bezeugten Beziehungen Gottes zu den Menschen und der Welt gelte durchgehend, dass sie kommunikativ und zugleich asymmetrisch sind. Die christliche Systematische Theologie hätte vor dem Hintergrund einer so entfalteten Theologie des Alten Testaments – und im Blick auf die gemeinsame offene Geschichte mit dem Judentum – die Aufgabe, „das Gottesverhältnis des christlichen Glaubens als Weiterführung und Ausweitung des Gottesverhältnisses Israels aus der Logik der Beziehung Gottes zu den Menschen zu begreifen, die im Alten Testament in der Beziehung mit Israel vollzogen wird und nach der Überzeugung des christlichen Glaubens in Jesus Christus ihr Maß hat." (175). Dabei sei vor allem auf die Ausweitung der Gottesbeziehung über Israel, hin zur Menschheit und Gesamtwelt zu achten und auch dies wieder als kommunikative Struktur zu entfalten.

3. *Prädikation Gottes*: Mit diesem Gesichtspunkt benennt Schwöbel den Bereich genuin theologischer „Begriffsbildung" im Alten Testament, der sich dort z.B. in summierenden Bekenntnissen wie der sog. „Gnadenformel" Ex 34,6f. oder in den Toda-Psalmen aufzeigen lässt. Es gehe im Gespräch mit der Dogmatik darum, „gerade die begrifflichen Leistungen der im AT gesammelten Theologien herauszuarbeiten und sie ins Gespräch mit der philosophischen Auslegungstradition der Eigenschaften Gottes zu bringen." (178). Die Eigenschaften JHWHs seien so „stets relative Eigenschaften" (177), denen die Systematische Theologie in materialer Hinsicht nichts Neues hinzufüge (177), sondern deren Beziehungslogik sie zu rekonstruieren habe: „Das Drama der Beziehung zwischen Gott und Mensch in der Welt entwickelt sich dort, wo Menschen individuell und kollektiv ihr Dasein im Widerspruch zu ihrer Bestimmung durch Gott zu verwirklichen [...] versuchen." Angesichts dessen müsse eine Theologie des Alten Testaments Gottes „Treue zu seinen Geschöpfen durch die Wiederherstellung der Gemeinschaft gegen den menschlichen Widerspruch" hindurch verdeutlichen (177) und so gewährleisten, „daß sie die dekontextualisierte Rede von den Eigenschaften Gottes biblisch-theologisch kontextualisiert" hält und mit der „philosophische[n] Auslegungsgeschichte der Zentralbegriffe" korreliert (178).

Als von vornherein „Gemeinsame Fragestellungen" benennt Schwöbel dann im Weiteren die Themen von *Einheit und Vielheit, Identität und Integration* sowie *Dynamik und Konstanz* der Gotteskonzeptionen wie sie aus den alttestamentlichen Texten, die als Zeugnisse interpretiert werden, erschlossen werden können.[29] Dabei bezieht er sich auf die Arbeitsformen und Erkenntnishinsichten von Literatur- und Theologiegeschichte einerseits sowie Religionsgeschichte andererseits. Vor allem in der Beschreibung der komplexen Entstehung des – mit meinen Worten – schöpfungstheologischen Monotheismus erscheine ein wirkmächtiges Moment späterer christlicher Geschichtsverständnisse:

„Dieser Prozeß, der erst in der Interaktion von religionsgeschichtlicher und theologischer Fragestellung erschlossen werden kann, bleibt für christliche Theologie verpflichtend, weil sie der christlichen Theologie das Erbe eines monotheistischen Prinzips vermacht, das die Dogmengeschichte der Alten Kirche und die gegenwärtige theologische Reflexion kritisch und konstruktiv bestimmt."[30]

Schließlich betont Schwöbel als wichtigstes Moment an der gemeinsamen theologischen Rekonstruktion der Gottesvorstellungen die Tatsache, „daß der Gott des Alten Testaments stets ein Gott in Beziehung ist"[31]:

„Wird Gott radikal in Beziehung gedacht, präsentiert uns die Theologie des Alten Testaments nicht nur die Wandlungen der Gottesvorstellung, sondern die Wandlungen Gottes in dem Prozeß, in dem er seine Gnade und Wahrheit zur Verwirklichung bringt. Die Dynamik der Geschichte Gottes, wie sie sich in der Theologie des Alten Testaments manifestiert, stellt die Frage nach der Konstanz Gottes in den Wandlungen, die seine Geschichte dokumentiert."[32]

Abschließend soll nun noch deutlich werden, wie solche Gesprächsvorschläge für das Projekt einer Theologie des Alten Testaments fruchtbar gemacht werden können, wo sie aber auch offener und anders zu akzentuieren sind.

2. Zur Struktur einer Theologie des Alten Testaments als Entfaltung der Beziehungslogik alttestamentlicher Gotteskonzepte

Vorbemerkung: In die lange in der deutschsprachigen Forschung brachliegende Landschaft der Entwürfe von „Theologien des Alten Testaments" ist wieder Bewegung gekommen. Erstmals seit Otto Kaiser (1993-2003) und Rolf Rendtorff (1999/2001) ist 2015 mit dem umfassenden Lehrbuch von Jörg Jeremias ein Werk erschienen, das vieles von dem einlöst, was C.

[29] Vgl. SCHWÖBEL, Erwartungen, 179-183.
[30] SCHWÖBEL, Erwartungen, 182.
[31] SCHWÖBEL, Erwartungen, 183.
[32] SCHWÖBEL, Erwartungen, 183.

Schwöbel von einer heutigen Theologie des AT erwartet.[33] Aus der Generation der jetzt Lehrenden sind ebenfalls unterschiedliche Entwürfe angekündigt, namentlich von Konrad Schmid und Manfred Oeming, konzeptionell auch von Markus Witte.

Seit 2010 verfolge ich selbst den Plan einer monographischen Darstellung der „Theologie des Alten Testaments".[34] Der Band wird in der Reihe „Theologische Wissenschaft" des Kohlhammer Verlags erscheinen. Die Darstellung ist aus einer reflektierten religionsgeschichtlichen *und* theologischen Perspektive angelegt, wobei der Konflikt der Zugänge auch ein Prinzip der Durchführung ist. Theologisch werden exegetische und systematisch-theologische Gesichtspunkte hermeneutisch und kritisch aufeinander bezogen – sowohl in der Grundlegung wie im Einzelnen.

Die Diskussionen über Aufbauprobleme einer „Theologie des Alten Testaments" haben ergeben, dass ein inhaltliches Zentrum des über ca. 700 Jahre gewachsenen Schriftencorpus schwer auszumachen ist, aber doch zumeist angenommen wird. Ich habe mich hier dafür entschieden, „*Theo*logie" wörtlich zu nehmen und die Geschichte der alttestamentlich bezeugten *Gottes*vorstellungen als „Mitte" anzusetzen. Tatsächlich ist JHWH in fast jeder Schrift des Alten Testaments ausdrücklicher Akteur oder verdeckte letzte Bezugsgröße (so im Fall des Buches Esther, das den Gottesnamen nicht nennt). Die biblische Rede von Gott zeichnet ihn als *sich wandelnden*, sich in der Geschichte immer tiefer erschließenden Gott. Wobei diese nicht willkürlichen Wandlungen Gottes immer mehr als ein Hauptmoment an dessen Identität als verlässlich zugewandt und zugleich als transzendent Raum und Zeit erfüllend und umgreifend erscheinen – jedenfalls für die retrospektiv deutende Weise, in der die Verfasser der biblischen Texte Gott zunehmend in seiner Einzigartigkeit erkannten. Im Folgenden greife ich knapp zur Charakterisierung der relationalen Beziehungslogik JHWHs als Schlüssel der Darstellung auf meine Überlegungen zur „Personalität Gottes im Alten Testament" zurück:[35]

Aus der Innenperspektive der biblischen Texte betrachtet folgt der an und für Israel und die Menschheit handelnde biblische Gott nicht dem antik-philo-

[33] J. JEREMIAS, Theologie des Alten Testaments, GAT 6, Göttingen 2015. – Zu verweisen ist auch auf den ganz anders ausgerichteten, dialogisch Altes und Neues Testament verschränkenden Entwurf von R. FELDMEIER/H. SPIECKERMANN, Der Gott der Lebendigen, Topoi Biblischer Theologie I, Tübingen 2011.

[34] Zum Konzept vgl. F. HARTENSTEIN, JHWHs Wesen im Wandel. Vorüberlegungen zu einer Theologie des Alten Testaments, in: DERS., Die bleibende Bedeutung, 199-228 (=ThLZ 137 [2012] 3-20).

[35] F. HARTENSTEIN, Personalität Gottes im Alten Testament, in: DERS., Die bleibende Bedeutung, 229-267 (=MThSt 101 =MJTh 19, Leipzig 2007, 19-46).

sophischen Postulat der Unveränderlichkeit, sondern erscheint als *höchst dynamisch und beweglich*. In dieser Hinsicht bilden die durch Jahrhunderte aus Fortschreibungen und Neudeutungen entstandenen Texte ein Kondensat langzeitiger religiöser Erfahrungen. Es sind die Erfahrungen vieler, aber auch herausragender Einzelner, die sich hier niedergeschlagen haben. Das Alte Testament lässt sich so als ein Spiegel der anwachsenden Glaubenserfahrungen Israels lesen – in seiner Endgestalt ist es das Ergebnis einer strengen Auswahl von als glaubwürdig erkannten Zeugnissen. Zusammen machen sie deutlich, dass der Gott der Bibel *in einem viel tieferen Sinn personal vorgestellt wurde, als man dies von einzelnen Individuen mit ihren begrenzten Lebensgeschichten sagen könnte*. Das kann man sich an drei Punkten verdeutlichen:[36]

a) Das durch das Alte Testament bezeugte Beziehungsgeschehen zwischen Gott und den Menschen ist immer als *asymmetrisch* wahrgenommen worden. Das göttliche Gegenüber wird *als* Gott durch Symbole einer *Übermacht und Überlegenheit* zur Sprache gebracht – darin gleicht Israel zunächst seiner altorientalischen Umgebung (vgl. die Konzeption vom Königtum Gottes).

b) In der Asymmetrie sind *Spannungen* begründet, die die biblischen Texte durchziehen. Zum einen handelt es sich um *Spannungen in der Gottesvorstellung selbst* (zwischen Nähe und Ferne, zwischen Gnade und Zorn, zwischen Liebe und Gerechtigkeit, zwischen Abgründigkeit und Nachvollziehbarkeit des Gotteshandelns). Zum anderen sind es *Spannungen, die die Beziehung vonseiten der Menschen prägen*. Eine grundlegende Wahrnehmung der *Ambivalenz* des Menschen durchzieht die alttestamentlichen Texte. Er erscheint in ihnen als ein *fehlbares*, zur Verfehlung nicht nur neigendes, sondern diese immer schon faktisch vollziehendes Gegenüber Gottes. Die Paradieserzählung Gen 2-3 bildet insofern – wie ihre Parallele im priesterschriftlichen Konzept von Schöpfung und Sintflut – eine narrativ verdichtete *Reflexion auf den Menschen im Widerspruch zu Gott, dem Gott seinerseits durch ein unverdientes Rettungs- und Bewahrungshandeln widerspricht*, aufgrund dessen nach Gen 3 und Gen 9 die Menschheitsgeschichte trotz der Verfehlungen weitergehen wird. In dieser doppelten narrativen Sequenz zeichnet sich der dritte hier zu nennende Aspekt ab:

c) Die alttestamentlichen Texte bezeugen eine Geschichte der Beziehungen zwischen Gott und Israel bzw. der Menschheit, die *zunehmend als Geschichte Gottes selbst lesbar wird*. Neben einer immer deutlicher betonten *Transzendenz* und Betonung der *Fremdheit seiner Wege* steht die Betonung auch der *Freiheit*

[36] Die folgenden Punkte a)-c) zusammengefasst nach HARTENSTEIN, Personalität Gottes, 233f.

seiner Liebe, wie sie z.B. in der „Selbstbeherrschung" Gottes als Nichtvollstreckung von Strafhandeln zum Ausdruck kommt.[37] Dabei soll deutlich werden, wie sehr die alttestamentlichen Texte ihr Denken an der Rede von den *göttlichen Handlungen und den sie motivierenden Gefühlsregungen* (Anthropopathismen) festgemacht haben (Liebe, Eifer, Zorn, Reue etc.).

Meine möglichst differenzierte und zugleich systematisierende Darstellung JHWHs als eines „Lebendigen", dessen in den biblischen Texten kondensierte Wahrnehmungen immer stärker die Begrenzungen personhafter Metaphorik überschreiten, folgt *zwei Geschwindigkeiten* der Geschichte (im Anschluss an F. Braudel und die école des annales): Phänomene *langzeitiger Kontinuität* wie das Tetragramm und die Königsmetapher bilden so etwas wie die Erbmasse dieser Gottheit, die sie mit anderen großen Göttern v.a. Syriens und der Levante verbindet. Komplementär dazu liegt das Augenmerk auf dem teils *schnellen Wandel* von Gottesvorstellungen, der als Reaktion auf umwälzende Ereignisse erfolgte (v.a. die beiden Untergänge der staatlichen Existenz, das „Exil" oder die makkabäische Krise). Geschichten der *longue durée* und der *événements* erscheinen geeignet, um vor allem das Manifestwerden von lange Latentem bzw. die Übergänge von impliziten zu explizit begründungskräftigen Themen zu verfolgen und auszuwerten (so vor allem im Fall der Schöpfungstheologie ab dem Exil).

Ein entscheidender Punkt in diesem Prozess ist eben die Herausbildung des *schöpfungstheologischen Monotheismus* des frühen Judentums, der ab der zweiten Hälfte des 6. Jh. v.Chr. in den Texten hervortritt (spätbabylonische, frühpersische Zeit). Im sog. Deuterojesaja (Jes 40-55) und seiner Auseinandersetzung mit dem Anspruch des babylonischen Hauptgotts Marduk sowie in der Kulttheologie der Priesterschrift (ab Gen 1,1) zeigt sich eine neuartige *Ausweitung des Geltungsanspruchs* der eigenen Religion auf die als Schöpfung und Handlungsraum JHWHs verstandene *Welt im Ganzen (einschließlich aller Völker)*. Es ist reizvoll diese Konzeption im Sinne achsenzeitlicher Horizonterweiterungen zu beschreiben und zugleich das historisch Individuelle der Geschichte Israels/des Judentums festzuhalten. Jedenfalls liegt schon in der logischen Konsequenz der Herausbildung genau dieses Monotheismus ein neues Bewusstsein für mit ihm gegebene *Schwierigkeiten für das Selbstverständnis*: Das Problem universaler Geltungsansprüche im Blick auf den *Menschen* jenseits ethnischer Differenzen und auf die *Einheitlichkeit der Wirklichkeit* als Konsequenz der Gott-Welt-Unterscheidung führte auch in Aporien. Der Gott JHWH

[37] Vgl. dazu JEREMIAS, Theologie, 285-300 (Gottes Zorn und seine Güte).

erschien in seinem Handeln und in seiner kosmologischen Verortung jenseitiger und transzendenter (ich spreche hier von einer zunehmenden „Handlungstranszendenz"). Seiner Undurchschaubarkeit korrespondierte aber auch eine langzeitige, gut in Schriftprophetie, Weisheit und Psalmen verfolgbare „Lesbarkeit" seines Handelns, die die Bindung an ihn einerseits vertiefte, indem sie eine große Verlässlichkeit der Weltordnung und zugleich der exklusiven Beziehung Gottes zu seinem Volk „Israel" nahelegte (mit der Sinai-Tora verbunden). Andererseits führten gerade diese Einsichten auch in unlösbare Widersprüche angesichts von kollektivem wie individuellem Leid und ausbleibender Gerechtigkeit.

Meine Darstellung endet deshalb mit dem Aufweis dreier *offener Probleme* des schöpfungstheologischen Monotheismus im frühen Judentum. Sie sind seitdem aufgegeben und wurden im frühen Christentum keineswegs gelöst. Zwei Probleme liegen auf einer Ebene und beleuchten sich gegenseitig: Die Frage des *Verhältnisses von Israel und den Völkern* (traditionell, aber zu simplifizierend, unter der Überschrift Universalismus versus Partikularismus verhandelt) sowie das Problem der *ausbleibenden Gerechtigkeit* (als Weltordnung) trotz entsprechender Erwartungen (oft etwas anachronistisch als „Theodizee" bezeichnet). Mit beidem verbinden sich Bilder/Imaginationen feindlicher Mächte (der „Völker" in der politischen Außen- und der „Frevler" in der gesellschaftlichen Innen-Relation). Zugleich aber zeigen sich Tendenzen, die Dinge nicht antagonistisch, sondern integrierend zu lösen (Einbezug der Völkerwelt in das Heil Israels, Disput mit den Frevlern, deren Anziehungskraft groß ist). Neben Figurationen des *Zweifels* und *„kognitiver Dissonanzen"*, die weiterhin vor dem Hintergrund traditioneller Weisheit/Lehre bearbeitet wurden, finden sich auch bewusste Versuche, unverständliches Leid jenseits von Schuld und Strafe als *dauerhaft opak* zu bewältigen (Hiobbuch, manche Psalmen). Dabei werden auch argumentative Strategien entwickelt, die einerseits an die altorientalische „multiplicity of approaches"[38] anknüpfen und andererseits eine Rezeption philosophischer Denkmuster (griechischer Provenienz) nahelegen (so deutlich im Buch Kohelet).

[38] Vgl. dazu H. FRANKFORT, Kingship and the Gods. A Study of Ancient Near Eastern Religion as the Integration of Society and Nature, Chicago/London 1948; B. LANDSBERGER, Die Eigenbegrifflichkeit der babylonischen Welt, in: DERS./W. VON SODEN, Die Eigenbegrifflichkeit der babylonischen Welt (1926)/Leistung und Grenze sumerischer und babylonischer Wissenschaft (1936), Darmstadt 1965, 1-18, 17.

Das dritte offene Problem ist von grundsätzlicherer Natur; es berührt sich auf engste mit dem im ersten Teil meines Beitrags Entfalteten: Die in den spätesten Textstraten des Alten Testaments bewusst ambivalent thematisierte *Transzendenz und Entzogenheit* Gottes. Hier wird die Einsicht in die Vorläufigkeit und Unangemessenheit menschlicher Sprachmuster bei gleichzeitigem Festhalten an konkreter Bildlichkeit/Metaphorik deutlich. Besonders das Buch Kohelet, aber auch spätprophetische Texte und skeptische Psalmen (wie Ps 90; 139) sind dafür einschlägig. Angesichts einer prinzipiellen letzten Unverfügbarkeit und Undurchschaubarkeit des göttlichen Handelns verwenden diese Texte relationale *Grenzbegriffe*, zeigen ein präzises *Denken in Metaphern*.[39] Oft erwarten sie (etwa in den schriftprophetischen theologischen „Summen" aus hellenistischer Zeit) eine „eschatologische", durch JHWH am Ende zu eröffnende Eindeutigkeit. Sie soll die Gültigkeit einer gerechten Weltordnung und den Beziehungswillen Gottes zu Israel und der Welt endgültig klären (vgl. Jes 65f.; Sach 14 u.a.). Die *Einsicht in die immer tiefer als unauslotbar erkannte Identität* des barmherzigen Weltenkönigs JHWH lässt sich mit den Texten als eine eschatologische Verborgenheit beschreiben, die JHWH als Person *sui generis* erscheinen lässt: Grund und Abgrund der Wirklichkeit sind mit ihm aufs engste verbunden und dem Fragen und Denken aufgegeben. An einem wirkungsmächtigen Beispiel soll das zum Schluss beleuchtet werden.

3. Gott als Horizont des Menschen: Ein Resümee mit Psalm 139[40]

Der berühmte späte Psalm 139, der eine gewisse Nähe zu den sogenannten „Konfessionen" Jeremias und zu den Klagen/Anklagen Hiobs aufweist, ist ein theologischer Meditationstext aus der Perspektive eines Einzelnen und ein „kanonisch gesättigter" Text, d.h. er setzt sich mit Hilfe einer Fülle von Anspielungen auf andere Texte in Gebetsform mit existentiellen Grundfragen auseinander.[41] Dabei ist er geprägt von großen Ambivalenzen, die durch die erst spät im Psalm erwähnte Situation der Anfechtung durch die „Frevler" verursacht sind (V.19-22). Die Frevler sind gekennzeichnet durch ihr Sprechen über

[39] Vgl. dazu auch F. HARTENSTEIN/M. MOXTER, Hermeneutik des Bilderverbots. Exegetische und systematisch-theologische Annäherungen, ThLZ.F 26, Leipzig 2016, 153-174.

[40] Das Folgende nach F. HARTENSTEIN, Wunder im Alten Testament. Zur theologischen Begrifflichkeit für das Außerordentliche in der Hebräischen Bibel (*pl', pālā* und *nifla'ot*), in: DERS., Die bleibende Bedeutung, 269-307, 296-298.

[41] Vgl. F. HARTENSTEIN, Gott als Horizont des Menschen. Nachprophetische Anthropologie in Psalm 51 und 139, in: R. LUX/E.-J. WASCHKE (Hg.), Die unwiderstehliche Wahrheit. Studien zur alttestamentlichen Prophetie. FS A. Meinhold, ABG 23, Leipzig 2006, 492-512.

Gott „zur Heimtücke" (V.20) und einer Auflehnung „zum Nichtigen". Ihre Argumente *contra deum* erwecken beim betenden „Ich" starke Emotionen der Abwehr gegen „deine (sc. Gottes) Widersacher", die er „zu meinen Feinden" rechnet, also sich auf die Seite Gottes als dessen Verteidiger stellt (V.22). Das, so zeigt es der klar strukturierte Psalm, ist jedoch keine leichte Übung, sondern erfordert nicht weniger als ein gedankliches Abschreiten des monotheistischen Gotteskonzepts mit dem Ziel der *Selbstvergewisserung gegen die Bedrohung, die das Reden der Frevler darstellt*. Aus anderen spätpersisch-hellenistischen Psalmen erfahren wir, was die Frevler vorbringen: Sie vertreten einen praktischen „Atheismus" (vgl. Ps 9-14).[42] Ihre „Wette" lautet: „Es ist kein Gott" (Ps 14,1). Das ist keine neuzeitliche Theodizee, sondern die Leugnung der Handlungs*macht* bzw. des Handlungs*willens* JHWHs angesichts von dessen ausbleibenden Taten der Gerechtigkeit. Das Argument, das zur ethischen Selbstermächtigung führt, baut auf das Schweigen Gottes. Angesichts dessen führt Ps 139 zwar keinen Gegenbeweis, wohl aber eine „Untersuchung" der menschlichen Existenz *coram Deo*, die es am Ende ermöglicht, auch unter einem schweigenden Himmel am Beziehungswillen JHWHs zu seinen *Geschöpfen* (es geht um Grundsätzlicheres als Israel) festzuhalten. Der *Einsatzpunkt* ist die Erfahrung paradoxer Gottes*nähe*, die auch als bedrängend erfahren wird (V.1b-6, mit Rückgriff auf Jer und Hi):[43]

(4) Ja, kein Wort ist auf meiner Zunge – siehe, JHWH, du kennst es ganz!
(5) Hinten und vorn hast du mich eingeschlossen/eingeengt, hast auf mich gelegt/gestützt deine Handfläche!
(6) Zu wunderbar ist mir die Erkenntnis, zu hoch/unzugänglich – nicht kann ich sie fassen!

Der Beter nimmt die paradoxe Wahrnehmung einer in jeder alltäglichen Verrichtung verspürten stummen Präsenz Gottes als Herausforderung an, obgleich sie ihm zu „wunderbar" (Adj. *pil'i**) und unzugänglich/überlegen (*nisgab*) ist. In einer *meditatio* in zwei Durchgängen erforscht er dann diese Präsenz des monotheistischen Schöpfergottes in der Schöpfung:

a) Im Blick auf die *Anfänge der Welt*, die dem Erkenntnisvermögen des Menschen entzogen bleiben müssen, wiewohl die ureinst etablierte Ordnung bis zu einem gewissen Grad „gelesen" werden kann (V.7-12: Raum und Zeit),

[42] Vgl. F. HARTENSTEIN, „Damit nicht spricht mein Feind: Ich habe ihn vernichtet!" (Psalm 13,5). Zur theologischen Funktion der Feindbilder in den Psalmen Israels, in: M. MOXTER/M. FIRCHOW (Hg.), Feindschaft. Theologische und philosophische Perspektiven, MThSt 117, Leipzig 2013, 19-39, 34-39 (zu den „Frevlern").

[43] Siehe dazu W. GROß, Bedrohliche Gottesnähe als Gebetsmotiv, in: G. EBERHARDT/K. LIESS (Hg.), Gottes Nähe im Alten Testament, SBS 202, Stuttgart 2004, 65-83, zu Ps 139 aaO., 75-81.

b) Im Blick auf die eigenen, ebenso jedem letzten Zugriff der Reflexion entzogenen *Anfänge als menschliches Geschöpf*, zugleich im Mutterleib wie in „Erdentiefen" durch den Schöpfer geheimnisvoll „gewoben" (V.13-16). Dieser Passus stellt die eigene Existenz als immer schon auf ihren Grund verwiesen heraus:

(13) Ja, du hast meine Nieren geschaffen, hast mich gewoben im Leib meiner Mutter!
(14) Ich will dir danken/dich preisen dafür, dass furchterregend wunderbar ich (gemacht) bin! Wunderbar sind deine Werke!

Ps 139 demonstriert, wie das Wunder (Wörter der Wurzel *pl'*) in späten Texten des Alten Testaments zu einem qualifizierten Begriff weisheitlicher Reflexion geworden ist: Im Psalm bezeichnet es das auf dem Weg des Nachdenkens (zurück-)gewonnene *thauma* „Staunen", die Epoché dessen, der angesichts existentieller Zweifel um Erkenntnis ringt. Es ist *das Wunder der Selbst- und Weltwahrnehmung des Menschen selbst*, das hier zum Gegenstand des *Lobs/Danks* wird (*jdh* Hif.).[44] Es bildet aber auch den Ausgangspunkt weiterer (Selbst-)Erforschung (vgl. die Bitte um Prüfung und Leitung am Ende des Psalms, V.23-24, eine Inclusio zu V.1). Ps 139 realisiert und eröffnet so – stellvertretend für ein bewusstes metaphorisches Denken in späten alttestamentlichen Texten – „relationale Erkenntnishorizonte", auch noch für uns.

[44] In dieser Hinsicht hat der späte Psalm 139 eine große Anschlussfähigkeit an neuzeitliche Meditationen/Reflexionen über die Wahrnehmungsfähigkeit des Menschen und sein damit einhergehendes Transzendenzbewusstsein.

Raphaela J. Meyer zu Hörste-Bührer und Walter Bührer

RELATIONALE ERKENNTNISHORIZONTE ALS HERMENEUTISCHER SCHLÜSSEL ZU PLURALITÄT UND EINHEIT DES ALTEN TESTAMENTS

1. *Ausgangspunkt: Wahrnehmung von Pluralität in den biblischen Texten*[1]

Dass die biblischen Texte keine originäre Einheit darstellen, historisch in verschiedenste Situationen einzuordnen sind, unterschiedliche, teilweise auch widersprüchliche Theologien im weitesten Sinne[2] vertreten und insofern plural sind, dürfte für gegenwärtige wissenschaftliche Theologen einen Konsens, wenn nicht bereits eine Binsenwahrheit darstellen. So folgert beispielsweise J.C. Gertz für die alttestamentlichen Texte:

> „Es scheint nicht einmal mehr eine Antwort auf die Frage möglich zu sein, was denn *das Alte Testament als Ganzes gesehen* über das Wesen und Wirken Gottes sagt. Dies wirkt sich unmittelbar auf die Frage nach der normativen Bedeutung alttestamentlicher Glaubensaussagen aus."[3]

[1] Der hier vorliegende Text stellt ein erstes Ergebnis einer langjährigen Diskussion der beiden Verfasser dar. Eine Vorversion wurde im Forschungsnetzwerk „Schriftbindung evangelischer Theologie" diskutiert. Erste Überlegungen zu der Frage nach der Einheit des Alten Testaments finden sich bereits im Ausblick in R.J. MEYER ZU HÖRSTE-BÜHRER, Gott und Menschen in Beziehungen. Impulse Karl Barths für relationale Ansätze zum Verständnis christlichen Glaubens, Forschungen zur Reformierten Theologie 6, Neukirchen-Vluyn 2016, 387-397.

[2] Vgl. zum Theologiebegriff besonders in der alttestamentlichen Forschung K. SCHMID, Gibt es Theologie im Alten Testament? Zum Theologiebegriff in der alttestamentlichen Wissenschaft, ThSt 7, Zürich 2013.

[3] J.C. GERTZ, Grundfragen einer Theologie des Alten Testaments, in: DERS. (Hg.), Grundinformation Altes Testament. Eine Einführung in Literatur, Religion und Geschichte des Alten Testaments, Göttingen [5]2016, 596. Dass dies keine Einschätzung erst des 21.Jhs. ist, zeigen etwa folgende Zeilen G. von Rads im Nachgang seiner forschungsgeschichtlich bedeutsamen „Theologie des Alten Testaments" (1957 und 1960 in erster Auflage erschienen): „Problematisch wird uns ... die Vorstellung von der Einheit des Alten Testaments insofern, weil das Alte Testament nicht nur eine, sondern eine Anzahl Theologien enthält... So ist es eine ernste Frage, ob und in welchem Sinne wir die singularische Bezeichnung ‚Theologie des Alten Testaments' noch in Anspruch nehmen dürfen." G. VON RAD, Offene Fragen im Umkreis einer Theologie des Alten Testaments, ThLZ 88 (1963) 401-416, 405f. Vgl. auch DERS., Theologie des Alten Testaments. Band I. Die Theologie der geschichtlichen Überlieferungen Israels, München

Etwas später konstatiert er unter Aufnahme von Formulierungen von J.D. Levenson:

> „Alle bisherigen Versuche, die ‚Mitte des Alten Testaments', seine ‚gleichbleibenden Grundsätze', seine ‚Grundidee' oder ‚übergreifende Einheit' zu bestimmen, haben sich als ‚Prokrustesbett' erwiesen, in dem wesentliche Ausschnitte des Buches keinen Platz finden, oder genauer gesagt, das keine Rücksicht darauf nehmen kann, wie groß die Ausschnitte des Buches sind, für die es keinen Platz hat.'"[4]

Mit anderen Worten: Es scheint keine empirischen Nachweise für eine theologisch bestimmte Einheit des Alten Testaments zu geben.[5] Stattdessen ist eine „irreduzible[] Pluralität"[6] festzustellen. In der Konsequenz werden etwa die Gesamtdarstellungen von E.S. Gerstenberger und G. Fischer mit dem Pluralbegriff von Theologie überschrieben, wobei Fischer Theologie*n des* Alten Testaments und Gerstenberger Theologie*n im* Alten Testament beschreibt.[7]

[10]1992, 128; Band II. Die Theologie der prophetischen Überlieferungen Israels, München [10]1993, 386. Zu von Rad und früheren Positionen vgl. etwa R. SMEND, Die Mitte des Alten Testaments, in: DERS., Die Mitte des Alten Testaments. Exegetische Aufsätze, Tübingen 2002, 30-74, 30-46; SCHMID, Theologie, 23-52.

[4] GERTZ, Grundfragen, 597. Vgl. J.D. LEVENSON, Warum Juden sich nicht für biblische Theologie interessieren, EvTh 51 (1991) 402-430, 405. Nach Levenson ist „[d]ie Bemühung, eine systematische, einheitliche theologische Aussage aus den unsystematischen und polydoxen Materialien in der Hebräischen Bibel zu konstruieren" ein spezifisch christliches Unterfangen (aaO., 421), während Juden an einer solchen „Suche nach der einen großen Idee, die die Hebräische Bibel durchdringt und zusammenhält", nicht interessiert seien (aaO., 423). Vgl. die kritischen Anmerkungen hierzu bei I. KALIMI, Religionsgeschichte Israels oder Theologie des Alten Testaments? Das jüdische Interesse an der Biblischen Theologie, JBTh 10 (1995) 45-68, 55-64.

[5] Für das Neue Testament wurde zuweilen in ganz ähnlicher Weise die Unmöglichkeit einer Benennung der Einheit festgehalten. Vgl. etwa die Überblicke bei F. HAHN, Theologie des Neuen Testaments. Band I. Die Vielfalt des neuen Testaments. Theologiegeschichte des Urchristentums, Tübingen [3]2011, 1-28; Band II. Die Einheit des Neuen Testaments. Thematische Darstellung, Tübingen [3]2011, 5-12; J. FREY, Zum Problem der Aufgabe und Durchführung einer Theologie des Neuen Testaments, in: DERS./C. BREYTENBACH (Hg.), Aufgabe und Durchführung einer Theologie des Neuen Testaments, WUNT 205, Tübingen 2007, 3-53.

[6] Vgl. R. LEONHARDT/M. RÖSEL, Reformatorisches Schriftprinzip und gegenwärtige Bibelauslegung. Ein interdisziplinärer Gesprächsbeitrag zur zeitgemässen Schrifthermeneutik, ThZ 56 (2000) 298-324, 304: „Am Ende eines Erkenntnisweges, auf dem die innerhalb von etwa 1000 Jahren entstandenen Texte der Bibel als Dokumente einer vergangenen Zeit gewürdigt und zu verstehen versucht werden, steht der Eindruck einer irreduziblen Pluralität. Die verschiedenen *res* [Plural!] *scripturarum* sind nicht von sich selbst her auf eine einzige *res scripturae* hin harmonisierbar." (Klammersetzung im Original).

[7] Vgl. E.S. GERSTENBERGER, Theologien im Alten Testament. Pluralität und Synkretismus alttestamentlichen Gottesglaubens, Stuttgart 2001; G. FISCHER, Theologien des Alten Testaments, NSK.AT 31, Stuttgart 2012. Vgl. auch das Zitat G. von Rads oben Anm. 3.

Eine andere Konsequenz ist der Verzicht auf eine theologische Gesamtdarstellung zugunsten einer religionsgeschichtlichen.[8]

Als Folge dieser exegetischen Einsichten entsteht ein Problem für das Verhältnis zwischen den exegetischen Fächern und der Systematischen Theologie – insbesondere der Dogmatik[9] – und damit letztlich für die „Einheit der Theologie".[10] Dabei besteht das Problem bei weitem nicht nur darin, dass der *Begriff* „Einheit der Schrift"[11] in der Dogmatik durchaus noch Verwendung findet, und die Dogmatik damit von etwas spricht, dessen Existenz nach den obigen Zitaten bereits für das Alte Testament nicht gegeben ist.

Das Problem besteht vielmehr darin, dass die exegetischen Einsichten eine weit verbreitete Art und Weise des konstitutiven *Schriftbezuges* der Dogmatik

[8] So programmatisch R. ALBERTZ, Religionsgeschichte Israels in alttestamentlicher Zeit. Teil 1: Von den Anfängen bis zum Ende der Königszeit, ATD.E 8/1, Göttingen ²1996, bes. 17-43. Allerdings denkt Albertz sehr stark vom Alten Testament her und schreibt daher doch eher eine Mischung zwischen einer Religionsgeschichte und einer Theologie des Alten Testaments. Die Diskussion um Albertz' Ansatz ist etwa in JBTh 10 (1995; ²2001) dokumentiert.

[9] Je nach Ethikverständnis betrifft das Problem auch die Ethik und somit die Systematische Theologie insgesamt. Auch in der Ethik werden der Stellenwert und die Hermeneutik eines Bibelbezuges diskutiert. Eine gewisse Einigkeit mag darin bestehen, dass jedenfalls nicht einzelne Verse im Sinne von *dicta probantia* zwecks Autoritätsbemächtigung angeführt werden können. Vgl. beispielsweise P. DABROCK, Warum die Bibel für die evangelisch-theologische Ethik viel, aber nicht alles bedeutet. Überlegungen angesichts der noch immer nicht verstummten Debatte um die Anerkennung homosexueller Orientierung, in: E. HARASTA (Hg.), Traut euch. Schwule und lesbische Ehe in der Kirche, Berlin 2016, 42-76, 61 sowie DERS., „Ja lieber gesel, es heyst, ob es dyr geredt sey" (WA 16, 388). Das Alte Testament als Herausforderung theologischer Ethik, in: E. GRÄB-SCHMIDT/R. PREUL (Hg.), Das Alte Testament in der Theologie, MThSt 119 = MJTh 25, Leipzig 2013, 121-167, 153f. Gerade wenn aber in der Ethik auf *den Zusammenhang* der biblischen Texte Bezug genommen werden soll, ist vorausgesetzt, dass dieser Zusammenhang ein sinnvoller ist, also eine gewisse Einheit der Texte gegeben ist. Vgl. DABROCK, Bibel, 55. Eine Funktion der biblischen Texte auch für gegenwärtige Ethikdiskurse sieht gerade aufgrund der verschiedenen ethischen Stimmen in den Texten beispielsweise R. ZIMMERMANN, Die Logik der Liebe. Die „implizite Ethik" der Paulusbriefe am Beispiel des 1. Korintherbriefs, BThSt 162, Neukirchen-Vluyn 2016.

[10] LEONHARDT/RÖSEL, Schriftprinzip, 302; vgl. F. VAN OORSCHOT, Die Krise des Schriftprinzips als Krise der theologischen Enzyklopädie, EvTh 76 (2016) 386-400. Das Problem für die „Einheit der Theologie" besteht nicht in einer formalen Zuordnung der Fächer zu einer Einheit, wie sie verschiedentlich vorgenommen wird. Vielmehr besteht das Problem in der konkreten Ausgestaltung des Verhältnisses der Fächer zueinander.

[11] Der Begriff taucht auch in neueren Dogmatiken noch auf, wird dann aber problematisiert, vgl. G. EBELING, Dogmatik des christlichen Glaubens. Band I: Prolegomena, Teil 1. Der Glaube an Gott den Schöpfer der Welt, Tübingen ⁴2012, 30: „Die Einheit der heiligen Schrift"; W. JOEST/J. VON LÜPKE, Dogmatik. Band I. Die Wirklichkeit Gottes, Göttingen ⁵2010, 58: „Vielfalt und Einheit der Schrift"; W. HÄRLE, Dogmatik, Berlin/New York ²2000, 134: „Die Frage nach der Einheit des Kanons als Auslegungsaufgabe".

in Frage stellen. Daher wird das Problem oftmals mit der „Krise des Schriftprinzips"[12] verbunden. Je deutlicher die Texte (und insbesondere klassische Bezugstexte zentraler dogmatischer Aussagen) gegenüber einander abgehoben und in ihrer Unterschiedlichkeit betont werden, desto stärker tritt auch der Unterschied von biblischen Texten und den Bekenntnistexten hervor. Mit andern Worten: Es werden Unterschiede zwischen Bibeltexten und Dogmen und auch zwischen Bibeltexten und zeitgenössischer Dogmatik sichtbar.

Hierdurch wird nicht nur für die jeweilige dogmatische Aussage fraglich, ob diese tatsächlich in Entsprechung zu „der Bibel" oder auch lediglich zu bestimmten biblischen Texten steht, oder ob sie sich auch von ihren Bezugstexten signifikant unterscheidet. Es wird ganz generell fraglich, ob (und wenn ja, mit welcher Begründung) zur Erläuterung dogmatischer Topoi auf Aussagen quer durch biblische Bücher Bezug genommen werden kann (also beispielsweise zur Schöpfung aus der Genesis, den Psalmen, Deuterojesaja und neutestamentlichen Briefen). Die Einheit der Schrift, oder zumindest eine Einheit der „Sache der Schrift" ist - mehr oder weniger explizit - eine *Ausgangsvoraussetzung für den Sinn des dogmatischen Unterfangens* überhaupt, eine systematisierte Darlegung der theologischen Inhalte zu bieten.[13] Wenn die Grundlage dafür aber die Bibel ist, diese Grundlage selbst aber keine Einheit darstellt, was soll dann systematisiert werden?[14]

Nun lässt sich einwenden, dass der *Gegenstand* der Dogmatik unterschiedlich bestimmt werden kann, zumeist aber nicht die Schrift als Gegenstand der

[12] So die Formulierung von W. PANNENBERG, Die Krise des Schriftprinzips, in: DERS., Grundfragen systematischer Theologie. Gesammelte Aufsätze 1, Göttingen 1971, 11-21.

[13] Nach G. Sauter besteht bei einem umfassenden Verständnis Systematischer Theologie der Anspruch: „Hier wird von der systematischen Theologie ein Rahmenkonzept erwartet, in das sich alle theologischen Kenntnisse einbeziehen lassen und das auch die historische Forschung in der Theologie zu integrieren erlaubt. Wird dies Gesamtbild nicht nur als ordnende Zusammenstellung und Vereinigung theologischen Wissens, sondern als Organon für die Theologie als Ganzes aufgefaßt, enthält es eine Antwort auf die Frage nach der *Einheit der Theologie*." (G. SAUTER, Art. Dogmatik I. Enzyklopädischer Überblick und Dogmatik im deutschsprachigen Raum, TRE 9 [1982] 41-77, 55).

[14] Sofern die „Schrift verbindender Gegenstand der Disziplinen ist, und somit einen wesentlichen Teil der interdisziplinären Verbindung darstellt" (VAN OORSCHOT, Krise, 387), ist auch die Dogmatik auf die Schrift bezogen. Wird dies grundsätzlich negiert, besteht möglicherweise kein Problem zwischen Exegese und Dogmatik, allerdings auch kein Zusammenhang mehr. „So folgt z.B. aus F. Wagners Ablehnung des Schriftprinzips die Auflösung eines notwendigen Zusammenhangs von Exegese und Dogmatik." AaO., 395.

Dogmatik bestimmt wird.[15] Die Schrift ist kein „dogmatisches Kompendium".[16]

Aber auch wenn der Gegenstand der Dogmatik als das „Dogma",[17] als die „kirchliche Lehre",[18] als der „Glaube",[19] als die „Offenbarung",[20] als das „Wort Gottes"[21] oder als „die Relation zwischen Gott und Mensch unter dem Vorzeichen der Gnade einerseits, unter dem Vorzeichen der Sünde andererseits"[22] bestimmt wird, so folgt doch zumeist der Hinweis auf die Bibel (sei es nun als Grundlage des Dogmas, Norm der Überlieferung oder aber als das Zeugnis der Offenbarung bzw. des Christusgeschehens) als Basis oder Ausgangspunkt für die zu entwickelnden Aussagen.[23] Hierzu kann Bezug genommen werden auf Luthers „sola scriptura" oder die Konkordienformel, nach der die Bibel „Richter, Regel und Richtschnur [„Iudex, norma et regula"], nach welcher ... sollen und müssen alle Leren erkant und geurteilet werden",

[15] Vgl. J. LAUSTER, Erfahrungserhellung. Zur Bedeutung der Bibel für die Systematische Theologie, JBTh 25 (2010) 207-220, 209: „Zwischen Bibel und Dogma besteht eine fundamentale Differenz." Dennoch lässt sich Dogmatik auch selbst als Schriftauslegung verstehen, vgl. U.H.J. KÖRTNER, Art. Schriftauslegung IV. Systematisch-theologisch, TRE 30 (1999) 489-495, 489: „Systematische Theologie, welche sich dem reformatorischen Erbe verpflichtet weiß, hat die Schriftauslegung nicht etwa nur zur Voraussetzung ihrer Darstellung des christlichen Glaubens und seiner Inhalte, sondern ist insgesamt als eine Weise der Schriftauslegung zu verstehen. Im Sinne reformatorischer Theologie ist Dogmatik nichts anderes als ‚konsequente Exegese' (Eberhard Jüngel [geb. 1934]). Die Verständigung über Aufgabe und Methode christlicher Schriftauslegung bildet daher kein fundamentaltheologisches Thema neben anderen, sondern entscheidet grundlegend über das Selbstverständnis jeder Dogmatik." (Klammersetzung im Original). Vgl. auch SAUTER, Art. Dogmatik, 42.

[16] EBELING, Dogmatik I, 37.

[17] Vgl. W. PANNENBERG, Systematische Theologie 1. Gesamtausgabe, Göttingen/Bristol 2015, 18; SAUTER, Art. Dogmatik, 42; K. BARTH, Die Kirchliche Dogmatik. I/1, Zollikon-Zürich [5]1947, 10.

[18] Vgl. F.D.E. SCHLEIERMACHER, Der christliche Glaube: nach den Grundsätzen der evangelischen Kirche, mit Begleitwort von Superint. Prof. D. Förster, Erster Theil, Halle [2]1897, § 19, 96 [https://archive.org/details/derchristlichegl12schl, abgerufen am 13.07.2017]; E. HERMS, Art. Dogmatik, RGG[4] 2 (1999) 899-915, 900.

[19] Vgl. HERMS, Art. Dogmatik, 901; alternativ kommt auch das christliche Selbstbewusstsein in Frage, vgl. SAUTER, Art. Dogmatik, 47.

[20] Vgl. HERMS, Art. Dogmatik, 901.

[21] Vgl. HERMS, Art. Dogmatik, 901. Vgl. auch BARTH, KD I/1, 261 im Leitsatz zu §7: „Dogmatik ist die kritische Frage nach dem Dogma, d.h. nach dem Worte Gottes in der kirchlichen Verkündigung oder konkret: nach der Übereinstimmung der von Menschen vollzogenen und zu vollziehenden kirchlichen Verkündigung mit der in der Schrift bezeugten Offenbarung" (im Original fettkursiv).

[22] JOEST/VON LÜPKE, Dogmatik I, 20; PANNENBERG, Systematische Theologie, 18-26.

[23] Vgl. JOEST/VON LÜPKE, Dogmatik I, 48-58.

ist.[24] Das bedeutet zum einen, dass die Schrift die einzige sichere Erkenntnisquelle der Offenbarung Gottes ist, und damit – zumindest indirekt – die eigentliche Quelle dogmatischer Aussagen sein muss.[25] Zum anderen ist die Schrift auch die kritische Instanz, an der dogmatische Aussagen auf ihre Angemessenheit hin beurteilt werden können.

Wenn nun aber das, was in der Bibel, bzw. schon das, was im Alten Testament steht, im Wesentlichen keine Einheit darstellt, und (scheinbar) ausschließlich Aussagen über Intention und Inhalt relativ kleiner Ausschnitte daraus getroffen werden können, wird das Unterfangen einer systematisierten Gesamtdarstellung insgesamt fragwürdig – und zwar gleich zweifach: Zum einen ist das, was systematisiert dargestellt werden soll, nicht „eines", sondern eine irreduzibel plurale Menge, und zum anderen ist der Maßstab, an dem gemessen werden soll, ob diese Darstellung angemessen ist, nicht *ein* Maßstab, sondern eine Menge, je nach exegetischen Gewährsleuten eine sehr große Menge von Maßstäben, die sich in gewissen Bereichen widersprechen, also konsequenterweise zu unterschiedlichen Messergebnissen führen müssen, wenn sie an gegenwärtig formulierte Darstellungen angelegt werden sollen. Die „Richtschnur" erscheint nach den oben zitierten Aussagen eher ein Fadengewirr zu sein.

Wenn also die Dogmatik die Einheit der Schrift gewissermaßen als Arbeitshypothese voraussetzt, und die Exegese feststellt, dass diese nicht besteht, hat entweder die Exegese die Dogmatik *ad absurdum* geführt, oder es ist genauer zu fragen, was im Konkreten mit der Rede von der Einheit oder von der Uneinheitlichkeit bzw. Pluralität genau gemeint ist.[26]

[24] BSELK 1218 (I. DINGEL [Hg. im Auftrag der Evangelischen Kirche in Deutschland], Die Bekenntnisschriften der Evangelisch-Lutherischen Kirche. Vollständige Neuedition, Göttingen 2014; früher BSLK 769). Vgl. reformierterseits etwa die Vorrede und Kapitel 1 und 2 der Confessio Helvetica posterior (G. PLASGER/M. FREUDENBERG, Reformierte Bekenntnisschriften. Eine Auswahl von den Anfängen bis zur Gegenwart, Göttingen 2005, 189-196).

[25] Vgl. die Überschrift in HÄRLE, Dogmatik, 111-139 in Anlehnung an die Konkordienformel: „Die Bibel als Quelle und Norm des Glaubens"; vgl. weiterhin EBELING, Dogmatik I, 29-37; sowie JOEST/VON LÜPKE, Dogmatik I, 48-50.

[26] Rezeptionsästhetische Ansätze bieten einen Lösungsvorschlag, der den Schriftbezug nicht aufgibt, aber die „konstitutive Rolle des Lesers" (U.H.J. KÖRTNER, Der inspirierte Leser. Zentrale Aspekte biblischer Hermeneutik, Göttingen 1994, 15) betont, wodurch die Einheit der biblischen Texte „nicht ein fixer Sinnbestand ist, sondern durch kombinatorische Lektüre im Akt des Lesens immer wieder neu entstehen soll." AaO., 16. Der hier vorgestellte Ansatz geht ebenfalls davon aus, dass jedes neue Lesen Sinnhorizonte erschließen kann, die Schreiber und frühere Leser so noch nicht im Blick hatten, versteht sich selbst aber nicht als rezeptionsästhetisch.

Wenn im Folgenden nach einer systematisch-theologisch und exegetisch verantworteten und verantwortbaren Verhältnisbestimmung von Pluralität und Einheit der biblischen Texte, hier schwerpunktmäßig mit Blick auf das Alte Testament, gefragt wird (s.u. 2.), muss zunächst geklärt werden, welche Beobachtungen zur Rede von Pluralität, Uneinheitlichkeit oder Vielfalt der biblischen Texte geführt haben, und von *was* für einer Einheit die Rede sein soll.

Zentral für die Einschätzung der Pluralität der biblischen Schriften sind (ohne Anspruch auf Vollständigkeit) die folgenden Beobachtungen:[27]

1) Altes und Neues Testament unterscheiden sich voneinander. Weder führen die alttestamentlichen Texte zwingend zur Notwendigkeit des Neuen Testaments, noch stellt das Neue Testament einfach die Fortsetzung des Alten Testaments dar. Dies versucht etwa die idealtypische Rede vom „doppelten Ausgang" oder der „zweifachen Nachgeschichte" des Alten Testaments bzw. der Bibel Israels im Judentum und Christentum zu Recht zum Ausdruck zu bringen.[28] Mit der im 18. Jh. anzusetzenden religionsgeschichtlichen Unterscheidung beider Kanonteile werden die Bibel und der Theologiebegriff erstmalig „pluralfähig":[29]

[27] Vgl. G. EBELING, Was heißt „Biblische Theologie"?, in: DERS., Wort und Glaube, Tübingen [3]1967, 69-89; GERTZ, Grundfragen, 588-596; SCHMID, Theologie. Vgl. auch T. SÖDING, Einheit der Heiligen Schrift? Zur Theologie des biblischen Kanons, QD 211, Freiburg u.a. 2005, 18-55 mit weiteren „Herausforderungen" für die Frage nach der Einheit der Bibel.

[28] Vgl. K. KOCH, Der doppelte Ausgang des Alten Testamentes in Judentum und Christentum, JBTh 6 (1991) 215-242 und zu einer neueren kritischen Würdigung B. EGO, Judaistik und Biblische Theologie. Forschungsgeschichtliche und systematische Überlegungen zu einem komplexen Verhältnis, JBTh 25 (2010/2011) 305-329. Kritisch gegenüber der Rede vom „doppelten Ausgang" äußert sich etwa M. MORGENSTERN, Halachische Schriftauslegung. Auf der Suche nach einer jüdischen „Mitte der Schrift", ZThK 103 (2006) 26-48. Morgenstern betont aus judaistischer Perspektive, worauf es hier – losgelöst von der genauen Begrifflichkeit – ankommt: „daß die Fortsetzung des Alten Testaments im Neuen weder selbstverständlich noch notwendig, im Vergleich mit dem Talmud aber auch nicht abwegig ist", und dass auch „der traditionell-jüdische Sinn nicht der Ursprungssinn des Alten Testaments ist" (aaO., 47). Neuere judaistische Arbeiten zeigen deutlich Interdependenzen in der Formierung des Christentums und des rabbinischen Judentums auf. Vgl. etwa P. SCHÄFER, Die Geburt des Judentums aus dem Geist des Christentums. Fünf Vorlesungen zur Entstehung des rabbinischen Judentums, Tria Corda. Jenaer Vorlesungen zu Judentum, Antike und Christentum 6, Tübingen 2010.

[29] Vgl. SCHMID, Theologie, 23: „Das Zerbrechen der gesamtbiblischen Theologie in eine Theologie des Alten und des Neuen Testaments ist im Rahmen der Gesamtgeschichte des Theologiebegriffs ein höchst bedeutsamer Vorgang. Damit wurde das erste Mal, in der Sache, der Theologiebegriff *pluralfähig*. Die Bibel hat nicht eine Theologie, sondern – wie man aus heutiger Sicht sagen muss: *mindestens* – zwei Theologien, eine alttestamentliche und eine neutestamentliche. Nachdem sich diese Differenz erst einmal etablieren konnte, standen der weiteren Pluralisierung des Theologiebegriffs, wie sie sich dann im Verlauf des 20. und Anfang des 21. Jh. ergeben konnte, keine grundsätzlichen Hindernisse mehr entgegen."

Bereits die Zweizahl der Testamente stellt (zumindest)[30] einen Dual dar. Aber auch diese beiden Kanonhälften sind je in sich plural, wie seit dem 18. und 19. Jh. immer deutlicher geworden ist:[31]

2) Die biblischen Texte entstammen verschiedenen Zeiten, Orten und Überlieferungsbereichen, bilden verschiedene Sozialformen[32] sowohl hinsichtlich ihrer Verfasser wie Rezipienten ab und lassen ganz unterschiedliche Intentionen erkennen. Daraus resultieren gewisse Spannungen bis hin zu Widersprüchen zwischen einzelnen Texten. Dies gilt gleichermaßen für die alttestamentlichen wie neutestamentlichen Texte, wobei bei ersteren die längere Gesamtentstehungszeit und bei letzteren die größere Vielfalt der Entstehungsorte zu berücksichtigen ist. Wenn im oben angeführten Zitat zur Beschreibung und Bewertung dieses Befundes vom Prokrustesbett die Rede ist, steht bildlich die Vorstellung einer Schablone im Hintergrund, in die jeder der Einzeltexte hineinpassen muss und mithilfe derer alle Texte gewissermaßen übereinander geschichtet werden könnten, wobei alles „Überstehende" eliminiert und alles „zu Kurze" „gestreckt" würde. Eine solche Schablone, die dazu dienen könnte, Texte in Inhalt und Aussage gleichförmig zu machen, besteht tatsächlich, und man wird sagen dürfen: glücklicherweise, nicht. Aber ist das – oder war das jemals – überhaupt die Absicht der Rede von der Einheit der Schrift? Was hier mit „Schablone" und „Prokrustesbett" umschrieben wurde, wird in der exegetischen Diskussion meist unter dem problematischen Begriff der „Mitte"

[30] Im Gefolge (spätestens!) der Auswertung der Handschriften von Qumran zeigte sich in aller Klarheit, dass bereits in der Antike mehrere Textformen „des" Alten Testaments nebeneinander existierten, ohne dass eine klare Hierarchie dieser Textformen erkennbar wäre. So ist zwischen der masoretischen Textform, der Textform der griechischen Übersetzung, der Septuaginta, und im Bereich des Pentateuch auch der Textform des Samaritanischen Pentateuch bzw. jeweils zwischen ihren Vorlagen zu unterscheiden. Verschiedene Texte lassen sich keiner dieser drei Textformen klar zuordnen. Darüber hinaus weisen auch die einzelnen Handschriften der genannten Textformen z.T. markante Unterschiede auf. Vgl. etwa A. LANGE, Handbuch der Textfunde vom Toten Meer. Band 1. Die Handschriften biblischer Bücher von Qumran und den anderen Fundorten, Tübingen 2009 und mit Blick auf den alt- wie v.a. neutestamentlichen Kanon J. FREY, Qumran und der biblische Kanon. Eine thematische Einführung, in: M. BECKER/DERS. (Hg.), Qumran und der biblische Kanon, BThSt 92, Neukirchen-Vluyn 2009, 1-63.

[31] Im Gefolge dieser exegetischen Erkenntnisse lösten um die Wende des 20. Jhs. religions*geschichtliche* Gesamtdarstellungen die theologischen ab. Vgl. SCHMID, Theologie, 31-36; ALBERTZ, Religionsgeschichte, 17-30 und (mit ausführlicher Besprechung der hierfür zentralen Arbeiten B. Duhms) SMEND, Mitte, 36-40.

[32] Vgl. etwa GERSTENBERGER, Theologien, 9-10 sowie die Gliederung seines Buches, der Familientheologie, Stammestheologie und Reichstheologie unterscheidet, oder ALBERTZ, Religionsgeschichte, 38-43 mit der Unterscheidung von persönlicher bzw. familiärer, lokaler und offizieller Frömmigkeit.

des Alten oder Neuen Testaments geführt.[33] Die Suche nach einer solchen „Mitte" oder „Grundidee" der jeweiligen Kanonteile ist aufgrund der genannten Pluralität der in ihnen enthaltenen Texte meist als gescheitert betrachtet worden: Weder weisen etwa alle Bücher des Alten Testaments bundestheologische Vorstellungen auf, noch sprechen alle explizit von YHWH als dem Gott Israels, um nur zwei bekannte Vorschläge zur Benennung der „Mitte" des Alten Testaments anzuführen.[34]

Das Problem der Einheit der biblischen Texte spitzt sich in folgenden beiden Beobachtungen zur Rede von Gott weiter zu:

3) In beiden Testamenten findet sich eine Vielfalt der Rede von Gott: Aussagen über Wesen und Wirken Gottes unterscheiden sich bereits innerhalb der einzelnen Kanonteile nicht unwesentlich voneinander und stehen teilweise in deutlicher Spannung zueinander. Wenn aber in den verschiedenen Büchern und Texten Verschiedenes und sogar Widersprüchliches von Gott gesagt wird, stellt sich die Frage, wie eine *Theo*logie der Bibel oder auch nur des Alten Testaments dann überhaupt beschrieben werden kann. Für die Dogmatik wird damit eine Zusammenfassung der Gotteslehre zumindest insofern fraglich, als dabei jeweils zu sagen wäre, auf *welche* der biblischen Texte sie sich stützt und welche dabei unbeachtet bleiben. Wenn aber mit der Gotteslehre zumindest ein, wenn nicht das Kernstück der Dogmatik vor die Frage gestellt ist, ob dafür überhaupt eine einheitliche biblische Basis besteht, erscheint dieses dogmatische Unterfangen als eine von den biblischen Texten her fragwürdige Konstruktion.

[33] S.o. mit Anm. 4 und s.u. 2.3.1. Vgl. mit Blick auf das Alte Testament etwa SMEND, Mitte; W. ZIMMERLI, Zum Problem der „Mitte des Alten Testaments", EvTh 35 (1975) 97-118; H. GRAF REVENTLOW, Hauptprobleme der alttestamentlichen Theologie im 20. Jahrhundert, EdF 173, Darmstadt 1982, 138-147; L. SCHWIENHORST-SCHÖNBERGER, Einheit und Vielheit. Gibt es eine sinnvolle Suche nach der Mitte des Alten Testaments?, in: F.-L. HOSSFELD (Hg.), Wieviel Systematik erlaubt die Schrift? Auf der Suche nach einer gesamtbiblischen Theologie, QD 185, Freiburg u.a. 2001, 48-87. Für die Systematik vgl. etwa I.U. DALFERTH, Die Mitte ist außen. Anmerkungen zum Wirklichkeitsbezug evangelischer Schriftauslegung, in: C. LANDMESSER u.a. (Hg.), Jesus Christus als die Mitte der Schrift. Studien zur Hermeneutik des Evangeliums, BZNW 86, Berlin/New York 1997, 173-198.

[34] Zu YHWH vgl. etwa VON RAD, Theologie II, 386: „Würde man aber sagen, Jahwe sei die Mitte des Alten Testamentes, so würde das nicht ausreichen". Die Begründung ist bei von Rad freilich eine andere: „denn wir sahen dieses Israel ja kaum je in seinem Gott wirklich ruhend, sondern vielmehr gerade von diesem Gott durch immer neue Verheißungen auf immer neue Erfüllungen hin durch die Geschichte nach vorwärts getrieben werden." Ebd. Als Ziel dieser Geschichte benennt er die „Erscheinung Jesu Christi" (ebd.).

Zusätzlich problematisch wird die Zusammenschau der alttestamentlichen Texte unter der Perspektive ihrer Rede von Gott durch die folgende Beobachtung:

4) Nicht in allen alttestamentlichen Texten wird der Gott Israels mit seinem Namen YHWH explizit erwähnt (so bei Kohelet, Esther und, abgesehen von der Kurzform YH in Hld 8,6, im Hohenlied).

Die Liste ließe sich fortsetzen und konkretisieren. Die hier zu stellende Frage lautet: Was bedeutet die festgestellte Vielfalt oder Pluralität der alttestamentlichen Texte für die Frage nach der Einheit der Bibel und des Alten Testaments im Besonderen?

Zunächst kann festgehalten werden, dass die aufgeführten Beobachtungen von Pluralität auf sehr unterschiedlichen Ebenen liegen. Dass zu unterschiedlichen Zeiten Unterschiedliches relevant war und dementsprechend thematisiert wurde, leuchtet unmittelbar ein; auch die unterschiedlichen *Überlieferungsbereiche* (kultische, rechtliche, weisheitliche, prophetische, narrative Texte etc.) lassen thematische wie formale Differenzen erwarten. Kurz: In den biblischen Texten steht also *Unterschiedliches* und *unterschiedlich* geschrieben. Die Beobachtung von Pluralität zeigt damit zunächst nur, *dass die biblischen Texte keine ununterscheidbare Masse darstellen*. Zu einem Problem *kann* die festgestellte Pluralität allerdings werden, wenn nach inhaltlicher Kohärenz gefragt wird. Hier erscheinen insbesondere inhaltliche Aspekte von Pluralität als – zumindest potentiell – problematisch, und zwar insbesondere dort, wo sich explizite Widersprüche aufzeigen lassen. Kann noch von einer inhaltlichen Einheit gesprochen werden, wenn sich die Texte widersprechen?

Mit der näheren Qualifizierung der Einheit als „inhaltlich" ist die Notwendigkeit der Klärung angesprochen, nach *was für einer Einheit* überhaupt gefragt wird. Die im Folgenden darzustellende These besagt, dass die Einheit der biblischen Texte nicht in einer empirisch messbaren Ähnlichkeit der Texte besteht, sondern sich gerade in der Zusammenstellung der deutlich unterschiedlichen Texte als *Einheit der Rede von einem pluralen Beziehungsgeschehen* zusammenfügt. Dazu soll ein relationales Modell dargestellt werden, mithilfe dessen die festgestellten Textbeobachtungen in relationaler Perspektive in den Blick genommen werden.

2. *Ein relationales Modell zur Rede von Pluralität und Einheit des Alten Testaments*

2.1 *Vorbemerkungen zur Begriffsdefinition*

Die Bedeutungsspannweite des Wortes „relational" ist beträchtlich, seine Verwendungsweise muss daher zumindest kurz definiert werden.[35] Die Begriffe Relation und Beziehung werden hier synonym verwendet.[36] Mit Relationen sind im Folgenden, sofern nicht ausdrücklich anderes gesagt wird, 1) *personale* Relationen gemeint, die 2) *reziprok*, also wechselseitig bestehend,[37] aber *nicht notwendigerweise symmetrisch* sind und die 3) ihre eigene Beziehungs*geschichte* haben. Nebst der *Relation* gilt es zudem, auch auf die Beziehungspartner, die *Relate*, zu fokussieren.

2.2 *Vorbemerkungen zur Logik personaler Beziehungen*

Personen sind individuell verschieden und prägen ihre Beziehungen in ganz persönlicher eigener Weise. Darum kann eine Person in einer Beziehung nicht einfach durch eine andere Person ausgetauscht werden, auch wenn diese ähnliche Aufgaben erfüllt und / oder gar eine vergleichbare Rolle in der Beziehung einnimmt. Zweifellos kann ein anderer Lehrer das gleiche Fach unterrichten, oder auch eine andere Person als zuvor sich liebevoll um ein Kind kümmern, aber die entsprechende personale Relation muss dazu neu aufgebaut werden. Es ist damit eine neue und nicht dieselbe Relation. Es dürfte freilich einfacher sein, in bestimmten Verhaltensweisen eines neuen Griechisch-, Pilates- oder Klavierlehrers gewisse Spielregeln wieder zu erkennen, die der spezifischen

[35] Ausführliche Überlegungen zur Dogmatik als Rede von den Relationen zwischen Gott und Menschen finden sich in Auseinandersetzung mit der Theologie Karl Barths in MEYER ZU HÖRSTE-BÜHRER, Gott. Vgl. zur Begriffsklärung insbesondere aaO., 17f.86-95.364-368.

[36] Anders und zweifellos einleuchtend wird in der Anthropologie bei W. HÄRLE, Die Rechtfertigungslehre als Grundlegung der Anthropologie, in: DERS./E. HERMS, Rechtfertigung. Das Wirklichkeitsverständnis des christlichen Glaubens. Ein Arbeitsbuch, Göttingen 1980, 78-100 zwischen Bezogenheit und Beziehung innerhalb einer Relation unterschieden.

[37] Anders M. WELKER, Beziehung – menschlich und göttlich, in: M. BAUKS u.a. (Hg.), Was ist der Mensch, dass du seiner gedenkst? (Psalm 8,5). Aspekte einer theologischen Anthropologie. FS B. Janowski, Neukirchen-Vluyn 2008, 541-551, 550. Demgegenüber bedeutet Reziprozität im hier verwendeten Sinne keine Symmetrie oder Gleichartigkeit der Relate oder auch ihrer Beziehungsanteile und Beziehungsgestaltung, sondern genau dies, dass beide Relate in Relation zueinander stehen. Nicht reziprok wäre ein (möglicherweise trotzdem intensives) Verhältnis eines Menschen zu einem Gegenstand: Dieser ist dadurch kein Relat im obigen Sinne, das in Relation zu dem Menschen steht. Vgl. MEYER ZU HÖRSTE-BÜHRER, Gott, 43 mit Anm. 133.

Unterrichtsrelation inhärent sind, wenn man bereits einen ersten solchen Lehrer und eine vergleichbare Unterrichtsrelation kennt. Sind diese Spielregeln bekannt, kann darauf aufbauend die Feindynamik der jeweils individuellen Beziehung gemeinsam aufgebaut werden.

Das ist hier nun deshalb relevant, weil diese Dynamiken a) weder einfach willkürlich oder chaotisch, noch b) vollständig formallogisch beschreibbar sind. Es mag zwar möglich sein, eine Liebesbeziehung in Programmiersprache zu beschreiben, doch wird ihr dies kaum gerecht. Das hat schon damit zu tun, dass eine Darstellung in C++ oder Ähnlichem besagt, dass das Geschehen grundsätzlich der Machbarkeit und dem eigenen Belieben unterliegt, also überhaupt als programmierbar gedacht werden kann. Dies ist aber mit der *Freiheit und bleibenden Entzogenheit des Relationspartners* grundsätzlich nicht vereinbar.[38] Dessen Aktionen und Reaktionen mögen als Auswahl einer endlichen Menge von Möglichkeiten von Mimik, Körpersprache, Sprache etc. beschreibbar sein, doch bildet dies den relationalen Bedeutungshorizont des jeweiligen Verhaltens nicht mit ab.

Auch wenn also personale Relationen nicht adäquat mit Mitteln mathematischer oder formaler Logik beschreibbar sind, sind sie doch *nicht beliebig*. Dies beinhaltet, dass im Rahmen einer personalen Beziehung Aussagen kohärent sein können, die auf Basis formaler Logik nicht vereinbar sind.

2.3 Die Pluralität der Bibel im Licht ihres relationalen Gefüges

Im Folgenden sollen die vier oben genannten Pluralitätsaspekte der biblischen Texte in relationaler Hinsicht betrachtet werden. Es soll gefragt werden, was für eine Bedeutung die jeweiligen Beobachtungen für die Frage nach einer Einheit der biblischen Texte haben, wenn man voraussetzt, dass diese Einheit durch die Einheit der Relationen des einen Gottes und der Vielzahl von Menschen konstituiert ist. Wie die Beobachtung der Pluralität ist auch die relationale Verhältnisbestimmung von Pluralität und Einheit zunächst auf einer Meta-Ebene verortet. Jede auf dieser Meta-Ebene getroffene Verhältnisbestimmung kann aber daraufhin befragt werden, ob sie sinnvoll aus den Texten heraus entwickelt werden kann und sich anhand der Texte plausibilisieren lässt.

[38] Zur Entzogenheit Gottes vgl. M. MÜHLING/M. WENDTE (Hg.), Entzogenheit in Gott. Beiträge zur Rede von der Verborgenheit der Trinität, Ars Disputandi Supplement Series 2, Utrecht 2005.

Dabei soll mit den Feststellungen 2) bis 4) zur Pluralität innerhalb des Alten Testaments begonnen werden (s.u. 2.3.1-2.3.3). Danach wird die Aufmerksamkeit auf das Verhältnis von Altem und Neuem Testament zueinander, die obige Beobachtung 1), gelenkt (s.u. 2.3.4).

2.3.1 Zur Vielfalt in den Schriften des Alten Testaments

Aus der Vielfalt der Zeiten und Sozialformen, die verschiedene Formen der Gottesverehrung beinhalteten, und in denen die alttestamentlichen Texte entstanden sind, folgert E.S. Gerstenberger in den Vorbemerkungen seines Buches „Theologien im Alten Testament":

> „Das Alte Testament, eine Sammlung von vielen Glaubenszeugnissen aus etwa einem Jahrtausend altisraelitischer Geschichte, hat keine einheitliche Theologie und kann sie nicht haben. ... Das Alte Testament in sich kann keine theologische oder ethische Einheitssicht bieten, denn es ist ein Konglomerat von Glaubenserfahrungen aus sehr unterschiedlichen geschichtlichen und sozialen Situationen."[39]

Was ist hier unter „Einheit" verstanden? Glaubenserfahrungen verschiedener Zeiten und sozialer Lebensformen sowie deren textlicher Niederschlag *können* nach Gerstenberger keine Einheit im Sinne „einer Theologie" bilden. Gerstenberger sieht den geschichtlichen Wandel der Gottesverehrung und will deren Ausprägungen gegeneinander absetzen. Das in diesem Vorgehen zum Ausdruck kommende Interesse am präzisen Beobachten und Verstehen des einzelnen Textes in seiner Zeit und seinem Kontext (soweit rekonstruierbar) ist nicht nur berechtigt, sondern nachgerade als genuine Aufgabe verantworteter exegetischer Arbeit, die sich den Texten verpflichtet weiß, zu bestimmen: Die Konturierung der Pluralität der Texte, ihrer Zeiten und Kontexte erschließt Verständnis für die jeweiligen Texte und deren Bedeutungsdimensionen auf den verschiedenen Stufen der Textentstehung bis hin zum jeweils vorliegenden Text.[40] Es stellt sich freilich die Frage, welche Einheit durch die Vielfalt der Zeiten und Kontexte infrage gestellt ist. Oder mit den Worten W. Zimmerlis: „Wie soll der Historiker angesichts dieses bewegten Wandels von einer ‚Mitte' des nach seiner geschichtlichen Dimension erfaßten Alten Testamentes reden?"[41] Deutlich infrage gestellt ist also die Einheit der *Konzeptionen*, man kann

[39] GERSTENBERGER, Theologien, 9.

[40] Die Unterscheidung diachroner und synchroner Fragehinsichten stellt zumindest aus diachroner Perspektive kein Entweder-Oder dar; vielmehr sind alle diachron rekonstruierten Ebenen der Textentstehung je in ihren Zeiten und Kontexten synchron zu analysieren.

[41] ZIMMERLI, Mitte, 98.

wohl sagen der „Weltbilder“ oder „Gottesbilder“.[42] Deren Pluralität hat die exegetische Forschung unhintergehbar herausgearbeitet und beschrieben.

Um nur ein Beispiel anzuführen: Die Wahrnehmung des Schöpfers und seiner Schöpfung ist schon in den beiden Schöpfungsberichten in Gen 1-3, den Eröffnungskapiteln der Bibel, nicht identisch: So haben etwa die unterschiedliche Bezeichnung und Darstellung Gottes (der transzendente „Gott“, אלהים, im ersten und der immanente „YHWH Gott“, יהוה אלהים, im zweiten Bericht), die unterschiedlichen Weltbilder (der aus Wassermassen geordnete gegliederte Kosmos im ersten und der aus dem trockenen Boden herausgebildete fruchtbare Lebensraum von Mensch und Tier im zweiten Bericht), die unterschiedlichen Menschenbilder (der als Bild Gottes zur Herrschaft über die Erde eingesetzte Mensch im ersten und der zwar erkenntnisbegabte, aber vergängliche und fehlbare Mensch im zweiten Bericht) und die unterschiedliche Reihenfolge der einzelnen Schöpfungsakte (besonders die unterschiedliche Abfolge der Erschaffung von Tieren und Menschen in beiden Schöpfungserzählungen) zur Einsicht geführt, dass hier und in den weiteren Texten des Pentateuch mehrere ehedem eigenständige Erzählstränge sekundär miteinander kombiniert wurden.[43] Es lassen sich nur in diesen drei Kapiteln also bereits mindestens (in chronologischer Reihenfolge) die Theologie der sog. nicht-priesterschriftlichen Eden-Erzählung Gen 2,4b-3,24 (bzw. 2,4b-4,26), die Theologie des sog. Priesterschriftlichen Schöpfungsberichtes Gen 1,1-2,3 (als Prolog der sog. Priesterschrift) sowie die Theologie des redaktionell (etwa durch Gen 2,4a) hergestellten Schöpfungstextes Gen 1-3 darstellen.[44] Gerade der letzte Punkt zeigt, dass der nach Zeiten etc. uneinheitliche Text von Gen 1-3 durchaus auch als Einheit verstanden werden kann (so lässt sich die Eden-Erzählung als Detaillierung insbesondere des Berichtes von der Erschaffung der Menschen lesen), wie er denn auch Jahrhunderte lang als Einheit verstanden wurde.[45]

[42] Vgl. ZIMMERLI, Mitte, 104: „Gibt es im Alten Testament nicht eine Pluralität von Gottesbildern, sodaß wir auch eine Vielfalt von Theologien darzustellen haben“?

[43] Vgl. W. BÜHRER, Am Anfang... Untersuchungen zur Textgenese und zur relativ-chronologischen Einordnung von Gen 1-3, FRLANT 256, Göttingen 2014, 275f. *et passim*.

[44] Vgl. M. WITTE, Die biblische Urgeschichte. Redaktions- und theologiegeschichtliche Beobachtungen zu Genesis 1,1-11,26, BZAW 265, Berlin/New York 1998; BÜHRER, Anfang. Zur aktuellen historisch-kritischen Pentateuchforschung vgl. etwa K. SCHMID, Der Pentateuch und seine Theologiegeschichte, ZThK 111 (2014) 239-270 und den die Breite der Forschungslandschaft widerspiegelnden Sammelband J.C. GERTZ u.a. (Hg.), The Formation of the Pentateuch. Bridging the Academic Cultures of Europe, Israel, and North America, FAT 111, Tübingen 2016.

[45] Dass schon in der Antike die *Uneinheitlichkeit dieser Einheit* erkannt wurde, zeigen etwa einige bewusste Abweichungen der griechischen Übersetzung gegenüber ihrer hebräischen

Dieses eine von zahllosen Beispielen zeigt, dass es in den biblischen Texten *Widersprüche und Spannungen* zwischen einzelnen Aussagen gibt. Diese *betreffen nicht nur Details von Erzählungen, sondern auch nahezu jede dogmatisch relevante Frage* – beim Beispiel von Gen 1-3 sind aufgrund der Wirkungsgeschichte besonders die Hamartiologie und die dadurch geprägte Anthropologie zu nennen und gegen eine lange Interpretationstradition festzuhalten, dass die Rede vom „Sündenfall" weder der Eden-Erzählung, noch dem Text von Gen 1-3 gerecht zu werden vermag.[46] Es ist also nicht möglich, aus der Bibel als ganzer ein geschlossenes Gottes-, Welt- oder Menschenbild, oder eine formallogisch widerspruchsfreie „Urdogmatik" zu extrahieren.

Stellt das nun ein Problem für die Rede von der Einheit der Schrift dar? Von einer Einheit der Schrift auszugehen, ist zweifellos dann problematisch, wenn die Erwartung an die Bibel darin besteht, die göttliche Bedienungsanleitung zu seiner Schöpfung oder zeitlose Glaubensformel für den Einzelnen zu sein. Die Pluralität ist aber schon dann unumgänglich, wenn man mit einbezieht, dass der einzelne Mensch nicht isoliert in Relation zu Gott steht, sondern sich *in einer Geschichte*[47] *Gottes mit den Menschen vorfindet, in der nicht nur Gott, sondern auch die Menschen gehandelt und sich verändert haben*. Dabei ist die Geschichte der einzelnen Menschen mit Gott durchaus verschieden, und damit zusammenhängend auch ihre Beschreibung der Wirklichkeit und ihre Rede von Gott nicht identisch, d.h. nicht zu *einer* Theologie summierbar, die zu identischen Sätzen kommt.[48]

Vorlage, die die Zusammengehörigkeit beider Schöpfungserzählungen gezielt verstärken, beispielsweise die zweimalige Hinzufügung der Partikel ἔτι „noch (dazu / einmal)" in Gen 2,9.19, bei Schöpfungswerken also, die bereits in Gen 1 berichtet wurden. Vgl. BÜHRER, Anfang, 31f.

[46] Vgl. etwa T. KRÜGER, Sündenfall? Überlegungen zur theologischen Bedeutung der Paradiesgeschichte, in: K. SCHMID/C. RIEDWEG (Hg.), Beyond Eden. The Biblical Story of Paradise (Genesis 2-3) and Its Reception History, FAT II/34, Tübingen 2008, 95-109; BÜHRER, Anfang, 270-273.326-340.

[47] Im Fokus auf die Geschichte besteht eine gewisse Nähe des hier ausgeführten Ansatzes zu PANNENBERG, Krise, 20, der in der „Universalgeschichte" den „Boden für eine Lösung des hermeneutischen Problems" sieht, oder SÖDING, Einheit, bes. 155-231.378-397.

[48] Es lässt sich fragen, ob diese Vorstellung von „Einheit" auch sonst an den Theologiebegriff herangetragen wird. Könnte es dann in der Gegenwart ein Studium „evangelischer Theologie" überhaupt geben, wo die unterschiedlichen theologischen Disziplinen teilweise engere Überschneidungen mit nicht-theologischen Disziplinen aufweisen als untereinander? Gibt es in dieser Form der Einheitsforderung gesehen „eine Theologie Luthers" oder „eine Theologie Bonhoeffers"? Bleibt Barth nicht Barth, auch wenn man eine „Theologie des jungen" von einer „Theologie des späten Barth" unterscheiden kann? Fassen wir nicht auch das gegenüber den biblischen Texten wohl noch breitere Spektrum von Positionen und Büchern unter dem Begriff

Nimmt man eine dynamische Relation mit einer eigenen Beziehungsgeschichte an, so ist erklärlich, dass Gott verschiedenen Menschen zu verschiedenen Zeiten Verschiedenes zu sagen hat, bzw. dass sich verschiedene Menschen zu verschiedenen Zeiten verschieden als von Gott angesprochen erlebt haben. Eine Idee dieser *situativen Pluralität der Rede Gottes* findet sich in der Aussage des Hebräerbriefes, dass Gott bereits früher „vielfach und auf vielerlei Weise“ (πολυμερῶς καὶ πολυτρόπως; Hebr 1,1) durch die Propheten gesprochen habe. Die *Einheit* dieses pluralen Geschehens liegt darin, dass es – für den Hebräerbrief *wiedererkennbar* – *Gott selbst* war, der gesprochen hat und nach Aussage des Hebräerbriefes seine Geschichte mit den Menschen in Jesus Christus nochmals neu gestaltet und sich gerade dabei selbst treu bleibt.[49]

Was gemäß dem hier dargelegten relationalen Verständnis die biblischen Texte „im Innersten zusammenhält“, ist also bei all ihren menschlicherseits pluralen Aussagen ihr *Bezug zu dem einen und selben Gott*. Soll von diesem Gott gesprochen werden, erscheint es durchaus plausibel, die verschiedenen Erfahrungen mit ihm, Aussagen und Erzählungen über diese Erfahrungen, Doxologien etc. zusammen zu stellen, weil sie sich sinnvoll ergänzen, illustrieren, relativieren oder eben auch korrigieren können.[50] Diese Zusammenstellung ist einerseits deshalb sinnvoll, weil es eine Pluralität der Menschen gibt. Bezüglich der biblischen Texte sind dabei gleichermaßen die darin beschriebenen Figuren, seien sie historisch oder nicht, wie auch die Autoren, Redaktoren, Tradenten und Rezipienten dieser Texte im Blick. Diese Zusammenstellung ist andererseits deshalb sinnvoll, weil menschliche Erzählung oder Beschreibung weder den Anspruch erheben kann, alles Relevante für alle Momente der Geschichte Gottes mit den Menschen gesagt zu haben, noch weil sie für sich selbst die Unfehlbarkeit in der Beschreibung oder Deutung des

„Dogmatik“ zusammen? Vgl. zur expliziten Verhältnisbestimmung von Vielheit oder Einheit in Bezug auf die Dogmatik selbst HERMS, Art. Dogmatik, 902.

[49] Übersetzung: Luther 2017. Auf Hebr 1,1 weist auch VON RAD, Theologie I, 128 hin, löst das von ihm so zitierte „manchmal und auf mancherlei Weise“ aber gerade in die Pluralität auf. Dagegen betonen die gleiche Urheberschaft dieses „vielfach und auf vielerlei Weise“ etwa auch W. ZIMMERLI, Rez. Gerhard von Rad, Theologie des Alten Testaments. Band 1 Die Theologie der geschichtlichen Überlieferungen Israels, 1957; Band 2 Die Theologie der prophetischen Überlieferungen Israels, 1960. Verlag Chr. Kaiser, München. 472 und 458 Seiten, VT 13 (1963) 100-111, 105; DERS., Mitte, 118; B. JANOWSKI, Der eine Gott der beiden Testamente. Grundfragen einer Biblischen Theologie, in: DERS., Die rettende Gerechtigkeit. Beiträge zur Theologie des Alten Testaments 2, Neukirchen-Vluyn 1999, 249-284, 255.

[50] Vgl. JOEST/VON LÜPKE, Dogmatik I, 60 sowie das Kapitel zu „Vielfalt und Einheit der Schrift“ aaO., 58-64.

Geschehens beanspruchen kann.[51] Gerade die Vielfalt dieser Texte und Stimmen zu hören, kann dann eine umfassendere, detailliertere Rede von Gott ermöglichen als die Zusammenstellung von widerspruchsfreien Texten.

In diesem Sinne hat G. von Rad bei seiner Abweisung einer „Mitte" des Alten Testaments die Einheit des Alten Testaments gerade gefunden und durchaus treffend beschrieben, wenn er das Getrieben-Sein durch diesen Gott als Kennzeichen Israels beschreibt.[52] Hinter dem „Vielerlei an Geschehen" findet sich also eine „Einheit des göttlichen Handelns", und so will mit W. Zimmerli das Alte Testament „auf der ganzen Linie Zeugnis geben von dem Handeln Jahwes mit Israel und der Welt. Es ist der Meinung, dass dieser Jahwe – bei aller geschichtlichen Lebendigkeit seines Tuns – einer und derselbe ist durch all die rund 1000 Jahre der hier bezeugten Geschichte hin."[53]

Die Einheit des Alten Testaments lässt sich daher am treffendsten als *„Beziehungsgeschichte YHWHs und der Menschen"* oder im weiteren Sinne als *„Beziehungsgeschichte YHWHs und der Schöpfung"* beschreiben. Dabei ist auch die Beziehungsgeschichte YHWHs zu sich selbst mit gemeint,[54] auf die im Alten Testament etwa in den verschiedenen Belegen des göttlichen Plurals oder des göttlichen Hofstaates angespielt wird,[55] oder in den Texten, in denen Gott mit sich selber ringt (s.u. 2.3.2). Das mit Gott in Beziehung stehende Relat, das es freilich nur im Plural gibt, kann als die Schöpfung auch die nicht-menschliche Schöpfung umfassen, wenn etwa in Ps 148 die himmlische und irdische

[51] Für den Kontext der Dogmatik lässt sich festhalten, dass die Verstrickung in die Sünde gleichermaßen die an der Textproduktion und -überlieferung beteiligten Menschen wie auch die Rezipienten aller Zeiten umfasst. Der Text als solcher ist damit nicht frei vom Niederschlag von Gewaltstrukturen etc. Im Blick auf die Pluralität kann dies zum einen zu einem höheren Maß an Pluralität führen, *weil* die menschliche Rede gegebenenfalls korrektur- und widerspruchsbedürftig ist. Zum anderen kann es die Pluralität auch dadurch verringern, dass bestimmte Stimmen unterdrückt und ausgeschieden werden, die möglicherweise auch Wichtiges zu sagen haben. Vgl. zum Verhältnis von Offenbarung und Sünde in Bezug auf die biblischen Texte R. BIERINGER/M. ELSBERND, Normativity of the Future. Reading Biblical and Other Authoritative Texts in an Eschatological Perspective, ANL 61, Leuven u.a. 2010, 17f.

[52] Vgl. VON RAD, Theologie II, 386 und das oben in Anm. 34 wiedergegebene Zitat.

[53] Alle Zitate aus ZIMMERLI, Rez. Gerhard von Rad, 105.

[54] Vgl. dazu auch F. HARTENSTEIN, Personalität Gottes im Alten Testament, in: DERS., Die bleibende Bedeutung des Alten Testaments. Studien zur Relevanz des ersten Kanonteils für Theologie und Kirche, BThSt 165, Göttingen 2016, 229-267, 234f.257-264.

[55] Vgl. die Pluralformulierungen in Gen 1,26; 2,18^{LXX}; 3,22; 11,7; Jes 6,8, die Schilderungen vom himmlischen Thronrat oder Hofstaat in Jes 6; Ez 1-3; 1Kön 22,19-23; Ps 82; 89,6-8; Hi 1f.; Dan 4,14; 7,10 sowie die Göttersöhne-Belege in Gen 6,1-4; Dtn 32,8 (*v.l.*); Hi 1,6; 2,1; 38,7; Ps 29,1; 82,6; 89,7. Vgl. BÜHRER, Anfang, 66 mit Anm. 206; 185.348; DERS., Göttersöhne und Menschentöchter: Gen 6,1-4 als innerbiblische Schriftauslegung, ZAW 123 (2011) 495-515, 497-500.

Schöpfung zum Lob Gottes aufgerufen wird.[56] In diesem Falle handelt es sich allerdings nicht um ein personales Relat, und es wäre zu klären, ob und inwiefern hier von einer reziproken Relation die Rede sein kann. Im Alten Testament ist Gottes Beziehungspartner in erster Linie natürlich Israel, aber auch die Völker und der einzelne Mensch, sei er Teil Israels oder nicht (so etwa Hiob, Bileam, Rahab, Ruth und viele weitere).

Eine derart bestimmte Einheit des Alten Testaments ist weder mess- noch berechenbar, weil sowohl der Beziehung wie ihrer Geschichte eine Dynamik inhärent ist, und weil auch die anvisierten Relate einerseits plural und andererseits nicht unbeweglich sind.[57] Es geht also, und hier können W. Zimmerlis Überlegungen zur „Mitte" des Alten Testaments angeführt werden, nicht um eine geometrische „Mitte" im Sinne der „Mitte eines Kreises", von der aus und auf die hin alle Texte des Alten Testaments *berechnet* und als mehr oder weniger zentral oder randständig bezeichnet werden können:

> „Eher schon dürfte das *Bild des perspektivischen Fluchtpunktes*, auf den die Linien zulaufen und der dann nicht einfach der Fläche des Bildes angehört, sondern jenseits im tiefen Hintergrunde des Bildes bleibt, dem nahekommen, was mit der so beschriebenen Mitte gemeint ist."[58]

Auf diesen „perspektivischen Fluchtpunkt" hin bleibt „alles, was auf der Oberfläche des Bildes zu erkennen ist, bezogen".[59] Wie bei der Rede von der „Mitte" – von der es zumindest im geometrischen Sinne nur jeweils eine geben

[56] So wird in Ps 148,1-6 die himmlische Schöpfung (Gottes Boten, sein himmlisches Heer, die Gestirne, die Himmel und die himmlischen Gewässer), in Ps 148,7-14 die irdische Schöpfung (Wasser-, Land- und Lufttiere, meteorologische und geologische Phänomene, Pflanzen sowie Menschen) zum Lob Gottes aufgerufen; nach Ps 19,2 können auch die Himmel die Herrlichkeit Gottes erzählen, und die Himmelsfeste seiner Hände Werk verkünden; nach Lk 19,39f. können die Steine das Schweigen der Jünger durch ihr Schreien wettmachen; nach Gen 9,8-17 schließt Gott einen Bund, den sog. Noach-Bund, mit Menschen *und* Tieren; die Geschichte von Bileams Eselin in Num 22,21.22-35 zeigt, dass Tiere der himmlischen Welt gegenüber zuweilen aufgeschlossener sein können als Menschen; auf Interaktionen Gottes mit seinem Thronrat wurde in der voranstehenden Anm. verwiesen. Die Aufzählung ließe sich fortsetzen. Mit anthropologischem Ausgangspunkt arbeitet A. SCHELLENBERG, Der Mensch, das Bild Gottes? Zum Gedanken einer Sonderstellung des Menschen im Alten Testament und in weiteren altorientalischen Quellen, AThANT 101, Zürich 2011 die Relationen der Menschen a) zur Tierwelt, b) zu Gott und c) zu den Mitmenschen anhand der Urgeschichte, Ps 8 und weiteren biblischen und außerbiblischen Texten heraus.

[57] Zum beweglichen Gott s.u. 2.3.2 und vgl. etwa M. LEUENBERGER, Gott in Bewegung. Religions- und theologiegeschichtliche Beiträge zu Gottesvorstellungen im alten Israel, FAT 76, Tübingen 2011, 1-4 *et passim*; G. THOMAS, Die Affizierbarkeit Gottes im Gebet. Eine Problemskizze, in: A. GRUND u.a. (Hg.), Ich will dir danken unter den Völkern. Studien zur israelitischen und altorientalischen Gebetsliteratur. FS B. Janowski, Gütersloh 2013, 709-731.

[58] ZIMMERLI, Mitte, 117 (Herv. hinzugefügt).

[59] ZIMMERLI, Mitte, 117.

kann – ist auch hier zu betonen, dass das Bild des Fluchtpunktes insofern „ungemäß" ist, als YHWH eben kein „ruhende[r] Punkt[]" ist.[60]

Diese Bestimmung der Einheit der biblischen Texte in dem einen und selben Gott in seiner Beziehungsgeschichte mit den Menschen trifft sich in ihrem Bezug auf YHWH mit der bereits angesprochenen Beschreibung der „Selbigkeit" Gottes als „Mitte" des Alten Testaments durch W. Zimmerli,[61] der Rede von YHWH als „Zentrum des Alten Testaments" in der Gotteslehre von R. Feldmeier und H. Spieckermann[62] und der Beschreibung von „JHWHs Wesen im Wandel" durch F. Hartenstein, der die „viel diskutierte Frage nach einer einigenden *,Mitte' des Alten Testaments* ... im Licht einer Hermeneutik des Zeugnisses schlicht mit ,JHWH'" beantwortet.[63]

Mit ihrem Bezug auf die Schöpfung im Allgemeinen, die Menschen und Israel im Besonderen geht die Rede von der „Beziehungsgeschichte YHWHs mit den Menschen" aber über die genannten Ansätze hinaus auch *explizit* weiter, indem neben *Gott* auch *die Gott bezeugenden Relate* und *die Geschichte der Gott-Menschen-Beziehungen* in den Blick genommen werden. Diese Bestimmung trifft sich mit der These Hartensteins, der unter YHWHs „Wesen" „JHWHs durch die Jahrhunderte als unverwechselbar erkannte[n] *Handlungsweisen und*

[60] ZIMMERLI, Mitte, 117. SCHWIENHORST-SCHÖNBERGER, Einheit, 70.74-80 plädiert entsprechend dafür, die Rede von der „Mitte" gänzlich aufzugeben und stattdessen von „Einheit" zu sprechen; A. MICHEL, Ist mit der „Gnadenformel" von Ex 34,6(+7?) der Schlüssel zu einer Theologie des Alten Testaments gefunden?, BN 118 (2003) 110-123, 110f. fragt nicht von der Einheit, sondern von der Pluralität her und bevorzugt die „Metapher des Schlüssels", „von woher und mit wessen Hilfe sich die höchst disparaten Texte, Bücher und Buchkompositionen des Alten Testaments erschließen, weiterführend erhellen lassen." AaO., 110.

[61] Vgl. nebst dem obigen Zitat auch ZIMMERLI, Mitte, 102 (der „alles verschiedenartige Einzelne übergreifende Tatbestand" ist, „daß die Schriften des Alten Testamentes sich über alle Einzelunterschiede hinweg auf den Gott, den Israel unter dem Namen Jahwe anruft, bezogen wissen.") und DERS., Grundriß der alttestamentlichen Theologie, Stuttgart [7]1999, 10f. („Selbigkeit des Gottes, den es [=das Alte Testament] unter dem Namen Jahwe kennt"; aaO., 11).

[62] Vgl. R. FELDMEIER/H. SPIECKERMANN, Der Gott der Lebendigen. Eine biblische Gotteslehre, Topoi Biblischer Theologie 1, Tübingen 2011, 23: „Der Name Yhwh *steht* im Alten Testament nicht nur im Zentrum, sondern er *ist* das Zentrum des Alten Testaments."

[63] F. HARTENSTEIN, JHWHs Wesen im Wandel. Vorüberlegungen zu einer Theologie des Alten Testaments, in: DERS., Die bleibende Bedeutung des Alten Testaments. Studien zur Relevanz des ersten Kanonteils für Theologie und Kirche, BThSt 165, Göttingen 2016, 199-228, 212. Nach GRAF REVENTLOW, Hauptprobleme, 145 „schält sich in der neueren Diskussion mehr und mehr die Erkenntnis heraus, daß es keine andere ,Mitte' im Alten Testament geben kann ... als den einen Gott Israels selbst."

Willensbekundungen" versteht: „Eine solche ‚Identität' wäre dann im Sinne einer relationalen Ontologie zu beschreiben, also als *Personalität*."[64] Entsprechend einer relationalen Ontologie definiert Hartenstein als die „Kernaufgabe einer ‚Theologie des Alten Testaments'": „Sie sucht JHWH in Beziehung zu seinem Volk, zur Völkerwelt und zur Schöpfung nach-denkend zu erfassen."[65]

Die Rede von der „Beziehungsgeschichte YHWHs und der Menschen" hat auch eine offensichtliche Nähe zur Bestimmung der „Mitte" des Alten Testaments in der so genannten doppelten „Bundesformel" „Jahwe der Gott Israels" und „Israel das Volk Jahwes" (vgl. bes. Dtn 26,17f.) durch (J. Wellhausen und) R. Smend, der forderte, die Bezogenheit zwischen Gott und den Menschen deutlicher zum Ausdruck zu bringen bei der Formulierung einer „Mitte" des Alten Testaments.[66] Gerade dadurch, dass mit dem Beziehungsbegriff im Unterschied zum Begriff des Bundes oder Belegen der (doppelten) „Bundesformel" kein quellensprachlicher Begriff verwendet wird, hat die hier vertretene Bestimmung aber den entschiedenen Vorteil, dass auch Texte, die nicht bundestheologisch geprägt sind oder die (doppelte) „Bundesformel" nicht enthalten, ohne Bedenken mit dem Beziehungsbegriff beschrieben werden können.[67] Darüber hinaus gilt auch hier, dass der Einbezug der (Beziehungs-)*Geschichte* die Einheit in der Pluralität erst recht ermöglicht.

[64] HARTENSTEIN, JHWHs Wesen, 216. Zur Personalität Gottes vgl. DERS., Personalität.

[65] HARTENSTEIN, JHWHs Wesen, 216 (im Original kursiv).

[66] Vgl. SMEND, Mitte, 47-74, bes. 57.64f.68f.; zu Wellhausen vgl. aaO., 51.65-69. Zur Bundesformel vgl. DERS., Die Bundesformel, in: DERS., Die Mitte des Alten Testaments. Exegetische Aufsätze, Tübingen 2002, 1-29. Nach der Vorstellung des „Bundes" ordnete W. EICHRODT, Theologie des Alten Testaments. Teil 1. Gott und Volk, Stuttgart/Göttingen [8]1968; Teil 2. Gott und Welt. Teil 3. Gott und Mensch, Stuttgart/Göttingen [6]1974 seine Darstellung.

[67] Vgl. etwa mit Blick auf den Bundesbegriff SMEND, Mitte, 71 und mit Blick auf die „Bundesformel" H.H. SCHMID, Ich will euer Gott sein, und ihr sollt mein Volk sein. Die sogenannte Bundesformel und die Frage nach der Mitte des Alten Testamentes, in: D. LÜHRMANN/G. STRECKER (Hg.), Kirche. FS G. Bornkamm, Tübingen 1980, 1-25, 23f., nach dem Texte mit einem „universalere[n] Jahweverständnis" „recht weit von dieser Mitte entfernt" stünden. In dem hier vertretenen Sinne weist auch nach JANOWSKI, Gott, 279 „[n]icht die ‚Bundesformel' ... als solche ..., sondern das, was mit ihr sachlich intendiert ist, nämlich die Sach- und Wirkmitte eines in ihr zum Ausdruck kommenden Geschehens, ... auf den inneren Zusammenhang des Alten Testaments hin." Dieses „Geschehen" (mit I.U. Dalferth) bestimmt Janowski als „JHWHs Gegenwart in Israel" bzw. als „die zweiseitige JHWH-Israel- bzw. Gott-Mensch/Welt-Beziehung" (aaO., 277.278). O. KAISER, Der Gott des Alten Testaments. Wesen und Wirken. Theologie des Alten Testaments. Teil 2. Jahwe, der Gott Israels, Schöpfer der Welt und des Menschen, Göttingen 1998, 17f. spricht in diesem Zusammenhang von der „Grundbeziehung", die den „unterschiedlichen Gottesbezeugungen ihre letzte Einheit verleih[t]" zusammen mit dem „Grundgebot", dem Gebot, „keinem Gott außer Jahwe zu dienen", und der „Grundgleichung", „daß Gerechtigkeit und Heil oder Gottlosigkeit und Unheil einander entsprechen".

Schließlich trifft sich das Verständnis einer *andauernden* Beziehungsgeschichte auch mit der auf die Zukunft hin ausgerichteten „Mitte" des Alten Testaments in Form der „Verheißung", wie C. Levin sie vertritt,[68] vermag aber mehr als diese auch die bereits durchlebte und in den Texten bezeugte gemeinsame Geschichte zum Ausdruck zu bringen.

Die eben angesprochene Unterscheidung zwischen der Eigenbegrifflichkeit des Alten Testaments und der beschreibungssprachlichen Begrifflichkeit[69] führt zu der Aufgabe, das Gesagte an den Texten selbst zu plausibilisieren. In dem bislang Dargelegten könnte es so wirken, als wäre die Bestimmung des Einheit stiftenden Moments an die biblischen Texte herangetragen. Dies entspricht nicht der Genese des Ansatzes, insofern er in intensiver Auseinandersetzung mit verschiedenen Textbereichen des Alten Testaments entwickelt wurde. Ob der besseren Verständlichkeit und Kürze wird in diesem Aufsatz allerdings die umgekehrte Reihenfolge gewählt, indem zuerst die These vorgestellt wurde und diese nun in Bezug zu exemplarischen Texten und Motiven des Alten Testaments gesetzt wird. Letzteres hat nicht nur Beispielcharakter, sondern dient der Prüfung der Angemessenheit der Einheitsbestimmung. Denn: „Von der ‚Mitte' [in unserem Sinne: von seiner Einheit] her soll das Alte Testament nicht liegengelassen, sondern studiert werden."[70] Dieser Aufgabe kann hier freilich nur skizzenhaft nachgegangen werden:

a) Nebst der soeben genannten Bundesformel, die die Bindung YHWHs an Israel[71] und im Falle der doppelten Bundesformel die wechselseitige Bindung YHWHs an sein Volk und des Volkes an seinen Gott YHWH zum Ausdruck bringt, können hier die Belege des auf YHWH bezogenen Appellativums Gott, *Elohim*, mit zusätzlicher Relationsbestimmung angeführt werden. Dazu gehören einerseits die Rede von „(YHWH,) meinem / deinem / ... Gott" oder „(YHWH, der) Gott meiner / unserer Väter" o.ä. und andererseits „Beziehungsnamen"[72] wie beispielsweise „YHWH, der Gott Sems" (Gen 9,26), „YHWH, der Gott Israels" (Ex 5,1 u.ö.), „YHWH, der Gott der Hebräer" (Ex 3,18 u.ö.), YHWH, „der Gott Abrahams, der Gott Isaaks und der Gott Jakobs"

[68] Vgl. C. LEVIN, Verheißung und Rechtfertigung, in: DERS., Verheißung und Rechtfertigung. Gesammelte Studien zum Alten Testament II, BZAW 431, Berlin/Boston 2013, 1-19, 6-11.

[69] Zum Begriff der „Eigenbegrifflichkeit" vgl. B. LANDSBERGER, Die Eigenbegrifflichkeit der babylonischen Welt. Ein Vortrag, Isl. 2 (1926) 355-372.

[70] SMEND, Mitte, 65.

[71] Da nicht alle Nachkommen Abrahams, wie im engeren Sinne auch dieser selbst nicht, zu „Israel" gehören, ist zumindest in der Priesterschrift auch die Bundesformel offen für Nicht-Israel: Gen 17,7f.

[72] FELDMEIER/SPIECKERMANN, Gott, 27.

(Ex 3,6 u.ö.), „der Gott Abrahams und der Gott Nahors" (Gen 31,53), „YHWH, der Gott Elijas" (2Kön 2,14), „YHWH, der Gott Davids" (2Kön 20,5 // Jes 38,5; 2Chr 21,12) – in beiden Fällen mit großem Variantenreichtum in der konkreten Formulierung, der hier nicht abgebildet zu werden braucht. In all diesen Belegen wird deutlich, dass YHWH ein Gott in Beziehungen ist, in Beziehung zu seinem Volk Israel, zu einzelnen herausragenden Gestalten der (Vor-)Geschichte des biblischen Israel[73] sowie zu Menschen, die nicht oder nicht im engeren Sinne zu Israel gehören.

b) Schon die Belege dieser Relationsbezeichnungen in der Erzeltern- und Exoduserzählung bringen die Beziehungs*geschichte* YHWHs und der Menschen deutlich zum Ausdruck, wenn sich YHWH Isaak gegenüber als „Gott Abrahams, deines Vaters" (Gen 26,24), Isaaks Sohn Jakob gegenüber als „Gott Abrahams, deines Vaters, und Gott Isaaks" (Gen 28,13) und schließlich den Nachkommen Jakob-Israels, Mose sowie den Israeliten in Ägypten, als „Gott deines Vaters / eurer Väter, der Gott Abrahams, der Gott Isaaks und der Gott Jakobs" (Ex 3,6.15f.; 4,5) offenbart. In der „Selbstvorstellung Gottes" am Anfang des Dekalogs kommt sowohl Gottes „Beziehungswillen"[74] wie auch die Geschichte der Gott-Menschen-Beziehung zum Ausdruck:

> „Ich bin YHWH, dein Gott, der dich herausgeführt hat aus dem Land Ägypten, aus dem Sklavenhaus." (Ex 20,2 // Dtn 5,6).

Die im Dekalog mitgeteilten Gebote erfolgen also bereits in eine bestehende Beziehungsgeschichte hinein; der gebietende Gott ist der, der zuvor schon befreit hat.

Dass diese Beziehungsgeschichte Höhen und Tiefen aufweist, zeigen etwa die sogenannten Geschichtspsalmen, die die Beziehungsgeschichte zwischen Gott und den Menschen explizit reflektieren, indem sie die Geschichte „Israels" als Geschichte der Werke und Wunder Gottes an den Menschen darstellen[75] und zu ihrer bleibenden Erinnerung über die Generationen hinweg

[73] Zur Unterscheidung zwischen historischem und biblischem Israel vgl. etwa R.G. KRATZ, Historisches und biblisches Israel. Drei Überblicke zum Alten Testament, Tübingen 2013.

[74] FELDMEIER/SPIECKERMANN, Gott, 34.

[75] Vgl. zu den Werken Gottes W. BÜHRER, Art. Werke Gottes, Das Wissenschaftliche Bibellexikon im Internet (www.wibilex.de) (2014) und zum Wunder im Alten Testament F. HARTENSTEIN, Wunder im Alten Testament. Zur theologischen Begrifflichkeit für das Außerordentliche in der Hebräischen Bibel (*pl', pälä'* und *nifla'ot*), in: DERS., Die bleibende Bedeutung des Alten Testaments. Studien zur Relevanz des ersten Kanonteils für Theologie und Kirche, BThSt 165, Göttingen 2016, 269-307.

aufrufen (vgl. bes. Ps 78,1-11).[76] Im Zentrum dieser Erinnerung an die Heilstaten YHWHs und die unterschiedlichen Reaktionen der Menschen darauf[77] steht Gottes Handeln an Israel durch die Befreiungstat des Exodus und die Führung durch die Wüste.[78] Durch den Einbezug der Erzelternerzählungen in Ps 105,7-23, schöpfungstheologischer Motive in Ps 95,1-6; 135,5-7; 136,4-9 und die Aufforderung, YHWHs Taten den Völkern zu verkünden, in Ps 105,1 wird der Israel-Bezug aber ausgeweitet zu einem Bezug YHWHs zur Schöpfung schlechthin.[79]

c) Eine universale Perspektive findet sich vollends in der priesterschriftlichen Urgeschichte – und hier findet sich gleich eine dreifache Relationsbestimmung: „Der Gedanke der *imago dei* begründet ... in der Priesterschrift mit die Sonderstellung des Menschen gegenüber der restlichen Schöpfung, indem die *Gott-Mensch-Relation* durch Gott als herausragend definiert wird: *Nur* die Menschen sind Bild Gottes. Die Sonderstellung des Menschen wird sodann weiter in der *Mensch-Mitwelt-Relation* durch das von Gott aufgetragene *dominium terrae* und das *regnum animalium* definiert: Der Mensch soll über die Erde und die Tiere herrschen, soll sie sich dienstbar machen. Als dritte Relationsbestimmung wird auch die *Mensch-Mitmensch-Relation* festgelegt: Der Mensch ist gleichberechtigt männlich und bzw. oder weiblich. Als so definierte gottebenbildliche Menschheit ist es den Menschen möglich, sich fortzupflanzen, wie Gott im Prokreationssegen in Gen 1,28 den Menschen deutlich macht. Die Vermehrung der Menschen und die Ausübung ihrer Herrschaft über die Tiere und die Welt haben jedoch zur Pervertierung der Schöpfung geführt, zu Gewalttaten zwischen Menschen, Mitmenschen und Tieren ...,

[76] Vgl. zu Ps 78 bes. M. WITTE, Vom Exodus zu David – Geschichte und Geschichtsschreibung in Psalm 78, in: DERS., Von Ewigkeit zu Ewigkeit. Weisheit und Geschichte in den Psalmen, BThSt 146, Neukirchen-Vluyn 2014, 117-149, zu den Geschichtspsalmen insgesamt J. GÄRTNER, Die Geschichtspsalmen. Eine Studie zu den Psalmen 78, 105, 106, 135 und 136 als hermeneutische Schlüsseltexte im Psalter, FAT 84, Tübingen 2012.

[77] Dominierende Reaktionen der Menschen auf Gottes Heilstaten sind Unglaube, Achtlosigkeit, Rebellion und Vergessen (vgl. Ps 78; 95,8-11; 106 und die meisten Geschichtssummarien in den erzählenden Büchern des Alten Testaments). Dagegen sind in Ps 105; 136 die negativen Aspekte der Schilderung der Israeliten aus dem Hexateuch nicht im Blick, und Ps 44 wertet ohnehin völlig anders.

[78] Einzig in Ps 95 wird der Exodus nicht thematisiert.

[79] Dies wird etwa dadurch nochmals deutlicher, dass Ps 135,5 ein Teilzitat der Rede des nicht-israelitischen Schwiegervaters Moses, Jitros, aus Ex 18,11 darstellt: „Durch diese Anspielung auf Ex 18,11 wird sehr subtil die ... Perspektive der universalen Anerkennung der Göttlichkeit JHWHs durch Israel *und* die Völker sichtbar". F.-L. HOSSFELD/E. ZENGER, Psalmen 101-150, HThK.AT, Freiburg u.a. 2008, 666 (E. Zenger).

woraufhin Gott die Mensch-Mitwelt-Relation und die Mensch-Mensch-Relation neu definiert bzw. präzisiert hat durch die sogenannten noachitischen Gebote in Gen 9,1-7: Das Töten von Menschen wird explizit verboten, das Töten von Tieren dagegen gestattet. Gegenüber den Tieren hat die Machtposition der Menschen damit weiter zugenommen, die Mensch-Mitmensch-Relation wird dagegen pazifiziert. An der von Gott gesetzten Gott-Mensch-Relation, der Gottesebenbildlichkeit der Menschen, hat dabei die Sündhaftigkeit der Menschen bzw. Welt nichts geändert: Gott hält an der Gottesebenbildlichkeit der Menschen in Gen 9,6 explizit fest."[80]

Mit diesem Dreischritt ist in aller Kürze an einigen (weder nach Zeiten, Überlieferungsbereichen noch Intentionen etc. einheitlichen) alttestamentlichen Texten gezeigt worden, dass sie in der „Beziehungsgeschichte YHWHs und der Menschen" ihre Einheit finden.

Ist damit die Einheit der biblischen Texte, das „Wagnis des Zusammen-Denkens",[81] ihnen angemessen beschrieben, kann hiervon ausgehend weiter gefragt werden, wie nun die Pluralität der alttestamentlichen Texte dieser Einheit entsprechend angemessen dargestellt werden kann – etwa im Rahmen einer „Theologie des Alten Testaments". Eine solche Erörterung muss allerdings (schon aus Raumgründen) einen eigenen Ort haben; im vorliegenden Kontext muss es bei der Feststellung bleiben, dass auch eine theologische Darstellung der Pluralität der alttestamentlichen Texte ausgehend von ihrer als „Beziehungsgeschichte YHWHs und der Menschen" beschriebenen Einheit die spezifische Genese der Texte als zunehmend (schrift-)gelehrte Traditionsliteratur ernst zu nehmen hat.

Sollte die Bestimmung der Einheit des Alten Testaments als „Beziehungsgeschichte YHWHs und der Menschen" Richtiges treffen, stellt sich insbesondere die Frage, wie die Pluralität, die in der Rede von diesem einen Gott begegnet, zu fassen sein könnte.

[80] BÜHRER, Anfang, 341. Dort auch weitere Literatur zum Thema.
[81] ZIMMERLI, Rez. Gerhard von Rad, 105.

2.3.2 Zur Vielfalt der Rede von Gott im Alten Testament

Es ist in diesem Abschnitt also genauer nach der Art der Vielfalt von Aussagen zu fragen, die von Gott gemacht werden.[82] Handelt es sich um eine Vielfalt oder gar um Widersprüche, die anzeigen, dass eben nicht wiedererkennbar von ein und demselben Gott, sondern von verschiedenen Relaten die Rede ist? Oder aber – und das ist die These – handelt es sich um eine Vielfalt, um Spannungen und Widersprüche, die in der Relation zu ein und demselben Relat, Gott, begründet liegen, weil diese Relation(en) seitens der Menschen plural gestaltet ist (bzw. sind), weil es also eine dynamische Geschichte des einen Gottes mit der Vielzahl der Menschen gibt?

Zunächst soll kurz die Vielfalt in der Rede von Gott etwas profiliert werden, indem beispielhaft nach der Möglichkeit der Gotteserkenntnis in den unterschiedlichen Überlieferungsbereichen oder „Denkformen"[83] des Alten Testaments gefragt wird. Im Anschluss an G. von Rad unterscheidet H. Spieckermann unter der Überschrift „Urformen der Theologie in den biblischen Überlieferungen"[84] folgende fünf Konzepte alttestamentlicher Theologie – für die auch je für sich betrachtet gilt, was für die alttestamentlichen Texte insgesamt gilt: die Pluralität nach Zeiten, Intentionen etc.:

1. Die *Theologie der Heilsgeschichte*, überliefert in erster Linie im Hexateuch, besteht aus „Führungs- und Rettungserfahrungen einzelner Gruppen, aus denen Israel geworden ist", und die „aus der Rückschau des bereits konstituierten Volkes zu Erfahrungen allein mit seinem Gott JHWH gemacht" wurden.[85] Gotteserkenntnis erfolgt hier in erster Linie durch Offenbarungen.

2. Die *Theologie der Prophetie* vertritt dagegen in erster Linie eine vom Volk verschuldete *Unheils*geschichte, die in der (jeweiligen) Gegenwart oder Zukunft durch Gott (unter anderem mithilfe der Völker) gewendet werden soll. In die ausstehende heilvolle Zukunft können die Völker oder einzelne ihrer

[82] Vgl. T. KRÜGER, Einheit und Vielfalt des Göttlichen nach dem Alten Testament, in: W. HÄRLE/R. PREUL (Hg.), Trinität, MThSt 49 = MJTh 10, Marburg 1998, 15-50; M. WITTE, Einheit und Vielheit Gottes im Spiegel der alttestamentlichen Weisheit, in: C. SCHWÖBEL (Hg.), Gott – Götter – Götzen. XIV. Europäischer Kongress für Theologie (11.-15. September 2011 in Zürich), VWGTh 38, Leipzig 2013, 36-55.

[83] Vgl. J. JEREMIAS, Theologie des Alten Testaments, ATD.E 6, Göttingen 2015, 5-7 (und die Durchführung aaO., 25-190); HARTENSTEIN, JHWHs Wesen, 215.

[84] H. SPIECKERMANN, Art. Theologie, *Christliche*. II. Geschichte. II/1. Urformen der Theologie in den biblischen Überlieferungen. II/1.1. Altes Testament, TRE 33 (2002) 264-268, 264. Vgl. die Aufnahme bei GERTZ, Grundfragen, 598f.

[85] SPIECKERMANN, Theologie, 264.

Exponenten zum Teil integriert werden. Gerade in der prophetischen Literatur lässt sich *durch die Zeiten hindurch Gottes Wort im Menschenmund entdecken*.[86]

3. „Die *Theologie der Heilsgegenwart* ist ihrem Wesen nach eine Tempeltheologie."[87] Im Tempel verbinden sich „Partikularität und Universalität", hier kann Gottesnähe erlebt oder erbeten werden, vom Einzelnen wie von (Personen-Gruppen aus) Israel. Gottes „Erscheinungsform ist nicht die Offenbarung, sondern die Theophanie".

4. Die *Theologie der Weisheit*, die über weite Strecken als universal bezeichnet werden kann wegen ihres kaum vorhandenen Israelbezuges, basiert auf der Annahme, „daß sich Gott selbst tief in die Welt eingestiftet hat, um an diesem Ort und auf diesem Wege von den Menschen erkannt zu werden, die er weisheitsfähig erschaffen hat."[88] Gotteserkenntnis erfolgt daher nicht durch Offenbarung oder Theophanie, sondern aus „Umsetzung von Welterfahrung in Welt- und Gotteserkenntnis". Sowohl die Theologie der Heilsgegenwart wie die Theologie der Weisheit zielen auf die „gegenwärtige Lebensgestaltung des Volkes und des einzelnen *coram Deo*"[89] ab.

5. Nach der im Rahmen des (erst recht: hebräischen) Alten Testaments relativ randständigen *Theologie der Apokalyptik* ergehen „Geheimoffenbarungen an besonders ausgezeichnete Gestalten"[90] über Details aus Gottes Plan für die weitere Weltgeschichte bis zum Anbruch eines neuen Äons.

Aus diesem idealtypischen Vergleich wird deutlich, dass die Relation bzw. die Zuwendung YHWHs zu den Menschen in den genannten Konzeptionen unterschiedlich vorgestellt und beschrieben wird: Gilt die Zuwendung exklusiv Israel oder allen Völkern? Wie nah ist YHWH? Bringt seine Nähe Heil oder Unheil? Findet sich YHWH-Erkenntnis im Tempel, in der Betrachtung der Welt oder im prophetischen Wort? Mit anderen Worten: Es gibt unterschiedliche Konzepte und Überzeugungen, wie YHWH zu den (verschiedenen) Menschen in Relation steht, und wie Menschen zur Erkenntnis Gottes gelangen können. Diese Konzeptionen müssen klar unterschieden werden, um den jeweiligen (Einzel-)Texten, in denen sie begegnen, gerecht zu werden. Doch muss zwingend der *Gott*, den der Apokalyptiker als Offenbarer geheimer

[86] Die Formulierung im Anschluss an die Titel von M. WEIPPERT, Götterwort in Menschenmund. Studien zur Prophetie in Assyrien, Israel und Juda, FRLANT 252, Göttingen 2014 und O.H. STECK, Gott in der Zeit entdecken. Die Prophetenbücher des Alten Testaments als Vorbild für Theologie und Kirche, BThSt 42, Neukirchen-Vluyn 2001.

[87] SPIECKERMANN, Theologie, 266 (Herv. hinzugefügt). Hier auch die folgenden Zitate.

[88] SPIECKERMANN, Theologie, 267. Hier auch das folgende Zitat.

[89] SPIECKERMANN, Theologie, 266.

[90] SPIECKERMANN, Theologie, 267.

Pläne für die Welt erfuhr, ein anderer sein als der Gott, den der Psalmbeter im Tempel gegenwärtig erlebte, und der, dessen Wirken der Weisheitslehrer in der Welt erkannte? Wenn alle drei in Relation zu demselben Gott standen und die Kenntnis von ihm weitergeben wollten, dann scheint es eine *Einheit* ihrer Texte zu geben, die *jenseits der Übereinstimmung in Einzelaussagen liegt.* Das bedeutet für die hier dargelegte Bestimmung der Einheit des Alten Testaments, dass YHWH nicht in allen Texten in gleicher Weise oder in gleicher Häufigkeit vorkommen müsste. Er macht sich durch die Geschichte hinweg Menschen bekannt, indem er *wiedererkennbar*, aber nicht identisch handelt, erkannt und bezeugt wird.[91] Diese Menschen sind verschieden und prägen die Relation auf unterschiedliche Weise. Gott aber ist die „außerhalb der Zeugnisse liegende und sich in ihren konkreten Manifestationen sogleich verhüllende Bezugsgröße".[92]

Für die Frage der Wiedererkennbarkeit Gottes ist relevant, dass die unterschiedlichen Texte und Überlieferungsbereiche mit ihren (zumindest teilweise) unterschiedlichen Bezeugungen Gottes schon in früher Zeit miteinander in ein kontrastives Verhältnis gesetzt,[93] dass in zahlreichen Redaktionsprozessen – bis zum Abschluss des kanonischen Prozesses[94] – ehedem eigenständige Überlieferungen zu kontrastiven Einheiten kombiniert,[95] dass in jüngeren

[91] Entsprechend sieht F. Hartenstein bei aller Pluralität der alttestamentlichen Texte die Möglichkeit einer Darstellung der Theologie des Alten Testaments gegeben, die YHWHs „Beziehung zu seinem Volk, zur Völkerwelt und zur Schöpfung nach-denkend zu erfassen" sucht. HARTENSTEIN, JHWHs Wesen, 216 (im Original kursiv). Zum Zitat s.o. Anm. 65.

[92] HARTENSTEIN, JHWHs Wesen, 210.

[93] Hier kann etwa auf das wohl schon frühe literarische Nebeneinander von Erzeltern- bzw. Jakobs- und Exodus-Tradition in Hos 12* (vgl. E. BLUM, Hosea 12 und die Pentateuchüberlieferungen, in: A.C. HAGEDORN/H. PFEIFFER [Hg.], Die Erzväter in der biblischen Tradition. FS M. Köckert, BZAW 400, Berlin/New York 2009, 291-321) oder auf die frühen Angleichungen und Sammlungen innerhalb des in der Antike als Einheit wahrgenommenen Zwölfprophetenbuches (vgl. etwa Sir 49,10 und die masoretische Tradition) verwiesen werden; diese frühen Sammlungen (zunächst ein Hos und Am umfassendes Zweiprophetenbuch) zeigen, dass bei allen zeitgeschichtlichen und ideologischen Unterschieden der Einzelschriften das Bewusstsein vorhanden war, dass sie allesamt Worte desselben Gottes überliefern (vgl. die Übersicht von W. DIETRICH, Das Zwölfprophetenbuch, in: DERS. u.a., Die Entstehung des Alten Testaments. Neuausgabe, ThW 1, Stuttgart 2014, 382-405).

[94] Auf die Pluralität der Kanonsgestalten wurde bereits hingewiesen (s.o. Anm. 30). Worauf es hier ankommt, ist, dass in den unterschiedlichen Kanonsgestalten das in ihnen enthaltene Plurale als Einheit wahrgenommen wurde und wird. Vgl. K. SCHMID, Schriftwerdung und Kanonbildung, in: DERS., Schriftgelehrte Traditionsliteratur. Fallstudien zur innerbiblischen Schriftauslegung im Alten Testament, FAT 77, Tübingen 2011, 61-83.

[95] In Kap. 2.3.1 wurde anhand von Gen 1-3 bereits auf die Redaktion eingegangen, die die priesterschriftliche mit der nicht-priesterschriftlichen Urgeschichte verbunden hat. Als zwei „Paradebeispiele" solcher Redaktionsprozesse können weiter die Fluterzählung in Gen 6-9

Texten zunehmend kreativ vermittelnd mit älteren Texten umgegangen,[96] und dass in formelhaften Neubildungen und vergleichsweise jungen Büchern Unterschiedliches und vermeintlich Widersprüchliches von Anfang an zusammen gedacht werden konnte. Für Letzteres sollen hier die sogenannte „Gnadenformel" aus Ex 34,6f. und das Buch Jona, in dem sich eine Kombination der oben idealtypisch differenzierten Überlieferungsbereiche des Alten Testaments hinsichtlich ihrer Rede von Gott findet, und in dem auch die „Gnadenformel" zitiert wird, etwas ausführlicher als die eben gemachten Hinweise diskutiert werden:

Das Buch Jona ist Teil des Zwölfprophetenbuches, in dessen grob chronologische Anordnung es aufgrund seiner zeitgeschichtlichen Einordnung in die Assyrerzeit entsprechend eingetaktet ist[97] und in dessen System von Überschriften und Einleitungen es sich durch den Verweis auf das „Wort YHWHs" in seiner Einleitung in Jon 1,1 (vgl. 3,1 sowie Hos 1,1; Jo 1,1; Mi 1,1; Zeph 1,1; Hag 1,1; Sach 1,1; Mal 1,1) bei allen Unterschieden gleichwohl einfügt.[98] Im Unterschied zu den anderen Prophetenbüchern des Alten Testaments werden

und die Meerwundererzählung in Ex 14 genannt werden, in denen ehedem eigenständige Textstränge kombiniert als Bezeugung je eines Ereignisses verstanden wurden. Weit über den Pentateuch hinaus war die deuteronomistische Theologie einflussreich. Von der „kontrastiven Einheit" des biblischen Kanons spricht etwa B. JANOWSKI, Die kontrastive Einheit der Schrift. Zur Hermeneutik des biblischen Kanons, in: DERS. (Hg.), Kanonhermeneutik. Vom Lesen und Verstehen der christlichen Bibel, ThID 1, Neukirchen-Vluyn 2007, 27-46.

[96] Dieser kreative, textproduktive Umgang mit vorausgehenden Texten wird gerne unter dem Stichwort der „innerbiblischen Schriftauslegung" verhandelt. Vgl. etwa K. SCHMID, Schriftgelehrte Traditionsliteratur. Fallstudien zur innerbiblischen Schriftauslegung im Alten Testament, FAT 77, Tübingen 2011 (vgl. darin etwa SCHMID, Schriftwerdung, 73: „Zwar ist das Alte Testament eine Bibliothek, aber es ist eben auch eine – nicht nur aus dem Nachhinein seiner kanonischen Einheit – als zusammenhängend charakterisierbare Größe, nämlich kraft seiner auf innerbiblischer Exegese fußenden Kohärenz. Der Vorgang innerbiblischer Exegese ... beruht ... auf der Vorstellung, dass religiöse oder theologische Aussagen von Gott, wie sie in der alttestamentlichen Literatur getroffen werden, untereinander vermittelt werden können und müssen. Gott wird – im Spiegel der Erfahrungen mit ihm – als selbstidentische Größe konstruiert... Erfahrungen mit ihm werden im Alten Testament diskursiv unter einander in Beziehung gesetzt, so dass ein komplexes Bild möglicher und aktueller Wirkweisen Gottes entsteht."); B.M. LEVINSON, Der kreative Kanon. Innerbiblische Schriftauslegung und religionsgeschichtlicher Wandel im alten Israel, Tübingen 2012.

[97] Zur Frage der Datierung s.u. Das Jona-Buch ist in den unterschiedlichen Kanonsgestalten (hier: MT, LXX und 4Q76 [4QXII^{a}]) unterschiedlich eingeordnet ins Zwölfprophetenbuch, was jeweils unterschiedliche Implikationen für die Deutung des Buches nach sich zieht. Vgl. M. GERHARDS, Art. Jona/Jonabuch, Das Wissenschaftliche Bibellexikon im Internet (www.wibilex.de) (2008), Abschnitt 7.

[98] Vgl. zu den Überschriften und Einleitungen im Zwölfprophetenbuch J. WÖHRLE, Die frühen Sammlungen des Zwölfprophetenbuches. Entstehung und Komposition, BZAW 360, Berlin/New York 2006, 29-50.

im Buch Jona im Wesentlichen allerdings nicht Propheten*worte* überliefert, sondern eine Geschichte über diesen Propheten, seinen Umgang mit dem göttlichen Auftrag und sein Verhältnis zu Gott erzählt. In dieser Narration beruft sich Jona mit dem Zitat der sogenannten „Gnadenformel" auf einen Satz der (Heils-)Geschichte Israels, der Gottes Wesen und Wirken als barmherzig, gnädig, langmütig und gütig zu umschreiben versucht, um sein erstaunliches Verhalten zu begründen (Jon 4,2; s.u.). Darüber hinaus wird in Jon 2 das Gebet des aus dem Wasser geretteten und auf Rettung aus dem Fisch betenden Jona wiedergegeben (2,3-10), das weitgehend aus Psalm-Zitaten besteht und in 2,5.8(.10) explizit tempel-theologisch formuliert.[99] Schließlich bekennt sich Jona gegenüber den Seeleuten zu seinem Gott YHWH, vor dem er flieht, in Jon 1,9 als dem „Gott des Himmels" und „Erschaffer von Meer und Trockenland", womit genauso wie am Ende des Buches durch YHWH selbst schöpfungstheologisch argumentiert ist.[100] Dieser kreative Umgang des Jona-Buches mit vorgegebenen Texten aus unterschiedlichen Überlieferungsbereichen des Alten Testaments ist *ein* wichtiges Argument für die relative Spätansetzung des Buches in die (späte) persische oder hellenistische Zeit[101] und zeigt, dass Elemente aus den unterschiedlichen Überlieferungsbereichen auch in der Rede von Gott durchaus kombiniert werden können, also nicht unverbunden, spannungsvoll oder gar widersprüchlich nebeneinander stehen, sondern eine Einheit bilden können: Gott ist gleichermaßen der zornige, unbedingtes Gericht über menschliche Bosheit (רעה) ankündigende Gott der gerechten Weltordnung (Jon 1-3), wie der dieses geplante Unheil (רעה) bereuende und umkehrende Schöpfergott (Jon 3-4). Den heidnischen Seeleuten aus Jon 1 wird er als Schöpfergott und unter seinem Namen YHWH bekannt (Jon 1,9), erweist sich ihnen als geschichtsmächtiger Rettergott (Jon 1,14-16) und wird von ihnen, als „YHWH-Verehrer der Völker",[102] schließlich verehrt (Jon 1,16). Den Bewohnern Ninives wird die Identität des ihnen den Untergang verkündigenden Gottes nicht enthüllt; ihre Hoffnung auf die mögliche Umkehr und Reue (des)

[99] Vgl. zu Jonas Gebet besonders J. JEREMIAS, Der Psalm des Jona (Jona 2,3-10), in: M. BAUKS u.a. (Hg.), Was ist der Mensch, dass du seiner gedenkst? (Psalm 8,5). Aspekte einer theologischen Anthropologie. FS B. Janowski, Neukirchen-Vluyn 2008, 203-214 und W. BÜHRER, Untersuchungen zur literarischen Gestaltung des Jona-Buches, BN 166 (2015) 29-50, 36-40.

[100] Vgl. W. BÜHRER, Der Gott Jonas und der Gott des Himmels. Untersuchungen zur Theologie des Jona-Buches, BN 167 (2015) 65-78, 75.

[101] Vgl. GERHARDS, Art. Jona/Jonabuch, Abschnitt 2 und 5; BÜHRER, Untersuchungen, 30f. mit Anm. 6.

[102] Vgl. V. HAARMANN, JHWH-Verehrer der Völker. Die Hinwendung von Nichtisraeliten zum Gott Israels in alttestamentlichen Überlieferungen, AThANT 91, Zürich 2008, 170-190.

Gottes aufgrund ihrer eigenen Abkehr von ihren üblen Wegen (Jon 3,5.6-9) scheint sich aus allgemeiner, quasi natürlicher Einsicht in Wesen und Wirken Gottes zu speisen, bedient sich in der konkreten Formulierung freilich bester „jahwistischer Dogmatik", indem hier etwa Jer 18,7-10, mit der Überlegung der möglichen Umkehr eines beliebigen Volkes,[103] an einem konkreten Beispiel, Ninive, ausbuchstabiert wird.[104] Jona schließlich hofft im Fisch auf die Heilsgegenwart seines Gottes YHWH im Tempel (vgl. Jon 2,5.8.10) und erklärt nach Erledigung seines Auftrages seine anfängliche Flucht davor durch sein Wissen um Wesen und Wirken Gottes:

> Und er betete zu YHWH und sprach: „Ach YHWH, war dies nicht meine Rede, als ich noch in meinem Land war? Daher bin ich anfangs nach Tarschisch geflohen, denn ich wusste, dass du ein gnädiger und barmherziger, zum Zorn langsamer und an Güte großer Gott bist und einer, der sich das Unheil gereuen lässt." (Jon 4,2).[105]

Gerade die den Menschen gnädig zugewandte Seite Gottes stellt für die Figur des Propheten Jona ein Problem dar, weil das Objekt von Gottes Gnade und Reue hier nicht Israel ist, sondern Ninive – und damit letztlich die Großmacht, die für den Untergang des Nordreichs Israel verantwortlich war.[106] Jona nimmt hier Bezug auf eine in allen Kanonteilen belegte, insofern durchaus auch Einheit stiftende,[107] „bekenntnisartige Wesensbestimmung Gottes",[108] die

[103] Das sogenannte Töpfergleichnis aus Jer 18,5-10 lautet in Übersetzung: „(5) Und das Wort YHWHs erging an mich: (6) ‚Kann ich mit euch nicht verfahren wie dieser Töpfer, Haus Israel? Spruch YHWHs. Siehe, wie der Ton in der Hand des Töpfers, so seid ihr in meiner Hand, Haus Israel. (7) Einmal rede ich über ein Volk und über ein Königreich, dass ich es ausreißen und niederreißen und zugrunde richten will. (8) Kehrt aber jenes Volk, über das ich geredet habe, von seiner Bosheit um, so bereue ich das Unheil, das ich ihm anzutun gedacht habe. (9) Und einmal rede ich über ein Volk und über ein Königreich, dass ich es aufbauen und pflanzen will. (10) Tut es dann aber, was böse ist in meinen Augen, indem es nicht auf meine Stimme hört, so bereue ich das Gute, das ich ihm zu erweisen zugesagt habe.'"

[104] Vgl. JEREMIAS, Theologie, 443f.; BÜHRER, Gott, 70.75. Zu den unterschiedlichen Gottesbezeichnungen im Jona-Buch vgl. BÜHRER, Gott, 65-70. Zur deuteronomistischen Umkehrtheologie vgl. auch etwa Jer 23,22; 25,5; 26,3.13.19; 35,15; 36,3.7; Ex 32,11-14; Ez 18,21-32; Joel 2,12-14; 2Kön 17,13.

[105] Die etwas ungewohnte Übersetzung berücksichtigt mehr als übliche Formulierungen (mit ihrer Betonung auf „gnädig" und „barmherzig"), dass alle Gottesprädikate im gleichen syntaktischen Verhältnis zu Gott stehen. Vgl. auch MICHEL, Schlüssel, 111 mit Anm. 9.

[106] Vgl. BÜHRER, Gott, 70-75. Ninive wurde historisch betrachtet freilich erst unter Sanherib kurz vor 700 v.Chr. zur Hauptstadt des neuassyrischen Großreichs erhoben, also etwa 20 Jahre nach dem Untergang Israels 722 v.Chr., und war zur Zeit der Entstehung des Jona-Buches längst untergegangen.

[107] Vgl. hierzu R. SCORALICK, Gottes Güte und Gottes Zorn. Die Gottesprädikationen in Exodus 34,6f. und ihre intertextuellen Beziehungen zum Zwölfprophetenbuch, HBS 33, Basel/Wien 2002; MICHEL, Schlüssel.

[108] JEREMIAS, Theologie, 294.

so genannte „Gnadenformel" aus Ex 34,6-7.[109] In dem theologisch überaus dichten Text Ex 32-34 über Bundesbruch, Bundeserneuerung und die Frage der Gegenwart Gottes in Israel[110] erscheint Gott Mose auf dem Sinai und hält in einer Art „Selbst-Deklaration"[111] fest:[112]

> (34,6) Und YHWH ging an ihm [Moses] vorüber und rief: „YHWH, YHWH, Gott, barmherzig und gnädig, langsam zum Zorn und groß an Güte und Treue, (7) der Güte bewahrt den Tausenden, der Schuld, Vergehen und Sünde vergibt, der aber keineswegs ungestraft lässt, der heimsucht die Schuld der Väter an Kindern und Kindeskindern bis zur dritten und vierten Generation."

Hier werden vereinfacht gesagt zwei Aspekte göttlichen Wirkens unterschieden und miteinander ins Verhältnis gesetzt: Gottes Zorn, der gewiss nicht ungestraft lässt, auf der einen und Gottes Geduld hin zu diesem Zorn, seine Langmut, wodurch er vergeben kann, auf der anderen Seite. Beide unterschiedlichen Wirkweisen sind im Wesen dieses einen Gottes verbunden. Insofern stellt die Gnadenformel einen Versuch dar, die Pluralität der Wahrnehmungen bzw. Wirkweisen Gottes als unterschiedliche Aspekte der Einheit des Wesens dieses Gottes zu begreifen. Ein Vergleich der Belege in ihren Kontexten zeigt, „dass Zorn und Strafe äußerste Grenzerfahrungen Gottes bilden, die nur in Extremsituationen die üblichen Erfahrungen der Güte Gottes und seiner Vergebungsbereitschaft ablösen."[113] Dies zeigen etwa mit Blick auf die Völker das Buch Jona, wo Gottes Zorn (Jon 3,9) rechtzeitig abgewendet werden kann,

[109] Vgl. H. SPIECKERMANN, „Barmherzig und gnädig ist der Herr ...", in: DERS., Gottes Liebe zu Israel. Studien zur Theologie des Alten Testaments, FAT 33, Tübingen 2001, 3-19; FELDMEIER/SPIECKERMANN, Gott, 132-136 u.ö.; JEREMIAS, Theologie, 289-295 u.ö. Mit MICHEL, Schlüssel, 113-116 ist gegen H. Spieckermann die gesamte Gottesrede Ex 34,6-7 als sowohl inhaltliche wie literarische Einheit zu betrachten. Die wichtigsten Belege der Gnadenformel sind – mit unterschiedlichen Formulierungen im Einzelnen – Ex 34,6f.; Num 14,18; Neh 9,17; Joel 2,13; Jon 4,2; Nah 1,3; Ps 86,15; 103,8; 145,8. Daneben finden sich zahlreiche weitere Anspielungen an die Gnadenformel. Ihre Vorstufen dürften in den Psalmen liegen.

[110] Vgl. etwa JEREMIAS, Theologie, 212-222.

[111] W. BRUEGGEMANN, Theology of the Old Testament. Testimony, dispute, advocacy, Minneapolis 2005, 215. Nach Brueggemann zeigt insbesondere Ex 34,5f. die Relationalität Gottes auf; vgl. aaO., 225f.

[112] Interpretiert man Ex 34,5b auch als Gottesrede (und nicht als Rede Moses wie in der Vulgata), ist die Gnadenformel als „Auslegung des Gottesnamens zu verstehen" (MICHEL, Schlüssel, 113) und steht damit in Parallele zu den sich um den Namen YHWHs drehenden Gottesreden in Ex 33,19 und Ex 3,14. Vgl. MICHEL, Schlüssel, 117-119; HARTENSTEIN, Personalität, 243-249.

[113] JEREMIAS, Theologie, 293. Nach B. JANOWSKI, Ein Gott, der straft und tötet? Zwölf Fragen zum Gottesbild des Alten Testaments, Neukirchen-Vluyn ²2014, 173 ist der Zorn Gottes gerade „als Modus seiner Gerechtigkeit und Liebe zu verstehen".

und mit Blick auf die YHWH-Fürchtigen Ps 103, der in Vers 9 betont, dass YHWH „nicht auf ewig zürnt".[114]

Nicht nur in der Rede von Gott, sondern auch in der Beschreibung Jonas und des Gottesverhältnisses Jonas werden unterschiedliche Überlieferungsbereiche des Alten Testaments kombiniert und Jona implizit mit anderen Figuren der (Heils-)Geschichte Israel verglichen. Dies zeigt sich besonders in Kap. 4, wo Jona ganz offensichtlich an seinem Gott verzweifelt. Seine Zornesreaktion in 4,1 und Gottes Reaktion darauf in 4,4 gleichen dem Zorn Kains in Gen 4,5 und Gottes Reaktion darauf in Gen 4,6f.; beide gehen sie weg vom Angesicht YHWHs (Jon 1,3a.b.10b; Gen 4,16). Noch augenscheinlicher sind die Bezüge von Jonas Todeswunsch in Jon 4,3 und 4,8 auf den Todeswunsch Elijas aus 1Kön 19,4, die zeigen, dass Jona in Elija, aber ähnlich auch in Jeremia in dessen „Konfessionen", prophetische Leidensgenossen in seinem Gottesverhältnis hat: Wie diese wird er zerrieben „zwischen dem angekündigten Unheil und dem erhofften Heil".[115] Bemerkenswert ist, dass die antiken Textzeugen die Parallelen in beiden Fällen zum Teil noch deutlicher ausgezogen haben.[116] Die Figur Jonas konnte also eingezeichnet werden in die Geschichte YHWHs und der Menschen, in der YHWH und die Menschen im Einzelnen unterschiedlich agieren, die aber eine Wiedererkennbarkeit genau dieses Gottes YHWH zum Ausdruck bringt.

Die Ausführungen haben gezeigt, dass die *Vielfalt* der Rede von Gott im Alten Testament in der Pluralität der menschlichen Bezeuger und Bezeugungen Gottes begründet liegt und ihre *Einheit* darin findet, dass der so unterschiedlich bezeugte Gott durch die Zeiten hindurch ein und derselbe ist, YHWH.

Wie sollen in diesem Zusammenhang Texte verstanden werden, in denen YHWH nicht explizit vorkommt? Diese Frage führt zum vierten oben genannten Punkt.

[114] Zu Ps 103 vgl. besonders H. SPIECKERMANN, Lob Gottes aus dem Staube. Psalm 103 als Quintessenz der Theologie des Gotteslobes, in: DERS., Lebenskunst und Gotteslob in Israel. Anregungen aus Psalter und Weisheit für die Theologie, FAT 91, Tübingen 2014, 270-285.

[115] BÜHRER, Gott, 73; vgl. aaO., 70-75.

[116] „Die griechische Übersetzung ändert die Emotionen Kains *und* Jonas von Zorn in Kummer und bringt damit deutlich zum Ausdruck, dass der Übersetzer des Jona-Buches den Bezug zur Kain-Erzählung kannte", und die „syrische Übersetzung verstärkt den Bezug" zwischen Jona und Elija, „indem sie an der Stelle von Jon 4,8b die Elija-Rede aus 1Reg 19,4b übersetzt." BÜHRER, Gott, 71 Anm. 21 und Anm. 20.

2.3.3 Zur expliziten Rede von YHWH

Oben wurde bereits festgehalten, dass nicht in allen alttestamentlichen Texten der Gott Israels mit seinem Namen YHWH explizit erwähnt wird (so bei Kohelet, Esther und, abgesehen von der Kurzform YH in Hld 8,6, im Hohenlied).[117]

Wenn also die Rede von dem einen Gott YHWH in Relation mit seiner Schöpfung das verbindende Moment der alttestamentlichen Texte ist, wie passen diese Texte in dieses Bild? Ehe versucht wird, dies zu zeigen, sei die Rückfrage gestattet, ob überhaupt zu erwarten ist, dass jedes alttestamentliche Buch explizit von YHWH spricht, um mit den anderen alttestamentlichen Büchern zusammen eine Einheit zu bilden? Dies darf durchaus als fraglich bezeichnet werden:

Die Verwendung des Gottesnamens YHWH oder anderer Gottesbezeichnungen hängt an den wohl meisten Belegstellen am theologischen Aussageinteresse der jeweiligen Texte, die etwa bei den Bezeichnungen (auch) des Gottes Israels unterscheiden zwischen Israeliten und Nicht-Israeliten oder zwischen der gefühlten Nähe oder Distanz desjenigen, der Gott nennt.[118] Am bekanntesten ist der Befund der Priesterschrift, die eine stufenweise Offenbarung des Gottesnamens vertritt: Während in den universal angelegten Texten der priesterschriftlichen Urgeschichte Gott mit dem Appellativum *Elohim* schlicht als „Gott" bezeichnet wird, erweist sich dieser Gott den Erzeltern gegenüber als *El-Schadday* (vgl. bes. Gen 17,1; Ex 6,3), um sich erst Mose und den Israeliten in Ägypten unter seinem Eigennamen *YHWH* kundzutun (vgl. Ex 6,2-3). Dass es sich dabei stets um den gleichen Gott handelt, der sich der Menschheit insgesamt, den Erzeltern und den Israeliten nur anders kundtut, ist nicht fraglich. Dem biblischen Text geht dies etwa daraus hervor, dass sich in Gen 17,1 niemand anderes als YHWH Abraham als *El-Schadday* offenbart, und dass die Namensoffenbarung in Ex 6,2-3 „Gott", *Elohim*, in den Mund gelegt wird.[119]

[117] Nur nebenbei sei bemerkt, dass der „kanonische" Status dieser Bücher lange strittig war.

[118] Auf den instruktiven Befund des Buches Jona wurde bereits hingewiesen (s.o. 2.3.2 mit Anm. 104). Zu verweisen ist auch auf die Darstellung Bileams in der griechischen Übersetzung von Num 22-24, die die bereits im hebräischen Alten Testament vorhandene Tendenz, den nicht-israelitischen Seher Bileam zunehmend negativer zu zeichnen, durch den Wechsel der Gottesbezeichnungen auch in den Text der Bileam-Erzählung einträgt, indem sie aus dem YHWH-Propheten Bileam einen heidnischen Seher macht. Vgl. J.W. WEVERS, The Balaam Narrative according to the Septuagint, in: J.-M. AUWERS/A. WÉNIN (Hg.), Lectures et Relectures de la Bible. FS P.-M. Bogaert, BEThL 144, Leuven 1999, 133-144.

[119] Vgl. zu dem oft dargestellten Befund etwa FELDMEIER/SPIECKERMANN, Gott, 36-38.

Nicht nur die Priesterschrift lässt eine bewusste Verwendung der Gottesbezeichnungen erkennen, sondern etwa auch das Buch Hiob, das in seinen Rahmenkapiteln Hi 1-2; 42 sowie in den prosaisch formulierten Redeeinleitungen der sogenannten Gottesreden (mitsamt den Erwiderungen Hiobs) in Hi 38-42 sowohl im Munde des Erzählers als auch in dem der Handlungsfigur Hiobs (Hi 1,21) Hiobs Gott auch beim Namen YHWH nennt, das aber in den Reden Hiobs und seiner Freunde in Hi 3-37 von Gott als *Elohim*, *El*, *Eloah*, *Schadday* oder *Adonay* spricht und den Gottesnamen ausschließlich in der geschlossenen Wendung „Hand YHWHs" in Hi 12,9, möglicherweise gar ein Zitat von Jes 41,20, verwendet. Dort, wo Hiobs Gottesverhältnis problematisch geworden ist, wird der Name seines Gottes nicht mehr in den Mund genommen – genauso wie beim Propheten Jona und im Buch Kohelet.[120] Damit kommen nun nochmals die drei Bücher in den Blick, die den Gottesnamen YHWH nicht explizit nennen:

„Im Buch Kohelet indiziert das Fehlen von Gottes Eigennamen eine Krise der Gottesbeziehung." In dieser Krise seinen „Gott Yhwh zu nennen, würde eine Nähe signalisieren, die für Kohelet keine Evidenz mehr hat. *E silentio* bestätigt Kohelet, dass Gott in seinem Namen gegenwärtig ist und sein Name in der Situation der Entfremdung folglich keinen Ort mehr hat."[121] Über die Referenztexte Kohelets, etwa die Urgeschichte Gen 1-11,[122] wird deutlich, dass der nicht beim Namen genannte Gott niemand anderes ist als YHWH.

Letzteres gilt auch für das Hohelied, das ebenso Texte der Urgeschichte aufnimmt und die geschilderte zwischenmenschliche Liebe somit schöpfungstheologisch verortet.[123] Durch die nachträgliche Zuschreibung des Hoheliedes an Salomo wird das Buch zusätzlich in der (Heils-)Geschichte Israels verortet. Für die im Hohenlied geschilderten zwischenmenschlichen Liebesbekundungen gibt es nun freilich „keinen Grund, dauernd den Eigennamen Gottes im Munde zu führen und die Welt der Liebe unnötig zu sakralisieren."[124] Das Buch ist damit in der Rede von den Relationen Gottes und der Menschen kein Fremdkörper und auch nicht randständig, sondern fokussiert einen wichtigen Teil der Relationsbestimmung: In dem von YHWH als Schöpfergott etablierten Relationsgefüge gibt es Raum für den Menschen mit

[120] Vgl. zu Hiob und Kohelet WITTE, Einheit, 41f.45f., zu Jona BÜHRER, Gott.

[121] FELDMEIER/SPIECKERMANN, Gott, 24.

[122] Vgl. T. KRÜGER, Die Rezeption der Tora im Buch Kohelet, in: DERS., Kritische Weisheit. Studien zur weisheitlichen Traditionskritik im Alten Testament, Zürich 1997, 173-193, 181-193; DERS., Kohelet (Prediger), BK.AT 19 (Sonderband), Neukirchen-Vluyn 2000, 48.181f.270f.

[123] Vgl. O. KEEL, Das Hohelied, ZBK.AT 18, Zürich ^{2}1992, 39-46.

[124] FELDMEIER/SPIECKERMANN, Gott, 24.

seiner Freude an der Körperlichkeit von Liebenden. Die Rede von YHWH wäre wohl unvollständig, wenn sie nicht beinhaltete, dass innerhalb von YHWHs Geschichte mit den Menschen diese auch zueinander in Beziehungen stehen und gerade darin Heil erleben.

Im hebräischen Esther-Buch, das explizit weder von YHWH noch überhaupt von Gott spricht, findet sich einerseits in Est 5,4 ein Akrostichon des Gottesnamens („Wenn es dem König recht ist, dann komme [Y: יבוא] der König [H: המלך] mit Haman [W: והמן] heute [H: היום] zum Festmahl, das ich für ihn bereitet habe"), das zumindest möglicherweise intentional ist, und andererseits, und ungleich wichtiger, geht das Buch an verschiedenen Stellen klar von der Geschichtslenkung des Gottes der Juden aus (vgl. bes. Est 4,14 mit der Rede von der Rettung von einem anderen „Ort", einer in späterer Zeit geläufigen Ersatzbezeichnung für den Gottesnamen, sowie 8,17; 9,1.16-17.22).[125] Des Weiteren bezieht sich auch das Buch Esther auf verschiedene andere alttestamentliche Texte, an denen der die Geschichte lenkende Gott explizit YHWH genannt wird. In den griechischen Fassungen des Estherbuches wird sodann explizit von Gott oder *kyrios* gesprochen und das Buch (weiter) in die (Heils-) Geschichte Israels eingezeichnet.[126]

Die genannten Bücher oder Buchteile (bei Hiob und der Priesterschrift), die nicht explizit von YHWH sprechen, lassen sich damit ebenso als Teil der Einheit fassen, welche die Beziehungsgeschichte YHWHs mit den Menschen im Besonderen und mit der Schöpfung im Allgemeinen beschreibt.[127] In ihnen wird aus unterschiedlichen Gründen der Schwerpunkt aber nicht auf das eine Relat, Gott, oder dessen explizite Benennung gelegt – gleichwohl sind sie bezogen auf den „Einen" (vgl. Hi 23,13; 31,15).[128]

[125] Vgl. FELDMEIER/SPIECKERMANN, Gott, 24; M. WITTE, Das Esterbuch, in: J.C. GERTZ (Hg.), Grundinformation Altes Testament. Eine Einführung in Literatur, Religion und Geschichte des Alten Testaments, Göttingen [5]2016, 482-495, 487f.

[126] Vgl. insgesamt B. SCHMITZ, „... am Ende ihres Weges *Den* zu schauen, an dem man stirbt, wenn man ihm naht" (Rainer Maria Rilke). Die Rede von Gott in den Ester-Erzählungen, in: R. EGGER-WENZEL u.a. (Hg.), Weisheit als Lebensgrundlage. FS F.V. Reiterer, DCLS 15, Berlin/Boston 2013, 275-296; B. EGO, Die Theologie der Estererzählung in der Septuaginta. Eine narratologische Annäherung, in: J.M. ROBKER u.a. (Hg.), Text – Textgeschichte – Textwirkung. FS S. Kreuzer, AOAT 419, Münster 2014, 225-243.

[127] Damit ist nicht gesagt, dass es nicht auch andere Texte aus der entsprechenden Zeit gibt, die sich ebenfalls mit heute kanonischen Texten in eine sinnvolle Einheit zusammenfügen lassen (wie die unterschiedlichen Kanonsgestalten zeigen). Es ist „nur" gesagt, dass das Vorliegende als sinnvolle Einheit lesbar ist.

[128] Vgl. zu Hiob WITTE, Einheit, 41f.

2.3.4 Zur religionsgeschichtlichen Unterscheidung von Altem und Neuem Testament

Schließlich ist auf den ersten der oben aufgeführten Punkte einzugehen. Der Dual der Testamente war in der Theologiegeschichte der erste Anhaltspunkt, überhaupt verschiedene „Theologien“ verschiedener Textbereiche der Bibel zu unterscheiden.[129] Sprache, Entstehungszeit und vor allem der Fokus beider Testamente sind unterschiedlich.

Hier lässt sich festhalten, dass a) die alttestamentlichen Texte nicht zwingend aufs Neue Testament oder auf Jesus Christus zielen, sondern gut, und ihrer (Schreiber-)Intention angemessener, aus sich selbst und ihren Zeiten heraus verstanden werden können, und dass b) viele neutestamentliche Stellen alttestamentliche Texte voraussetzen, als „Schrift“, „Schriften“ o.ä. verstehen und davon ausgehen, dass sie ihren Lesern bekannt und für sie von herausragender Bedeutung, um nicht zu sagen: normativ, sind.[130] Dass *YHWH der Gott Jesu Christi* und damit derjenige ist, der nach neutestamentlichem Zeugnis Jesus von den Toten auferweckt hat, steht für die neutestamentlichen Texte nicht in Frage.[131] Aus christlicher Perspektive kann die oben gemachte Bestimmung der Einheit des Alten Testaments daher auf die Bibel insgesamt ausgeweitet werden: Die Einheit der in vielerlei Hinsicht pluralen Bibel besteht in ihrem

[129] S.o. mit Anm. 29.

[130] Vgl. etwa HAHN, Theologie II, 38-63; SÖDING, Einheit, 337-360; J.C. GERTZ, Das Alte Testament – Heilige Schrift des Urchristentums und Teil der christlichen Bibel, in: F.W. GRAF/K. WIEGANDT (Hg.), Die Anfänge des Christentums, Frankfurt 2009, 231-260; FREY, Qumran.

[131] Vgl. etwa HAHN, Theologie II, 49f.64-87; SÖDING, Einheit, 323 *et passim;* F. HARTENSTEIN, Neutestamentliche Hermeneutik aus alttestamentlicher Sicht. Theologische Anmerkungen zum Entwurf von Ulrich Luz, in: DERS., Die bleibende Bedeutung des Alten Testaments. Studien zur Relevanz des ersten Kanonteils für Theologie und Kirche, BThSt 165, Göttingen 2016, 105-128, 124: „Ein zentraler sachlicher Gesichtspunkt für das Aufeinanderhinlesen der christlichen Kanonteile ist die schlichte Tatsache, dass der Gott Jesu Christi und der Gott der jüdischen Schrift(en) von den antiken Autoren und dem Gros aller späteren Ausleger als *derselbe* wahrgenommen wurde...“ Der zuletzt wieder von N. SLENCZKA, Die Kirche und das Alte Testament, in: E. GRÄB-SCHMIDT/R. PREUL (Hg.), Das Alte Testament in der Theologie, MThSt 119 = MJTh 25, Leipzig 2013, 83-119, 111 vertretenen These, die alttestamentlichen Schriften sprächen „von einem anderen Gott“ als die neutestamentlichen, wurde entsprechend zurecht schon verschiedentlich widersprochen. Vgl. nur F. HARTENSTEIN, Zur Bedeutung des Alten Testaments für die evangelische Kirche. Eine Auseinandersetzung mit den Thesen von Notger Slenczka, in: DERS., Die bleibende Bedeutung des Alten Testaments. Studien zur Relevanz des ersten Kanonteils für Theologie und Kirche, BThSt 165, Göttingen 2016, 55-78, bes. 63; A. SCHÜLE, Das Alte Testament und der verstehende Glaube. Holzwege und Wegmarken in der Debatte um den christlichen Kanon, KuD 62 (2016) 191-211, bes. 208; M. PIETSCH, Der fremde Gott. Das Alte Testament und das Wesen des Christentums, KuI 31 (2016) 3-22, bes. 15. Vgl. auch die einzelnen Beiträge in EvTh 77/2 (2017).

Bezug zu dem einen und selben Gott, ist mithin durch die *Beziehungsgeschichte YHWHs bzw. Gottes und der Menschen* gegeben.

Aus christlicher Perspektive ist das, was durch Jesu Leben, Tod und Auferstehung geschehen ist, etwas Grundlegendes, das gedeutet und auf seine Relevanz für die Menschen und letztlich alle Teile der Gottesbeziehung (und daraus folgend der zwischenmenschlichen Relationen und der Selbstbeziehung) neu durchdacht werden muss. Gott ist in seinem Handeln in Jesus Christus *wiedererkennbar* und dieses Handeln kann deshalb auch mithilfe der Traditionen in Worte gefasst und gedeutet werden.[132] Indem Gott sich auf eine Beziehungsgeschichte in der Zeit einlässt, nimmt er in Kauf, auf die Menschen in ihrer jeweiligen Situation und in ihrem jeweiligen Kenntnisstand einzugehen.

Das Argument für die christlichen Kirchen, auch heute den Kanon aus Altem und Neuem Testament beizubehalten und beide Kanonteile als Einheit zu verstehen, ist daher *mehr* als nur ein Traditionsargument (das Alte Testament ist wichtig, weil sich das Neue auf das Alte Testament bezieht). Es besteht in der Überzeugung (die zugegebenermaßen eine Glaubensüberzeugung ist – freilich eine, die sich auch insofern historisch-deskriptiv nachzeichnen lässt, als sie sich bereits in den biblischen Texten greifen lässt), dass alle diese vielstimmigen Schriften von ein und derselben Person[133] handeln, die sich Israel als YHWH bekannt gemacht hat und in Jesus Christus Mensch geworden, gestorben und auferstanden ist, und die auch heute noch ihre Geschichte mit den Menschen weiter führt und zugleich durch diese Schriften handelt, indem sie sie nutzt, um sich weiterhin bekannt zu machen.

Die Rede der *andauernden Beziehungsgeschichte* scheint auch daher gut geeignet, das gleichermaßen kontinuierliche wie diskontinuierliche Nebeneinander beider Kanonteile und der einzelnen Texte darin beschreiben zu können, weil in ihr keine evolutionistischen und teleologischen Nuancen mitschwingen,[134] die von vornherein eine qualitative Priorisierung des Neuen Testaments beinhalten. Das Alte Testament wird nicht durch das Neue Testament zu einem Teil der christlichen Bibel, sondern durch das Christusereignis.

[132] Vgl. SCHÜLE, Testament, 204-210.

[133] Zur Rede von Gott als Person vgl. MEYER ZU HÖRSTE-BÜHRER, Gott, 78 mit Anm. 268; 340-343. Dort auch weitere Literatur zum Thema.

[134] Solche finden sich etwa bezüglich der alttestamentlichen Texte in J. Jeremias' Rede von der „Geschichte einer wachsenden Gewissheit, wie *recht* von Gott zu reden ist" (JEREMIAS, Theologie, VI; Herv. hinzugefügt). Ein wertendes Entwicklungsschema scheint bei Jeremias auch dort zu begegnen, wo die „frühen Bemühungen der Weisen" und die „ältesten schwankhaften" Erzählungen (aaO., 6) den „reifen und tiefen Gottesaussagen der Spätzeit" (aaO., 21) entgegengesetzt werden.

3. Fazit

Im Anschluss an das Ausgeführte bietet eine relationale Perspektive folgenden hermeneutischen Schlüssel zum Verständnis von Pluralität und Einheit der alttestamentlichen Texte:

Die Entstehung der Texte kommt zum einen als menschliches Geschehen in den Blick, dem *Pluralität* in mindestens zweierlei Hinsicht inhärent ist: a) die Pluralität der Vielzahl von Menschen, die an der Textproduktion und der (teilweise produktiven) Textüberlieferung beteiligt waren; diese Pluralität wird durch die Unvollkommenheit menschlichen Verständnisses jeweils noch vergrößert; b) die Pluralität der Situationen in der Geschichte, in denen die Texte entstanden sind. Diese Pluralität ist in den Texten deutlich sichtbar und nicht auf eine Einheit zu reduzieren.

Das heißt aber nicht, dass die *Einheit* in den folgenden Punkten nicht gegeben sein könnte: a) in der Einheit des Gottes, zu dem die Schreiber, Redaktoren, Tradenten und Rezipienten in Relation standen; b) in der Einheit der Geschichte Gottes und der Menschen.

Die Rede von der „Einheit der Bibel" hat in dieser hier dargestellten relationalen Perspektive *nicht* den Sinn, eine Formel an die Hand zu geben, auf die sich alle biblischen Texte verlustfrei zusammenkürzen ließen, oder einen Grundbestand theologischer Wahrheiten zu behaupten oder festzulegen, der sich in irgendeiner Form in allen biblischen Büchern finden ließe. Sie dient auch *nicht* dazu, im Textbestand der Schriften des Kanons (bzw. der Kanonsgestalten) Motive oder Merkmale zu identifizieren, die diese Texte von anderen israelitischen, judäischen, zwischentestamentlichen oder altkirchlichen Texten unterscheidbar machen würden.[135] Sie bietet aber eine Antwort darauf, warum die biblischen Texte bei aller Pluralität des menschlichen Zeugnisses sinnvoll zusammen gelesen werden können und *gerade in ihrer Vielfalt am besten*

[135] Vgl. SMEND, Mitte, 71 („Die Mitte des Alten Testaments ist nicht das ganze Alte Testament, sie kann und soll es nicht sein, ein doktrinärer Kanonsbegriff läßt sich von ihr her nicht begründen.") oder mit Blick aufs Neue Testament M. WOLTER, Die Vielfalt der Schrift und die Einheit des Kanons, in: J. BARTON/DERS. (Hg.), Die Einheit der Schrift und die Vielfalt des Kanons. The Unity of Scripture and the Diversity of the Canon, BZNW 118, Berlin/New York 2003, 45-68, 49f. („Umgekehrt werden beim Konzept ‚Mitte der Schrift' die Kanongrenzen nach außen hin geöffnet, weil kein theologisches Kriterium denkbar ist, das in eine sachlich begründete Korrelation mit den Kanongrenzen gebracht werden könnte. Jede theologische Aussage, der in dieser Weise einheitsstiftende Funktion innerhalb der Pluralität des neutestamentlichen Kanons zugeschrieben wird, ermöglicht immer auch die theologische Integration der außerkanonischen Schriften, und es gibt dann keinen inhaltlichen Grund, der eine Unterscheidung zwischen kanonischen und nichtkanonischen Schriften rechtfertigte.").

Zeugnis von dem einen Gott und den Relationen zwischen diesem Gott und den Menschen sein können. In dieser Perspektive erweckt die exegetisch festzustellende Pluralität der biblischen Texte nicht den Anschein von absoluter Beliebigkeit, sondern bildet ein Puzzle von Geschichten und Reden von Gott, der zwar in verschiedenster Weise erscheint, aber wiedererkennbar er selbst ist. Die unterschiedlichen Geschichten und Reden von Gott, den Menschen und ihrer verworrenen Beziehung fügen sich zusammen wie die Blumen zu einem Blumenstrauß: verschieden in Aussehen und Herkunft, organisch nicht ohne Fehler, mit verschiedener Bedeutung einzelner Elemente und Kombinationen und zugleich als Einheit verständlich.[136]

Die Pluralität der Einzeltexte ist in der Exegese zu beschreiben und festzuhalten, um a) den Einzel*texten* gerecht zu werden genauso wie b) der Vielfalt der Menschen und der Dynamik der Beziehungsgeschichte, die durchaus verschlungen und verworren sein mag, nach christlicher Hoffnung aber letztlich wieder in die Gemeinschaft mit Gott führt. Schließlich leistet die Exegese hierdurch c) die notwendige Infragestellung gewohnter Auslegungstraditionen und bildet damit ein unverzichtbares kritisches Korrektiv auch für die Dogmatik und Ethik.

Die im beschriebenen Sinne verstandene *Einheit der Schrift* kann von der Dogmatik und Ethik expliziert werden, ohne dass damit den Texten etwas gänzlich Fremdes hinzugefügt würde. Dogmatik und Ethik werden dabei aber der Vielfalt der Gott-Menschen-Relation umso besser gerecht, je mehr sie die Pluralität der Aussagen aufzunehmen und die Spannungen auch in der Gesamtdarstellung zu wahren vermögen.

[136] Wie jede Metapher hat auch diese ihre Grenzen. Sie erschließt aber so viele Aspekte, dass diese Grenzen eher weit erscheinen.

PERSONENREGISTER